천하의 지식인이여,
내게 와서 물으라

백금남

1985년 제15회 삼성문학상을 수상하며 본격적으로 작품활동을 시작했다. 1987년 KBS문학상을 수상했으며, 이후 신비한 상징과 목가적 서정으로 백정 집안의 기묘한 운명을 다룬 장편소설 《십우도》와 《탄트라》가 잇따라 히트하면서 1990년대를 대표하는 베스트셀러 작가 중 한 명이 되었다. 2003년에는 《파드마삼바바》로 민음사 제정 올해의 논픽션상을 수상했다.

2013년 소설 《관상》이 천만 관객을 불러들인 영화와 함께 '관상 신드롬'을 일으키며 베스트셀러가 되었고, 《궁합》《명당》과 함께 역학3부작으로 꼽힌다. 2016년 유마 거사의 생애를 그린 《유마》, 법정 스님의 삶과 가르침을 담은 《법정:바람 불면 다시 오리라》를 발표해 최고의 불교 소설가임을 다시 한번 입증했다. 2020년 역사 추리소설 《김씨의 나라》, 고타마 붓다의 생애와 참모습을 그린 《붓다 평전》, 2023년 성철 스님의 생애를 다룬 《성철》을 펴냈다

탄허 큰스님 이야기

천하의 지식인이여,
내게 와서 물으라

백금남 지음

피플워치

4장 /
언젠가는
돌아가리라

일러두기

☆ 본 작품은 이 시대의 큰 스승인 탄허스님 이야기이다. 생전에 번역한 원고가 10만여 매를 넘겼어도 사적인 글을 남기지 않았으니 그분이 남긴 일화, 설법, 대담, 살아 계실 때 교분을 맺은 이들로부터 들은 증언들을 토대로 앞뒤를 유추해 작품을 완성하였다. 따라서 글의 서술에 작자 개인의 주관이 반영될 수밖에 없었다. 하지만 되도록 시간의 맥을 짚어가며 충실하게 쓰려고 노력하였다. 〈천하의 지식인이여, 내게 와서 물으라〉의 제호에 대하여 덧붙여 일러둘 것이 있다. 한겨레신문 조현기자 외에 다른 매체에서도 비슷하게 쓴 바 있으나 탄허스님이 내뱉은 사자후이므로 관계없이 썼음을 밝혀둔다. 오해 없으시길 바란다.

종명일을 예언하다

오대산의 한 수도승이 열반하기 6년 전에 자신의 종명일(終命日)을 예언했다. 종명일만 예언한 것이 아니었다. 갈 해(年)와 달(月), 시(時)까지 함께 예언했다.

"나는 일흔하나가 되는 계해년 음력 4월 24일 유시에 갈 것이니라."

그는 유교와 불교를 아우르는 당대 최고의 학승이요, 오대산 월정사의 조실로서 눈 푸른 남자들을 키운 선승이기도 했다. 때로 세상사를 꿰뚫어 보는 신출귀몰한 능력으로 세인을 놀라게 했는데 그의 이름은 **탄허(呑虛)였다.**

그는 나이 쉰아홉부터 돌과 돌비늘로 죽을 쑤어 먹고살았는데 예순다섯 되던 해에 위암이라는 진단을 받았다. 위암의 원인은 돌비늘이었다. 운모를 장복한 것이 탈이 난 것이다. 제자들이 음식을 올리면 시주 은혜를 무섭게 여기지 않으면 수행자로서 자격이 없음을 늘 강조하던 그에게도 청천벽력이 아닐 수 없었다. 농부가 뙤약볕 아래에서 구슬땀을 흘리며 지은 농산물을 중이랍시고 공부를 한다며 그늘에 앉아 편안히 얻어먹는 것을 큰 부담으로 여기다 그만 큰 병에 걸린 것이다.

의사 말로는 석 달을 넘기기 힘들다고 했다. 손을 쓸 수 없을 만큼 병이 깊어졌다는 말이었다. 제자들은 그에게 알릴지 말지를 놓고 고민했다. 의사들은 생의 마지막을 정리하는 기회를 주는 편이 좋을 거라고 조언했다. 입원해서 항암치료를 받아보던지, 그것이 싫다면 위암 말기의 극심한 고통을 덜 어떤 방편을 찾아야 하지 않겠느냐고도 했다. 제자들과 신도들은 치료를 받게 할 요량으로 그에게 병을 알렸다. 그러자 그는 껄껄 웃었다.

"난 또 뭐라구."

그의 반응은 심드렁했다. 이미 알고 있다는 투였다.

"지금 웃음이 나오십니까?"

제자 하나가 눈물을 흘리며 말했다.

"이놈아, 병이 사람을 잡아갈 수 있는 것이 아니야."

"그래도 스님……."

눈물을 흘리며 제자는 말을 끝맺지 못했다.

"걱정 말거라. 당장은 안 죽을 테니."

이렇게 말하고 그는 자신이 갈 날을 예고했다.

느닷없는 예고에 그곳에 모인 대중들은 아연해 했다. 의사들은 머리를 홰홰 내저었다. 이 소식이 퍼지자 그의 예언은 세간의 화제가 되었다. 그때까지 그의 예언이 빗나간 적이 없었기 때문이다.

의혹이 깊어갈수록 기자들이 그가 있는 곳을 드나드는 횟수가 늘어났다. 자신의 종명일을 6년 전에 예언하는 것은 만고에 없던 일이었다. 그 누구도 자신이 갈 날을 그렇게 예언한 적이 없었다. 기껏해야 하루나 사흘, 길어야 한 달 전이었다. 병이 깊어 석 달밖에 못 산다는 진단을 받고도 가는 날을 예언한다는 것은 있을 수 없는 일이었다. 게다가 갈 시간까지 예언하다니.

특종을 잡기 위해 기자들이 눈에 불을 켜고 설쳤다. 기자들은 그의 암을 진단한 의사들, 그러니까 우리나라 소화기 내과의 실력자들이었던 서울대학병원 오인혁 박사, 한양대학병원 박경남 박사, 훗날 탄허문화재단의 일원으로 스님의 말씀과 번역한 경전들을 펴내는 교림출판을 이끌게 되는 서우담 거사와 제자 들을 찾아다녔다. 그들에게서 그런 예언을 한 게 사실임을 알게 되었고, 어떡하든 이를 기사화하려고 인터뷰를 청했다. 하지만 스님은 좀체 모습을 드러내지 않았다. 본디 그런 양반이었다. 자신이 입적할 날을 예언했기 때문이 아니라, 이미 젊은 시절부터 세상의 이목을 한 몸에 받았던 이였다.

그는 강원도 삼본산(유점사, 건봉사, 월정사)의 승려 연합수련소가 상원사에 개설되자 스물넷의 나이로 중강(中講)을 맡을 때부터 기자들의 이목을 끌었다. 훗날 조계종 종정을 지내게 되는 고암 선사와 탄옹 선사가 찾아와 그곳에서 화엄경 강의를 듣고 가기도 했다. 그보다 열네 살 위요, 하늘 같은 분들이었다.

해방 후 그의 강의는 지금 정릉에 있는 서경대학, 그러니까 서경대학교의 전신인 한국대학으로 이어졌다. 젊은 승이 하는 장자 강의를 들으러 한국의 큰 사상가이며 문필가인 함석헌이 찾아왔다. 함석헌은 큰 기대 없이 강의를 들으러 왔다 젊은 승의 강의에 매료되었다. 강의가 끝날 즈음 그는 머리를 깊이 숙여 존경의 뜻을 전했다. 함석헌은 그의 장자 강의 청강 1기생이었다.

그의 강의는 다시 상원사로 옮겨갔다. 자칭 국보로 거칠 것이 없던 양주동이 소문을 듣고 절을 찾았다. 천하의 함석헌이 감복했다는 젊은 승의 강의를 듣기 위해서였다. 양주동은 젊은 승보다 열 살이나 나이가 많았다. 스님은 상원사를 찾은 손님에게 깍듯이 절을 올렸다. 이때만 해도 양주동은 자신만만했다. 수강생 명단에는 실력이 쟁쟁하기로 유명한 철학자나 교수들 이름이 여럿 끼어 있었다.

젊은 승은 그들을 앞에 하고 강의를 하면서 이렇게 외쳤다.

"천하의 지식인이여, 내게 물으시오. 알지 못하고 말하지 못한다면 어찌 명전천추(名傳天秋)할 수 있겠소. 모르면 묻고, 묻지 않는다면 다 안 것으로 알고 내가 물어보리다."

그렇게 말했어도 질문은 없었다.

훗날 그의 행적에 결정적 증언을 하게 되는 서우담이 물었다.

"스님, 명전천추의 뜻을 명확히 해주십시오."

스님이 말했다.

"어리석은 사람은 당대에 살지만 지혜로운 사람은 영원히 산다. 석존은 무지한 중생을 일깨워 그 이름을 천추에 남겼고, 나 또한 그답게 살기 위해 여기에 있는 것이다."

그는 그제야 스승이 언제나 하던 말, '나는 당대의 일은 하지 않겠다. 명전천추하는 일만 하겠다'란 말을 이해했다.

한 주 만에 장자 강의가 끝났다. 강의 내내 식은땀을 흘리던 양주동은 처음 절을 받은 때와 사뭇 다른 태도로 젊은 승 앞에 무릎을 꿇고 절을 올렸다. 젊은 승은 강의를 할 때 교재나 공책을 펴놓는 일이 없었다. 노장(老莊)이나 영가집(永嘉集)은 말할 것도 없었다. 방대한 화엄경이 머릿속에서 실타래처럼 풀어져 입 밖으로 술

술 흘러나왔다.

당대의 고승 전강 화상이 젊은 승의 영가집 강의를 몰래 들었다. 전강 화상이 누구인가. 근대 조선불교의 중흥조인 경허 선사, 만공 선사의 뒤를 이은 당대의 선승이다. 그는 강의를 다 들은 후 인사를 하는 자리에서 젊은 승의 절을 맞절로 응대했다. 선승이 학승을 인정한 것이다.

대개 선승은 알음알이를 인정하지 않는다. 왜냐하면, 지식 즉 앎은 깨달음에 방해가 되기 때문이다. 그래서 '몰록 깨닫다 [頓悟]'라는 말을 쓴다. 묵연히 선정에 들어 우주의 이치를 궁구하다 보면 알음알이가 모두 사라지고 거기에 불현듯 깨침의 꽃이 핀다는 것이다.

학승은 그와 정반대다. 부처님이 설법하신 말씀을 잘 듣고 이해하고, 그리하여 조금씩 닦아나가 깨달음에 이르는 수행승들이다. 해서 팔만대장경 자체를 부정하는 선승들은 학승들을 향해 지해종도(知解宗徒)라고 손가락질을 하고, 뜰 안에 돋아난 독초라 하여 뽑아버려야 한다는 말까지 서슴지 않는다. 바로 그 선의 맥을 이어 온 대선승이 새파란 학승의 강의를 듣고는 맞절을 고집했다. 그 젊은 승을 인정한 것이다.

그뿐만이 아니었다. 당대의 선승 경봉 화상도 무릎을 치며 탄복했다. 그는 1969년경 부산의 한 법회에서 젊은 승을 가리켜 한 삼백 년은 살아야 할 사람이라 했고, 그런 칭찬도 모자라 오대산의 젊은 호랑이가 가는 곳에 한국 불교가 빛날 것이라는 극찬을 아끼지 않았다. 당대의 내로라하는 스님들이 그 대열에 동참했다. 청담 화상, 금오 선사, 효봉 선사, 고암 선사, 원산 선사, 성철 큰스님······.

젊은 승은 그렇게 당대의 선지식인들로부터 인정을 받았다. 선사들은 그가 학승이었음에도 그와 교유하는 것을 매우 즐거워하며 돈독한 친분을 유지했다.

젊은 승에게 큰절을 올렸던 양주동은 자신이 적을 두고 있던 동국대로 돌아가 강의 시간에 이런 말을 하기도 했다.

"장자가 다시 돌아와 자신이 쓴 책을 설해도 오대산, 그 지혜로운 호랑이를 당하지 못할 것이다."

양주동은 그날 무릎을 꿇고 절을 올린 게 아니라 사실은 오체투지로 그 예를 다했다.

일본에서 유식론과 구사론을 배우고 돌아온 관응 대종사(직지사 조실)가 그 소문을 들었다. 이번에는 그가 강의를 들었다. 그는 '장자'에 대해서는 내가 이만큼 배웠으니 한국에 가면 제일이 아니겠는가, 하고 생각하고 있었다. 강의를 들으면서 이번에는 관응 대종사가 식은땀을 흘렸다. 장자뿐만이 아니었다. 유교와 불교 경전이 통째로 머릿속에 들어 있는 것 같았다.

칠보사 조실 석주스님도 예외가 아니었다. 그는 젊은 승을 만나보고는 무릎을 쳤다.

"앞으로 저이만큼 유불선에 통달한 인물이 나오기 힘들 것이야."

한국 불교 교학을 이끄는 각성스님, 통광스님과 무비스님, 금강 선원장의 혜거스님 들이 모두 그 젊은 스님에게서 배웠다.

병원에서 선고한 날이 다가오자 제자들이 발을 동동 굴렀다.

"큰스님, 제발 병원으로 가십시다."

"어허, 괜찮다고 해도 그러는구나."

"그럼 운모라도 끊으십시오."

"이놈! 나더러 굶어 죽으란 소리냐?"

"그것 때문에 병이 나지 않았습니까."

"허허, 그놈 참. 아니라고 해도 그러는구나. 이놈아, 생명 있는 것이 이 세상에 올 때 그냥 오는 것인 줄 알았더냐. 그런 법은 없느니라. 다 저마다 소명을 가지고 태어나는 법. 내 아직 그 소명을 다 하지 못하였거늘 어찌 병이 나를 잡아갈 수 있단 말이냐. 나는 내가 말한 그해 그날 그 시에 갈 것이니라."

스승의 말에 제자들은 말을 잇지 못했다. 작업을 그만두라는 말도 하지 못했다.

그는 여전히 운모를 들었다. 제자가 안 된다고 매달리면 농부인데도 굶는 이가 많고 손이 부르트게 길쌈질을 하는 아낙네도 해진 옷을 입고 사는데, 어찌 중이 되어 시주 은혜를 무섭게 여기지 않는 네놈을 승이라 할 수 있겠느냐며 나무랐다.

의사가 선고한 시간이 다가왔다. 그런데도 그는 세상 사람들의 의혹과 무관하게 무애 자적한 삶을 살고 있었다. 밤 9시면 잠자리에 들어 첫잠이 깬 밤 11시나 자정에 어김없이 일어나 책을 읽고 글을 썼다.

어느 날 기자 하나가 법당에 숨어들었다. 인터뷰에 응하질 않으니 하는 수 없이 설법하는 곳을 찾은 것이다.

"자네는 속일 기(欺)자 기자인가, 버릴 기(棄)자 기자인가?"

자기 입맛에 따라 사실을 왜곡하는 기자들을 비꼬아 한 말로, 스님이 자주 하던 농담이었는데 망설이던 기자가 오달지게 입술을 깨물고는 벌떡 일어났다.

눈이 마주치자 스님이 고개를 끄덕였다.

"그래, 그대는 오늘 뭘 속이고 버릴 것인가?"

"스님, 저는 속인 적도 없고 버린 적도 없습니다."

"이미 그대는 나를 속이고 앉아 있지 않았는가. 이 법당을 나가면 날 적당히 요리한 뒤에 종잇장처럼 구겨서 버릴 터이고."

"그렇다고 그곳에 부처가 없겠습니까?"

스님이 웃었다.

"제법이로구나. 내가 오늘 한 방 먹었다. 우하하하."

"스님은 이년 전부터 자신의 병은 자신이 잘 안다는 말씀을 자주 하셨다고 하는데, 그것이 큰 병이라는 걸 알고 계셨습니까?"

"이 사람아, 병이야 키우면 커지는 법이지."

"그걸 아시면서 왜 그동안 병원에 가지 않으셨는지요?"

"죽어도 그 병으로 죽진 않을 것이야."

"무슨 말씀이십니까?"

"그 병을 훌쩍 던져버렸네. 뭐 하러 지니고 있어."

"그게 뜻대로 되는 것입니까?"

"승에게 생사는 자유로운 것일세. 그 병으로 안 갈 바에야 뭐 하러 신경을 써. 해야 할 일이 산더미인데."

"아무리 해야 할 일이 중해도 건강만큼 중한 것이 있겠습니까?"

기자는 병을 던져버린다는 말이 이해가 되지 않아 그렇게 물었다.

"이 사람아, 병이 사람을 잡아가는 것이 아니야."

"네에?"

기자의 눈이 커졌다.

"훌쩍 던져버렸다니까. 병은 전생의 업에서 오는 것이야. 전생의 업은 망상에서 생겨나는 법. 망상은 마음에서 나온 것이니 마음은 어디서 나오나? 나온 곳이 없다네. 마음이 나온 곳이 없는데 병이 어디에 있겠는가."

"저희 같은 범부는 이해하기 힘든 말입니다. 아무튼, 스님은 병원에 다녀오신 후에 가실 날을 미리 내다보았다고 하던데, 아닌가요?"

"누가 병원에 가고 싶어 갔나. 하도 성화를 부려서 갔지."

"진찰을 받은 후에 열반 일을 말씀하셨다는데 정말 그 해, 그달, 그날에 가리라는 생각에는 변함이 없으신지요?"

"두고 보면 알겠지."

그는 기자의 말을 심드렁하게 받아넘겼다.

"약도 안 드신다고 하던데 고통은 없으십니까?"

"어허, 이 사람 보게. 말귀를 영 못 알아듣는구만. 병을 훌쩍 던져버렸다고 하지 않았는가."

"도무지 알 수가 없어서 말입니다. 가시는 시간까지 정해두셨다고 하더군요. 영통(靈通)하지 않고서야 어떻게 그때를 알 수 있습니까? 모두가 말이 안 된다고 야단인데, 만약 그게 사실이라면 보통 일이 아니지 않습니까? 정말 그렇게 될까요?"

스님이 껄껄 웃었다.

"그래서 입 조심하라고 일렀는데 벌써 소문이 나버렸으니. 하여튼 그놈의 입이 문제야. 그냥 없던 일로 해."

"어딘가에 보니 석가모니 부처님도 석 달 전에야 열반할 날을 예견했고, 그리스도는 사흘 전에 자신의 종명을 예언했다는데, 스님은 무려 육 년이지 않습니까."

"이 사람아, 너무 숫자에 연연하지 말게. 요즘 사람들, 숫자를 너무 밝혀요. 석존이 깨달을 때 맨 처음 본 것이 자신의 오백 생이나 되는 윤회의 모습이었네. 당신은 이미 초선에서 생사의 이치를 깨달았다는 말이야. 그런데 육 년이 문제인가. 몰라서 그렇지 당신은 그때 이미 자신의 입멸을 예고하고 있었던 게야. 그렇게 석존은 대오견성할 때부터 천상천하의 성품이 되어 오고 감이 없어져 버렸는데 그까짓 육 년이 대수인가. 그리스도도 마찬가지지. 그리스도 역시 오고 감이 없는 하늘나라 사람인데 사흘 전이 문제인가. 이미 그들에게는 삶과 죽음이 따로 없었던 걸세. 우리 같은 미물에게나 삶과 죽음이 따로 있어 갈 날 올 날을 따지지만, 어느 경지에 들면 그게 문제가 아니라네. 삶과 죽음이 한 선상이요, 내 오늘 살아 있다 하더라도 가고 싶으면 비를 맞으며 서서도 갈 수 있는 법일세."

"저희들은 그 경지를 이해할 수 없으니 하는 말입니다. 더욱이 갈 날만 말씀하신 게 아니지 않습니까. 가실 시간까지 정해두셨으니 사람들이 못 미더워할 밖에요. 아무리 경지가 높다 한들 그걸 어찌 안단 말입니까? 사실 그 누구도 갈 시간까지 내다보지는 못했지 않습니까. 저희 같은 범부에게는 바로 그런 점이 도의 척도가 될 수도 있습니다. 스님의 말씀을 이해 못 하는 것이 아니라, 스님이 예언한 시간이 다가오고 있는데 만약 스님이 그날 그 시에 눈을 감는다면 이는 세계사에 없었던 일이 될 것입니다. 스님에겐 하찮은 일일지 모르지만, 세상이 뒤집히고 경악할 일이라고 저는 생각합니다. 어떤 이들은 스님의 영안이 열려 그렇다고 하던데 그게 사실인가요? 정말 보이십니까?"

기자는 끈질기게 물고 늘어졌다. 그러자 그는 눈을 한 번 감았다가 뜨고 고개를 내저었다.

"세상에 이해만큼 더러운 것도 없다는 말이 바로 이를 두고 하는 말 같네그려. 이 사람아, 그렇게도 매달릴 일이 없는가? 별것도 아닌 걸 가지고."

그는 서글픈 어조로 이렇게 말하고는 일어나 가버렸다.

1장

대답하면
살리리라

참형

봄이었다. 날이 풀리면서 나뭇가지에 움이 트고 꽃을 피웠어도 일인 지주들의 횡포에 시달린 사람들의 얼굴에는 시름이 가시질 않았다. 그래도 배곯는 자식들 피죽이라도 끓여 먹이려면 움직여 야 할 때였다.

에이고, 망할 놈의 세상...

전남 경찰부 취조실.

잡아들인 동학 간부를 앞에 두고 형사들은 골머리를 앓고 있었 다.

날선 눈빛의 형사가 내의도 없이 때와 피에 절은 바지저고리를 걸친 봉두난발의 사내에게 물을 끼얹었다. 이미 사내의 손톱은 모 두 뽑혀 있었다. "지독한 놈."

사내가 정신이 돌아왔는지 눈을 떴다.

손톱을 뽑은 기구로 형사가 사내의 턱을 들어 올렸다.

"차치구, 말해라. 말하면 끝나는 거 아니냐."

사내가 피멍이 든 얼굴을 오른 어깨에 떨어뜨린 채 형사를 노려보았다.

"이놈, 네놈도 조선인이지? 부끄럽지도 않으냐?"

"어허, 아직도 입이 살았구나. 정말 죽고 싶으냐?"

"죽여라. 차라리 죽여라."

"이놈아, 전봉준이 있는 곳만 불라니까."

"나는 모른다."

사내는 이렇게 말하고 두 눈을 감아버렸다.

"안 되겠군."

지켜보고 있던 일인 형사부장이 일본말로 중얼거리며 다가왔다. 콧등에 걸친 동그란 알 속의 눈이 매섭게 빛났다. 그는 사내의 머리채를 잡아당겨 상태를 확인하고는 그대로 놓아버렸다.

사내는 다시 넋을 놓았다.

"그만해. 안다면 이미 불었을 거야."

형사부장이 고문하던 조선인 형사에게 일본어로 명령하듯 말했다.

"아닙니다. 이놈이 누구입니까. 전봉준 곁에서 수족처럼 놀던 놈입니다. 이놈은 알고 있어요."

"알고 있다 한들, 이미 할 만큼 하지 않았는가. 전기로 몸을 새까 맣게 태워도 불지 않은 놈이야."

"수족을 하나씩 자를까요?"

"그만해."

"방법이 전혀 없는 게 아닙니다."

형사부장의 눈이 무슨 말이냐고 물었다.

"아들이 있다는 말을 들었습니다. 그놈을 잡아다 이놈 앞에 세우면……."

형사부장이 고개를 끄덕였다.

"아들놈이 있나?"

"네."

"몇 살이나 되었지?"

"열다섯이라는 말이 있습니다."

"그럼 가서 잡아 와."

"알겠습니다."

바로 그 시각, 멀리서 흙먼지가 일었다. 먼지구름이 조금씩 가까이 다가왔다. 자세히 보니 말을 탄 일본 순사들이었다.

김홍규(金洪奎)는 자신을 스쳐 가는 순사 무리를 멍하니 바라보았다. 그들은 차경석[車京石, 본명 輪洪]의 집을 향해 가고 있었다.

김홍규는 그들을 뒤따랐다. 잰걸음으로는 간격을 좁힐 수가 없어 몸을 날려야겠다는 생각을 했다. 그러자 그의 몸이 허공으로 떠올랐다.

차경석의 집 앞에 말을 멈춘 순사들이 대문을 차고 안으로 들어갔다. 이내 경석이 그들의 손에 붙잡혀 나왔다.

어쩌려고 저러는 것일까.

김홍규는 공중에 떠서 그들을 내려다보고 있었다. 그들이 차경석을 말에 태우고는 다시 달렸다. 전남 경찰부가 눈앞에 나타났다. 그들은 차경석을 말에서 끌어 내려 건물 안으로 데리고 들어갔다. 김홍규도 따라 들어갔다.

지하실 문이 열렸다. 김홍규는 깜짝 놀랐다. 거기 차경석의 아버지 차치구가 피범벅이 되어 의자에 묶여 있었다. 제 아비를 알아본 차경석이 고함을 지르며 몸부림쳤다.

"아브이!"

자식의 목소리를 들은 아비가 간신히 눈을 떠 아들을 바라보았다. 초점이 없는 눈빛이었지만 아들을 알아본 눈치였다. 그는 그대로 혀를 내밀고 이를 악물었다.

"저놈이 혀를 깨문다."

형사부장이 소리쳤다. 조선인 형사가 그대로 몸을 날려 차치구의 얼굴을 발로 찼다. 차치구가 뒤로 넘어졌다. 형사가 벽에 걸린 수건을 빼 들고 차치구의 입에 쑤셔 넣었다. 차치구는 반항할 힘조차 잃고 축 늘어졌다. 형사는 수건을 뱉지 못하게 밧줄로 입을 묶어버렸다.

그 모습을 보면서 차경석이 몸부림쳤다.

"아브이! 아브이!"

그 외침을 듣던 김홍규가 눈을 번쩍 떴다. 꿈이었다. 김홍규는 머리를 흔들며 일어나 앉았다. 정신이 멍했다.

이상한 꿈도 다 있다는 생각이 들었다. 밖을 내다보니 달이 떠 있었다. 해시는 된 것 같았다. 경석 형의 아버지가 일인들에게 붙잡혔다는 소식을 들었지만, 형까지 붙잡혀 갈지 모른다는 생각에 홍규는 마음이 조마조마했다.

홍규는 옷을 걸치고 집을 나섰다. 아버지가 있는 사랑채나 안채의 불은 이미 꺼져 있었다. 살며시 대문을 나서 차경석의 집을 향해 달렸다. 왜 그런 꿈을 꾸게 된 것일까. 분명히 경석 형에게 무슨 일이 일어난 것 같았다. 그는 달리고 또 달렸다. 땀이 비 오듯 했다. 경석 형의 집 사립문이 열려 있었다.

자기 집에 비하면 형편없는 초가였다. 하나뿐인 본채 앞에 평상만 한 마당이 다였다. 섬돌과 툇마루를 지나면 안방이 있고, 이는 부엌과 곁방으로 이어졌다.

"경석 형."

홍규가 섬돌 위로 올라서며 다급하게 불렀다.

대답이 없었다. 불빛도 새어 나오지 않았다. 다시 형, 하고 불렀으나 대답이 없었다.

홍규는 툇마루로 올라 안방 문을 벌컥 열었다. 봉창으로 달빛이 새어들었다. 무릎 사이에 얼굴을 처박은 젊은이가 방구석에서 혼자 울고 있었다.

"형, 나야."

그제야 경석이 얼굴을 들어 홍규를 쳐다보았다.

"빨리 나와. 나오라니께."

"싫다."

경석은 얼굴을 무릎에 박고 흐느꼈다.

홍규는 안으로 들어갔다. 경석이 고개를 들고 그를 노려보았다.

"가. 혼자 있고 싶은게."

"왜 그려? 난 형이 걱정되어 왔는데."

"부잣집 도련님이 뭐가 부족해서 내 걱정이여? 내 아버지가 뭘하다 잡혀갔는지 모르고 온 건 아니것제?"

"그래서 온 거야."

"집으로 돌아가. 네가 여기 올 까닭이 없어. 잘못하면 너네 집도 무사하지 못한게."

"어쨌든 여기서 나가자. 아무래도 느낌이 이상하당게."

뭐가 이상하냐는 얼굴로 경석이 쳐다보았다.

"꿈을 꿨는디 일본 형사들이 형을 잡아가드랑게."

경석의 입꼬리가 올라갔다.

"꿈 핑계로 날 동정하지 않아도 돼."

"왜 그렇게만 생각혀? 그래도 걱정이 돼서 왔는디."

"웃겨분다. 꿈 같은 걸 다 믿고. 하기야 울 엄마가 죽던 날 나도 꿈을 꿨지라. 족두리 쓰고 연지 곤지 찍고 시집을 가더라. 아버지한테 그 말을 했더니 하늘만 쳐다보데. 그러고는 말없이 집을 나갔지. 그게 마지막이었당게. 그 후에 어머니가 죽었지. 어떻게 죽었는지, 왜 죽었는지……. 어서 가라."

경석이 다시 고개를 숙였다.

그때였다. 어디선가 땅을 울리는 소리가 들려왔다.

"형, 무슨 소리 안 들리는겨?"

홍규가 경석에게 물었다.

"말발굽 소리 같은디?"

경석이 가만히 듣더니 고개를 끄덕였다.

"그려."

말발굽 소리가 집 앞에서 멎은 것 같았다. 뒤이어 사람 목소리가 들려왔다.

"이 집이냐?"

"네."

"형사여!"

홍규가 가늘게 말했다.

"형사?"

경석이 되물었다.

"형을 잡으러 온 거야."

말을 마치기 무섭게 홍규가 봉창 밑 뒷문을 살며시 열고는 멍하니 앉아 있는 경석의 손목을 잡아끌고 쏜살같이 빠져나갔다. 뒤꼍에 장독 몇 개가 놓여 있었다. 그 뒤로 울이 쳐져 있었고 울 너머는 산비탈이었다.

홍규가 먼저 울 위에 걸터앉아 경석에게 손을 내밀었다. 경석이 그 손을 잡았다. 두 젊은이는 잽싸게 울을 넘어 비탈길을 내달렸다. 뒤에서 우당탕 문이 부서지는 소리가 났다.

두 사람은 달리고 또 달렸다.

경찰부로 돌아온 일인 형사는 고개를 내저었다.

"기다릴 것 없다니까 그러네. 내일 사람들이 보는 앞에서 작두로 목을 날려."

"상부에서 작두를 쓰지 말라는 지시가 내려온 마당입니다. 아들 놈을 더 찾아보지요."

"그걸 누가 몰라. 상부에서는 조선인 정서가 어떻고 하지만, 조센징에게는 그 방법밖에 없어. 작두에 목이 달아난 시체는 거두려고 하지 않거든."

형사부장은 조선 사람들이 하는 굿을 본 적이 있었다. 무녀가 되려면 작두신을 잘 달래야 했다. 작두를 타지 못하면 결코 신과 교감할 수 없다는 사실을 알아낸 것이다. 사실이었다. 조선 사람들은 작두를 잘 타는 무녀를 찾아다니며 굿을 하고 복을 빌었다.

자칫 잘못해 발에 피라도 보는 날에는 그 길로 무녀 인생은 끝이었다. 그러니 작두에 목이 날아갔다면 말을 다 한 셈이었다. 사람들은 작두신이 노해 그이의 목을 삼켰다며 시신을 가까이하려 들지 않았다. 그걸 안 일본인들이 조선인을 잡아다 칼로 목을 치거나 총살을 하는 대신 작두를 썼다.

다음날 차치구가 형장으로 끌려 나왔다. 사람들이 하나둘 그곳으로 모여들었다. 너무 끔찍해 심약한 아녀자들은 작두 처형을 보러 나오지 않았다. 몇몇 남정네들이 비루먹은 개처럼 어슬렁어슬렁 모여들었다. 형장 주위에 새끼줄이 쳐져 있었다. 그 한가운데에 차치구가 널브러져 있었다.

경석과 홍규는 언덕배기 바위 뒤에 몸을 숨긴 채 산 아래를 내려다보았다. 홍규가 경석의 허리춤을 손으로 꽉 잡고 있었다. 한바탕 엎치락뒤치락 다툰 뒤였다.

"이 자식아, 저대로 두면 아버지가 죽는단 말여."

김홍규를 걸터앉은 차경석이 주먹을 날리며 소리쳤다.

나이 차이는 얼마 나지 않았지만 차경석은 덩치가 컸다. 그러나 홍규도 만만치 않았다. 이번에는 김홍규가 경석을 눌렀다.

"형이 나선다고 아버지를 살려줄 것 같은겨? 형마저 죽이고 말 겨."

"저 소리 안 들려? 내가 가면 아버지를 살려준다고 안 혀."

"모르것는가? 형 귀에는 들리지도 않는겨?"

"뭐가 들린다는 겨? 뭐가?"

"보믄 몰라? 손을 내젓고 있잖우. 아버지가 나오지 말라고 하지 않는가."

그랬다. 차치구는 널브러진 채 이렇게 외치고 있었다.

"경석아, 나오지 마라. 나오지 마라. 여보시오들, 우리 경석이 좀 살려주시오. 살려주시오. 살려주면 내 죽어서도 그대들 은혜는 잊지 않으리다."

"숨을 못 쉬는 것 같아 재갈을 풀어줬더니 아예 죽으려고 환장을 했구나. 안 되겠다. 어서 시작해라."

순사가 작두를 차치구 앞에 갖다 놓았다. 사람들이 웅성거렸다. 순사가 손잡이를 들자 시퍼런 날이 드러났다. 순사 둘이 차지구를 개처럼 끌어 작두날 밑에 머리를 넣었다.

형사 반장이 손을 들었다. 그가 다시 차치구에게 물었다.

"마지막 기회다. 전봉준이 어디 있느냐?"

"모, 모른다."

차치구의 바짓가랑이가 젖어왔다. 대답과 함께 극단의 공포로 오줌을 지린 것이었다.

형사반장의 손이 허공을 갈랐다.

해질녘이 되도록 차치구의 목은 형장에 그대로 버려져 있었다. 해가 기울자 날이 쌀쌀해졌다. 꽃샘추위가 다시 오려는 것일까. 두 젊은이는 산기슭에 바위를 의지하고 앉아 산 아래를 살폈다. 목 없는 시체를 무서워해서인지, 형장 주위에 사람 그림자라곤 얼씬하지 않았다.

"두고 보자. 내 이 복수를 꼭 하고 말테니."

차경석이 이를 부득부득 갈았다.

"저대로 놔둘 것이여?"

김홍규가 몸을 떨며 기어드는 소리로 말했다.

차경석이 주먹을 불끈 쥐고 벌떡 일어났다. 입술을 꼭 다문 채 주먹을 부들부들 떨었다.

눈물이 볼을 타고 흘러내렸다.

차천자

불볕 같은 더위가 한풀 꺾였다. 아침저녁으로 벌써부터 냉기가 기승을 부렸다. 가랑잎 구르는 소리에 요즘 들어 김홍규는 마음이 서글퍼지곤 했다. 차경석과 함께 목 없는 시체를 묻고 그의 손에 이끌려 태을교에 입단한 것도 벌써 십수 년이었다. 그 사이에 경석은 강증산(姜甑山)을 따르다가 1907년에 그가 명을 다하자 특유의 화술로 신도들을 후려 자기만의 교세를 넓혀가고 있었다.

강증산이 이끌던 태을교는 강증산을 교조로, 차경석을 교주로 하는 민족종교의 성격이 짙었다. 차경석은 태을교와 동학의 교리를 녹여내어 나름으로 새 세상을 준비하고 있었다. 그의 신심은 대단했다. 그는 민중의 입장에서 모든 것을 보려 했다. 생명을 살리고 병든 세상을 치료하고, 원한을 풀어 서로를 살리는 운동을 전개했다.

그렇기에 기본 교리 또한 철저히 민중을 위한 것일 수밖에 없었다. 인의(仁義)의 실천이 그것이었다. 그는 경천(敬天), 명덕(明德), 정륜(正倫), 애인(愛人)을 4대 강령으로 삼아 상생과 대동을 강조했다. 차경석은 태을교의 명칭도 보천교로 바꾸었다. 보천교의 인기는 대단했다. 차경석의 아버지가 일본 사람들에게 참형을 당했다는 사실이 민중의 마음을 움직였다. 보천교 신도들은 일본 상품을 철저히 배격했다. 그러면서 토산품 자급자족 운동을 벌였다. 보천교가 가파르게 교세를 넓혀가자 일제는 긴장할 수밖에 없었다. 조선총독부 총독이 일일이 보고를 받을 정도였다. 그들은 보천교를 반정부 단체로 규정해놓고 사사건건 트집을 잡았다. 잡혀간 사람의 수가 3만을 넘었다.

일제의 억압이 계속되자 자연히 신도 수가 줄어들었다. 차 교주는 어떡하든 보천교를 지켜내기 위해 수단과 방법을 가리지 않았다. 그는 보천교가 존속하기 어렵다는 위기감에 사로잡혀 조금씩 변해가기 시작했다. 그는 보천교에 들면 병에 걸리지 않는다며 신도들의 신심을 부추겼다. 이미 죽은 부모를 만나볼 수 있다고도 했다. 이는 참으로 달콤한 유혹이 아닐 수 없었다. 일단 신자가 되면 그 사람은 열 사람을 입교시켜야 했다. 입교에 드는 돈은 십 원이었다.

사람들의 마음은 갈대 같았다. 작두날에 목이 잘린 죄인에게는 귀신이 붙었다며 돌아보려고도 하지 않던 사람들도 차경석의 말에는 마음이 움직였다.

"내 아버지 말을 못 들었소? 나와 함께 살고자 하면 내가 귀신이 되어서라도 그대들을 도우리라고 하지 않았소."

차경석이 나서서 꼬드기자 감시의 눈에도 아랑곳하지 않은 채 그를 따르겠다고 나섰다.

차 교주는 그렇게 사람들을 끌어들이면서 조금씩 정감록을 원용하기 시작했다. 그는 새 세상을 뜻하는 천지운도(天地運度)를 열 사람은 자기뿐이라며 진인(眞人)을 자처하기 시작했다. 새날이 오면 조선은 세계의 종주국이 된다는 것이었다. 또 하나의 비극이 그렇게 싹트고 있었다.

차경석은 가입 신도가 15만5천 명이 되면 일제히 일어나 독립운동에 나설 거라고 했다. 왜 교주가 보이지 않느냐고 아랫사람들에게 물으면, 지금 신도 360명을 거느리고 지리산에 들어가 총기와 화약을 만드는 중이라는 대답이 돌아왔다. 그러면서 오는 1924년 갑자년 음력 3월 15일에 일본을 물리칠 거라고 했다. 그 뒤에 차경석이 조선국의 황제로 즉위할 것이며, 그때 신도들은 응분의 대가를 받게 된다고 했다. 그러니 지금 보천교에 입교해 헌납과 신심의 정도에 따라 증서를 받으라고 덧붙였다. 그 증서에 따라 훗날 벼슬과 직품이 정해질 거라는 말이었다.

그즈음 고당 조만식(古堂 曺晩植, 1882-1950) 같은 이가 보천교를 드나들었다. 보천교는 독립 운동가들의 근거지였고 신도들의 도움으로 큰돈을 상해 임시정부에 대고 있었다.

김홍규는 1920년 11월에 보천교 60방주 가운데 최고 간부인 목주에 임명됐다. 차경석이 그를 보좌하는 4대 참모 가운데 맨 위인 목방주(木方主) 자리를 내준 것이었다. 차경석을 중심으로 화, 수, 목, 금, 토 오행에 맞추어서 각 방향을 담당하는 5대 방주라는 제도를 두었는데 그중 가장 중심이 되는 자리인 토방주(土方主)를 교주인 차경석이 맡았고, 그다음이 목방주였다. 조만식과 같이 행동하던 한규숙이란 이가 있었는데, 그는 수방주(水方主)를 맡고 있었다.

김홍규는 그렇게 경석을 도와 교단의 이인자가 되었다. 입교한 지 15년 만의 일로, 그의 나이 서른둘이었다. 사람들은 그를 목주 도인으로 불렀다. 차경석과의 사이를 알 리 없고 보면 사람들에게 김홍규는 전설 같은 인물이었다.

"글쎄, 일경에게 쫓기다 막다른 길에 이르렀는데 감쪽같이 사라졌다고 안 하는가."

"아니, 사람이 눈앞에서 사라져요?"

"그러니 일경들이 목주도인을 잡으려고 눈에 쌍심지를 켜고 있다지 않소. 그럴 만도 하지. 바로 앞에 있는 걸 보고 총을 겨누었는데 연기처럼 한순간에 사라져버렸으니 말이오. 그 바람에 일본 경시청이 발칵 뒤집혔다오."

"오매, 도술을 부린다고 하더니 정말인가 봐요."

"그렇다니까."

사람들은 김홍규가 술법을 익혀 도술을 부린다고 믿었다. 그 정도로 그는 몸이 날래고 변장술에 능했다. 당시 보천교는 전북 정읍에 세를 두고 있었다.

창가에 서서 밖을 내다보고 있던 김홍규가 천천히 탁자 앞으로 와 앉았다. 산다는 것이 무엇일까 싶었다. 넓디넓은 김제평야를 일컫는 징게맹경 외에밋들의 첫째가는 부잣집 아들로 태어나 차경석을 만나 뜻을 같이했지만, 그는 너무 변해버린 것 같았다. 차경석의 꿈을 알고 있었고 원한에 찬 그의 복수심을 이해하면서도, 이건 아니라는 생각을 지울 수가 없었다. 그가 자신의 이름을 차천자(車天子)로 바꾸었을 때 그의 심중을 알아차렸어야 했다. 아버지의 복수심에서 생겨난 일본인에 대한 원망, 그 복수심이 가져다준 민족애. 일제의 압박을 견디며 종처럼 살 수 없다고 다짐하면서 두 사람은 얼싸안고 눈물을 흘리기도 했다. 하지만 인간의 욕심은 끝이 없었다.

김홍규가 아내 최율녀에게서 둘째 아들을 본 것은 1913년이었
다. 추녀 끝에 지푸라기처럼 매달린 고드름에 살이 오르던 1913년
음력 1월 15일의 일이었다. 삭풍이 스치면 귓불이 떨어져 나갈 듯
차가운 날이었다. 손을 호호 불며 물을 끓이고 미역을 장만하던 마
을 아낙들이 연신 안방을 들락거렸다.

감옥소를 들락거리면서도 독립운동에 미쳐 있던 김홍규는 그날
도 집을 비웠고, 시어머니와 마을 아낙들이 그렇게 산모의 출산을
돕고 있었다. 그러다 어느 순간 긴장이 탁하고 풀렸다. 으앙 하고
터진 아기의 울음에 사람들이 안도의 한숨을 쉬었다.

일제의 마수에서 벗어나기 위해 그 넓은 만경 들판의 논밭을 팔
아 독립자금에 쏟아부었지만, 해가 갈수록 해방은 요원해 보였다.
이제 자식에게 남겨줄 재산도 얼마 남지 않았다. 일경은 독립자금
을 담당하는 김홍규를 잡으려고 눈을 벌겋게 뜨고 설치는 마당이
었고, 그런 그들에게 잡혀 언제 목이 달아날지 몰랐다.

할아버지는 손주의 이름을 '금택(金鐸)'으로 지었다.

최율녀는 아이가 하나도 아니고 하니 집안 살림에 신경을 써줄
것을 남편에게 당부했으나, 김홍규는 들은 척도 하지 않았다. 그는
오히려 1919년 만세운동이 크게 일어나자 그해 시월에 경북 지방
의 독립자금 10만원을 수령해 상해 임시정부에 전했다.

김홍규는 그때까지도 차 교주 자신이 임금 자리에 오를 거라는 낭설이 마음에 걸리기는 했으나, 독립자금을 장만하는 데 어려움이 없었으므로 군이 교를 탈퇴할 이유를 느끼지 못하고 있었다. 그렇게 몇 해가 흘렀다.

문이 열리고 통천관을 쓴 차경석이 교당으로 들어섰다. 팔뚝만큼 굵은 밀초의 불길이 정전의 양편에서 흔들렸다. 차경석이 주신인 옥황상제상 앞에 놓인 곳으로 올랐다. 그곳에 천자의 의자가 놓여 있었고, 옥황상제상 아래에는 기골이 장대한 팔척장신의 역사 둘이 서 있었다. 의자는 그 사이에 있었다. 김홍규는 지위의 고하를 막론하고 차경석이 나올 때까지 10분 동안 허리를 숙이고 기다려야 했던 터라 사실 허리가 아팠다.

그는 고개를 돌려 의자에 앉아 있는 차경석의 자태를 살폈다. 어쩐지 낯설다는 생각이 들었다. 큰 키에 비대한 몸집, 타원형의 얼굴, 펀펀한 이마와 콧등은 옛 모습 그대로였다. 하지만 왜 수염 끝을 쭈뼛 세워 사납게 보이려는지 이해가 되지 않았다. 그는 사람들이 자신을 용코 용수염이라고 부르는 게 마음에 드는 모양이었다. 그는 언제나 용수염을 손으로 쓸거나 만지작거리며 방문객들의 신심을 읽었다. 시종들이 무릎을 꿇고 예를 갖춘 가운데 한 방문객이 물었다.

"분분한 조선의 민심을 어떻게 하나로 통일하겠나이까?"

차경석이 수염을 한 번 쓸었다.

"민심을 하나로 엮는 데는 종교밖에 없느니라."

이렇게 말하고는 적절히 《정감록》을 인용해 민심을 사로잡은 자신이 곧 천자가 될 것임을 은근히 내비쳤다.

차경석은 시종들을 물리치고 김홍규를 내려다보았다.

"자금은 어떻게 되었는가?"

"모을 만큼 모았습니다. 모자라는 것은 차차 메우기로 하고, 일단은 제 논마지기를 마저 팔아서 보탤 생각입니다."

"자네만 믿겠네. 조심하게."

차경석은 그렇게 말하고 차경석은 일어났다. 그의 얼굴에서 다른 기색을 찾을 수 없었다. 습관처럼 조심하라는 말을 내뱉었을 뿐, 애정이라고는 손톱만큼도 느껴지지 않았다. 작두날에 아버지의 목이 떨어지는 것을 보며 울던 사내의 마음은 온데간데없었다. 음흉하게 변해버린 속을 어찌 알 수 있겠는가.

김홍규는 차경석이 다른 날처럼 자기 속내를 드러내지 않은 것만도 다행이라는 생각이 들었다. 아직은 내 도움이 필요하다는 말이구나. 차경석은 독립을 목적으로 상해 임시정부를 돕고는 있지만 속으로는 계룡산 도읍을 꿈꾸었다.

김홍규는 《정감록》에 실린 글을 떠올렸다.

'계룡산의 돌이 하얗게 되고, 초포에 배가 다닐 때 세상일을 알

수 있다[鷄龍白石 草浦行舟 世事可知].'

언젠가부터 차경석은 이 구절을 써서 속내를 드러내곤 했다. 그는 계룡산 최고봉의 머릿돌이 돌이끼로 조금씩 하얘져 꼭 흰옷을 입은 것처럼 변해가고 있다는 사실을 놓치지 않았다. 차경석은 그 머릿돌을 가리켜 은근히 자신의 등극을 내비쳤다.

"세상일을 알 수 있다는 말을 잊지 말라."

차경석은 분명히 그 구절을 자신이 천자에 오르는 예언으로 풀이하고 있었다. 마침 1924년은 육십갑자가 새로 시작되는 갑자년이었다. 그래서 보천교 신도들은 그해를 새 나라의 출범 시기로 본 것인지도 몰랐다. 아니 그렇게들 생각했다.

차경석은 지상낙원인 후천세계가 펼쳐질 갑자원년이 얼마 남지 않았다며 신도들에게 떠벌렸다. 신도들은 이런 그를 동양을 지배할 권력자라는 뜻으로 차천자라 부르기를 주저하지 않았다.

검은 항아리

김홍규는 개나리꽃이 흐드러지게 핀 보천교 뜰을 나섰다. 그는 만경면 쪽을 향해 바삐 걸음을 옮겼다. 그가 신작로를 나섰을 때 사내아이가 자전거를 끌고 와 그의 앞에 섰다.

홍규는 말없이 자전거를 받아 타고 발판을 밟았다.

이내 읍내의 건물이 멀어지고 자전거는 들판을 가르며 나아갔다. 해가 지고 있었다.

그는 어두워져서야 김제에 닿았다. 자전거는 만경 들판을 가로질렀다. 어느덧 대동리가 눈앞이었다. 김홍규가 마을 입구에 서 있는 장승 나무를 돌아 그의 집에 다다랐을 무렵, 전라북도와 충청남도 경찰부의 형사들이 김홍규가 빠져나온 교당을 향해 소리 없이 다가가고 있었다.

교당이 가까워지자 그들은 총을 뽑아 들었다.

앞장선 사내가 교당 가까이에 있는 건물 모퉁이에 몸을 숨긴 채 아랫사람에게 물었다.

"저곳인가?"

"예."

"꽤 크군."

"저도 들은 말입니다만 교세가 날이 갈수록 커진다고 합니다."

"소문이 거짓은 아니었군."

"차 교주라는 사람이 보통이 아니라고 합니다."

"그럼 이곳이 본부라는 말이 아닌가?"

"임시로 지어진 교당이지만 군내에서는 가장 큰 교당입니다."

사내가 고개를 내밀어 교당 입구에 붙어 있는 간판을 읽었다. 흰 백열등이 입간판 위에 켜져 있었다.

"신도 수가 몇이나 된다고 했나?"

"넉넉잡아 백만이라는 소문이 있습니다."

"이곳 신도 수가 몇이냐고 물은 걸세."

"글쎄요."

"아무튼, 오늘 저곳에 모여서 비밀회의를 연다는 정보가 확실한

가?"

"그럼요. 우리 쪽 정보원들이 변복하여 어렵게 얻은 정보입니다. 오늘이 음력 9월 16일이니 확실합니다."

"그럼 덮쳐."

"그전에 우두머리를 먼저 확인하는 게 낫지 않을까요?"

"우두머리라면 누굴 말하는가? 교주?"

"아닙니다. 재무를 담당하는 김홍규란 자입니다."

"김홍규?"

"젊은 사람이라고 합니다."

"젊은 사람?"

"아주 똑똑한 사람이라고 합니다. 교주가 절대 신임을 하고 있다니까요. 먼저 확인을 하는 게 나을 것 같은데요."

"맞아! 잘못하면 송사리만 잡을 테니. 슬쩍 들어가서 한번 살펴봐. 놈이 있으면 즉시 신호를 보내라구."

"알겠습니다."

부하가 교당을 향해 몸을 낮추고 다가갔다. 그는 교당 모퉁이를 돌아 사라졌다.

총을 든 사내는 건물 뒤에 몸을 숨기고 신호가 오기를 기다렸다. 부하는 좀체 모습을 드러내지 않았다. 사내가 시계를 보았다. 그는 담배 생각이 간절했다.

    잠시 후 교당 모퉁이로 사라졌던 부하가 나타났다. 그는 사내 곁으로 다가갔다.

    "왜?"

    "우두머리의 모습이 보이지 않습니다."

    "뭐라구?"

    "신도들만 모여 웅성거리고 있습니다."

    "그렇다면 잘못 짚었다는 말인가?"

    "두 패로 나누는 게 좋겠습니다."

    "패를 나눠?"

    "한패는 우두머리의 집으로 보내야 할 것 같습니다. 그들이 눈치챘을지도 모르니까요. 이곳에 모이기로 해놓고 김홍규 집에서 모임을 갖는지도 모르지요. 가끔 그곳에서도 모인다는 얘기가 있습니다."

    "그렇군. 그런데 거기가 어딘가?"

    "김제 만경입니다."

    "김제?"

    너무 멀어서인지 그는 뜨악한 눈으로 부하를 바라보았다.

    이내 형사 몇이 김홍규의 집을 향해 차를 몰았다. 군용 트럭 뒤에는 총을 든 일경들이 타고 있었다.

    한참을 달려서야 만경 들판이 나타났다.

그들은 잠시 후 김홍규의 집이 있는 대동리에 도착했다. 마을은 텅 빈 것 같았다. 마을 어귀의 장승이 달빛을 받아 을씨년스러웠다. 어디선가 개 짖는 소리가 들려왔다. 한 마리가 짖기 시작하자 약속이나 한 듯 여러 마리가 한꺼번에 짖어댔다.

그들은 김홍규의 집 앞으로 다가갔다. 대문은 굳게 닫혀 있었다. 어룽어룽하게 여러 빛깔로 무늬를 넣어 쌓아올린 어루화초담 너머로 안을 살피던 형사 하나가 곁의 사내를 돌아보았다.

"잘못 짚은 것 같은데."

"그렇군! 한밤중이잖아. 뭐가 있다는 거야?"

그때 형사 하나가 손가락을 입술에 갖다 댔다.

"쉿, 조용히 해. 뭔가 있어. 사랑채를 봐."

형사들의 눈길이 사랑채를 향했다.

"뭐가?"

영문을 모르는 형사 하나가 물었다.

"이상하지 않아?"

형사들의 눈빛이 그제야 사나워졌다.

언덕배기에 서 있는 집은, 짧은 널과 긴 널을 가로 세로로 짜놓은 본채 마루에 서면 담 너머로 멀리 강줄기가 보이게끔 지어져 있었다. 마루 건너 안방 양옆에 곁방을 거느렸고, 왼편으로는 곁방과 부엌이 잇닿았고 부엌과 별채 사이에는 장독대가 있었다.

뒤꼍을 돌아 나오면 집을 짓고 남은 좁은 자투리땅이 보이고, 그곳에 감나무 한 그루가 서 있었다. 그 옆에 나지막하게 지은 외양간, 마당으로 빠져나가는 길목과 본채를 사이에 두고 사랑채가 있었다. 바깥양반이 거처하는 곳이었다.

사랑채의 방문을 바라보는 형사들의 눈빛이 점점 사나워졌다. 형사들은 안방과 건넌방의 불 꺼진 방들을 살핀 뒤 사랑채와 비교해보았다. 사랑채의 방문은 다른 방들과 달랐다. 분명히 불이 꺼진 것 같았는데, 다른 방과 달리 검은빛을 띠고 있지 않았다. 어딘가 검붉은 빛이 감돌았다. 안에 불을 밝히고 뭔가로 문을 가린 것이 분명했다.

형사 하나가 담을 넘은 뒤 대문을 열었다. 형사들이 살금살금 안으로 들어왔다. 그들은 곧장 사랑채로 다가갔다. 사랑채 벽에 붙어선 형사가 귀를 갖다 댔다. 이미 사랑채 안에서도 밖의 기척을 눈치채고 있었다. 흐릿하게 빛나던 방문이 한순간에 어두워졌다.

그러자 벽에 귀를 대고 있던 형사가 덮치라는 신호를 했다. 형사 둘이 구둣발로 방문을 걷어찼다.

순간 방문을 막았던 이불을 들추고 사내 몇 명이 밖으로 뛰쳐나왔다. 그중 둘은 신방돌을 헛디뎌 나동그라졌다. 어떤 이는 맨발로 뛰어 저만치 달아났다.

"어서 잡아라!"

형사 하나가 소리쳤다.

불이 켜졌다.

형사들이 도망가는 사내들을 쫓는 사이, 형사 둘이 등뼈를 꼿꼿이 한 채 눈을 감고 앉아 있는 사내에게 다가갔다. 형사들은 자신들의 눈을 의심했다. 우두머리라면 나잇살이나 먹었을 줄 알았는데 이십대로 보이는 젊은이가 눈앞에 앉아 있는 것이었다.

"김홍규는 어디 있느냐?"

형사가 물었다. 젊은이가 그들을 쏘아보았다.

그때 달아난 사람들을 놓친 형사가 헐레벌떡 방으로 들어왔다. 그는 김홍규를 아는 눈치였다.

"오호라 여기 있었군!"

김홍규는 눈을 감았다.

"아니, 이놈이 김홍규라고?"

곁에 있던 형사가 못 미더워했다.

"맞아. 이놈이야! 얼굴이 동안이라 나이 가늠이 안돼. 맞아 이놈이 김홍규야. 그렇지? 네놈이 김홍규지?"

그제야 젊은이가 눈을 떴다.

"뭐 하는 사람들인데 야밤에 이런 무례를 저지른단 말이오?"

젊은이의 목소리는 의젓했다. 그래서인지 범상한 기운이 느껴졌다.

"우리가 모를 줄 알았나? 비밀회의를 하려고 헛소문을 퍼뜨리다니."

"무슨 말을 하는지 나는 모르겠소이다."

젊은이는 시침을 뚝 떼고 늙은이처럼 말했다.

"흐흠, 그래? 보천교라는 종교를 내세워 독립운동을 하고 있다는 걸 우리가 몰랐다고 생각하면 오산이지."

그렇게 말하고 형사들은 집 안을 샅샅이 뒤지기 시작했다. 안방에서 김홍규의 아버지와 아내가 끌려나왔다.

형사 둘은 집 안을 뒤지다 말고 밖으로 나갔다. 그들은 마루 밑에 엎드려 닥치는 대로 물건들을 빼내더니 쇠꼬챙이로 안을 쑤시기 시작했다. 그들 중 하나가 무언가를 발견하고는 고함을 질렀다.

"찾았습니다."

형사들이 마루 밑에 은밀히 숨겨놓았던 검은 항아리 하나를 끄집어냈다. 항아리 안에는 독립자금으로 숨겨둔 지폐와 은화 10만 7750원이 들어 있었다.

일경들은 그들을 경찰부로 이송해 조사를 벌였고, 순순히 자백을 하지 않자 심한 고문을 하기 시작했다. 채찍으로 때려도 말을 안 듣자 불에 달군 쇠꼬챙이로 살을 지졌다. 그래도 불지 않자 거꾸로 매달아 고춧가루 물을 코와 입에 부었고, 심지어 전기 고문까지 했다.

손톱이 빠져 달아났다. 결국 도망치다 잡혀온 이 아무개라는 이가 고통을 견디다 못해 입을 열었다. 2년 전인 1919년에 독립만세운동이 일어난 후로 상해 임시정부와 연락하며 교도들로부터 모은 돈이라고 실토했다. 그날 모임은 그 돈을 군자금으로 쓰기로 결의하는 비밀회의였고, 어떻게 상해로 보낼지를 놓고 의논하는 자리였다고 했다.

집안의 재산이라며 발뺌하던 김홍규는 결국 감옥에 갇히는 신세가 되고 말았다. 그는 몇 달 동안 옥고를 치르고 나와 1921년에 다시 독립자금을 마련하기 시작했다. 경석이 천자가 되기 위해 노력하고 있는 한편 김홍규는 보천교 이인자로서 자기 길을 가기로 마음먹은 터였다. 김홍규는 교도들을 찾아다니며 10만1500원이라는 큰돈을 마련했다. 그의 나이 서른세 살 때였다.

또 그는 남은 논밭을 모두 팔아 10만3070원을 만들어 임시정부에 맡기기도 했다. 당시 백미 상등품 한 가마니 값이 3원 50전이었고 보면 엄청난 액수였다.

그는 임시정부에 돈을 전하고 돌아오는 길에 평안도로 향했다. 자금을 모으기 위해서였다. 김홍규는 일경에서 심어놓은 형사 앞잡이가 그의 평안도행 정보를 입수한 사실을 모르고 있었다. 사복을 입은 일경이 그를 체포하기 위해 객실 칸 곳곳에 숨어 있었다.

변장을 한 김홍규가 나타나자 일경 앞잡이가 형사들에게 손짓

했다.

"저놈이다! 잡아랏!"

여러 명이 한꺼번에 달려들어 김홍규를 덮쳤다.

당시 그를 체포한 형사가 말했다.

"도술을 부린다기에 겁을 먹었더니만 도술은 무슨 도술……."

그러자 일인들 앞잡이 노릇을 하던 조선 사람이 말했다.

"얼마나 날랬는데요. 도망치는 걸 보니 비호예요. 번개처럼 뛰쳐나가는데 고다 형사가 앞을 가로막지 않았더라면 또 놓쳤을 겁니다."

김홍규는 1921년 3월에 독립자금을 모금하러 평안도로 가던 길에 일경에게 체포되었고, 그해 5월에 고등법원에서 유죄 판결을 받았다. 그의 상고는 기각되었다.

불타는 반상

    김홍규의 몸은 일제의 모진 고문에 만신창이가 되었다. 김홍규
가 그런 고초를 겪는 사이 금택의 교육은 할아버지인 김병일(金炳
一)이 맡았다. 무릎에 앉히고 바둑을 가르치던 손자는 벌써 아홉 살
이었다. 아들이 잡혀가기 전까지 번갈아가며 손자를 가르쳤는데,
공부에 지친 머리를 식히기 위해 한 번씩 두는 금택의 바둑 실력은
상당한 수준에 올라 예사롭지 않았다.

    아들이 구속되고 난 이듬해 어느 날, 김병일은 열 살배기 어린
손자에게 바둑을 지고 말았다. 어린놈이 돌을 놓고는 앞에서 배시
시 웃고 있다.

아니, 어느새 저놈이…….

김병일은 넋이 나가 어린 손자를 멍하니 바라보았다. 제 아비와 번갈아 가며 바둑을 가르치긴 했으나, 아무 생각 없이 돌을 놓는 게 아니었다. 슬슬 바람이 일기 시작했다.

"요놈 보게나."

본때를 보여줘야 되겠다 싶어 다시 바둑을 둬나갔는데, 이게 장난이 아니었다. 바람이 점점 거세지더니 이내 돌풍으로 변했고, 먹구름이 몰려들더니 번개마저 번쩍였다. 바둑판은 이미 전쟁터로 변해 있었다. 걷어낸 바둑돌이 우수수 떨어진 가랑잎처럼 겹겹이 쌓여갔다.

이제 할아버지는 어린 손자의 상대가 되지 않았다. 금택은 벌써 자기만의 독특한 행마법을 찾아낸 것 같았다. 고수에게서나 풍길 법한 기풍이 어린 손자에게서 느껴졌다. 김병일은 자기 눈을 의심하지 않을 수 없었다. 한두 수가 아니었다. 그는 휑하니 비어가는 반상을 내려다보면서 낯을 붉혔다.

이럴 수가! 이럴 수가 있는가! 내게 이런 복이 있다니, 감사하나이다. 이런 천재를 주셔서 감사하나이다.

어린 신동의 소문이 이내 이웃 동네로 퍼져갔다. 바둑의 고수들도 고개를 절레절레 내저었다.

"나중에 크면 틀림없이 세상에서 첫째가는, 전대미문의 기성이 될 것입니다."

어린아이의 머리는 정말 비상했다. 한 번 본 것을 결코 잊는 법이 없었다.

금택은 아버지가 갇혀 있는 감옥을 드나들었다. 아버지를 만나겠다고 떼를 쓰면 교도관들이 눈을 부라리고 그를 밀어버리곤 했다.

"어서 가. 안 그러면 네놈마저 잡아넣을 테니까."

금택은 어머니가 싸준 보리개떡을 안고 교도관을 노려보았다.

"어디 잡아넣을 테면 넣어보시오. 내 아부지가 여기 있는디 자식인 내가 이곳에 못 있것소."

"요놈 보게. 쥐방울만 한 게 못하는 소리가 없네."

금택이 교도관을 노려보았다.

"아저씨는 어느 나라 사람이랑가요? 섬나라 사람이랑가요? 우리나라 사람 아니랑가요? 동네 어른들이 섬나라 사람들 집 지키는 사람들이라던디 정말로 그렇당가요? 어떻게 아부지가 감옥에 있는디 자식인 지가 그냥 갈 수 있다요. 나는 못 간당게요. 자식된 도리가 아니지요잉."

"허허, 말로 해서는 안 되겠네. 너 이놈, 쓴맛을 봐야 정신을 차리겠느냐?"

교도소장이 지나가다 이 모습을 보고는 고국에 두고 온 자식 생각이 간절해 아버지를 만나게 해주었다.

아버지에게 개떡 하나라도 먹이려 드는 어린 자식을 보면서 소장은 눈시울을 붉혔다. 그도 인간이었다. 비록 나라를 잃고 감옥에 갇힌 죄인이기는 해도 부자간의 애틋한 정을 막을 순 없었다. 그는 그 뒤로도 금택이 아버지를 볼 수 있게 해주었다.

소장이 어느 날 집으로 돌아가는 금택을 불러 세웠다. 그는 금택의 소식을 들어 알고 있었다.

"네가 김제 제일의 천재라며?"

소장이 물었다. 그는 조선말에 유창했다.

"나 그런 거 몰라라."

"그렇게 소문이 났더구나. 바둑에도 당할 자가 없다던데 한 수 배울 수 있겠느냐?"

"바둑이요?"

"그래."

"바둑이라믄 좀 두지라."

"그럼 나랑 한번 두어볼까?"

"싫은디요."

"왜?"

"울 아부지를 가둔 사람하고 내가 와 바둑을 둔다요?"

"내가 약속하마. 나를 이기면 아버지를 매일 만나게 해주겠다고. 그래도 안 둘 테냐?"

"그거이 참말이요?"

"황국신민은 거짓말을 할 줄 모른다."

"만약 나가 지믄요?"

"아마 아버지를 만날 수 없겠지."

"거참 징혀요."

"방금 뭐라고 했느냐?"

"아니요. 긍께 꼭 이겨라 그 말 같은디요?"

"그런가?"

"글찮아도 질 매음이 없는디요. 내 아부지를 잡아넣은 사람들한
테 누가 지고 싶겠으라."

"허허허, 듣던 대로구나."

"근디 안 둘라요."

"왜?"

"섬나라 사람은 믿을 수가 없으니께요. 내가 질 수도 있을 터인
디, 아버지를 안 만나고 자식이랄 수는 없으니께요."

"그럼 내가 한발 양보하마. 나를 이길 때까지 아버지를 못 보는
걸로 하자. 우선 맞바둑으로 한 번 둬보고 수가 모자라면 몇 점 깔
면 되지 않겠느냐?"

그 소리에 금택의 눈이 반짝 빛났다.

"그거이 참말이오?"

"그렇다니까."

어린 마음에 스쳐가는 계산이 없을 리 없었다. 바둑을 핑계로 날마다 아버지를 만날 수 있을지도 모른다는 생각이 들었던 것이다.

바둑을 좋아했던 소장은 김제 제일의 천재와 반상을 마주한다는 사실에 설레기까지 했다.

두 사람이 바둑판 앞에 앉았다. 지금 같으면 서로 급수를 알아보고 돌을 깔든 했을 테지만 그 당시에는 먼저 맞바둑으로 두어보는 게 상례였다. 몇 수를 놓아보면 상대의 실력이 어느 정도인지 금방 알 수 있다. 금택은 소장의 실력을 알 수 없었고, 아버지를 만나려는 욕심에 자신의 실력을 속여서라도 첫판부터 몇 점을 깔게 해달라고 하고 싶었다. 그러나 어린 마음에 한번 붙어보자며 오기를 부렸다. 금택은 소장의 기를 죽이려고 흰 돌을 잡았다. 소장이 어이가 없는지 금택을 멀거니 바라보았다. 소장은 결국 흑으로 두어나가기 시작했다. 교도관들이 떼로 몰려와 구경을 했다.

금택은 할아버지 말이 생각났다.

"마주 앉아 몇 수만 둬보면 상대가 몇 수를 내다보고 있는지 금방 알 수 있는 거이 바둑이여. 실력이 엇비슷하다 싶을 땐 흔들리는 사람이 지게 되어 있는 것이여. 알것제?"

"그람 할아부지는 만날 흔들려서 나한데 진당가요?"

"허허, 그놈 참. 그것도 그렇구나."

대국이 시작되었다.

바둑돌이 반상에 무늬를 새겨가기 시작했다. 소장은 돌을 놓을 때마다 고개를 갸웃했다. 날카롭다는 생각이 드는데 돌의 조화가 도대체 오리무중이었다.

이놈이 무슨 생각을 하고 있는 것이야?

어린것이 몇 수 앞을 내다보고 있는지도 몰랐다.

제아무리 김제 제일의 천재인들, 몇 점을 깔아야 상대가 될 거라며 자만심에 차 있던 소장의 머릿속에 어린놈이라고 얕봐서는 안 되겠다는 생각이 들기 시작했다. 아니 어쩌면 다음 판부터 자신이 돌을 깔아야 할지 모른다는 생각이 들었다. 그러면서도 설마 하는 마음을 지우지 못했다.

금택은 여유 있게 돌을 놓아가면서 욕심이 일면 할아버지의 말을 떠올리곤 했다.

"욕심을 부리지 말랑게. 욕심은 화를 자초하는 법이고 자만은 어리석음에서 오는 것이여."

돌을 내려놓는 소장의 손이 떨렸다. 어린놈의 실력이 보통이 아니었다. 버리고 취함이 분명했다. 작은 것에 연연하는 것 같아 자신도 모르게 '흥 네놈이 그러면 그렇지' 하다 보면 어느새 그것이

자만이었음을 깨닫게 되었다.

그런데 그걸 눈치채기라도 한 듯 어린놈이 앞서나갔다. 작은 것에 연연하던 것이 어느새 큰 기세를 이뤄 일어난다. 너른 세상이 내 것인가 싶었는데 더 너른 세상이 다시 반상에 잡힌다. 그렇다고 균형을 잃고 있는 것 같지도 않다.

돌 몇 점을 버리는가 싶어 달려가보면 외곽 쪽에서 더 큰 이득을 도모하고 있다. 어린놈이 벌써 사석작전(捨石作戰)을 꿰뚫고 있는 것 같았고, 전형적인 사소취대(捨小就大)의 전술을 구사하고 있었다.

직선 공격이 여의치 않았다. 성동격서(聲東擊西)라, 서쪽을 치고 싶어 동쪽에서 소리를 내고 있으면 벌써 눈치를 채고 어린놈이 남쪽을 도모하고 있다. 도남의재북(圖南意在北). 말 그대로 북쪽에 뜻이 있다는 신호였다.

무거운 침묵과 함께 고민의 시간이 흘러갔다.

마침내 소장의 대세가 무너지고 말았다. 한 번 패착하면 자꾸만 엉키게 되고 그러면 한순간에 끝장나는 것이 바둑이다. 앞뒤가 완전히 막혀버렸다.

보고 있던 교도관들이 얼어붙었다.

돌을 쥔 소장의 손이 떨렸다.

"도망이라도 가지 그라요?"

금택이 처음으로 입을 열었다.

소장은 대답이 없었다. 지켜보던 교도관들이 침을 꼴깍 삼켰다. 소장이 장고 끝에 돌을 놓았다.

"흠, 뻗으면서 일단은 도망을 가시겠다? 하지만 다잡은 고기를 놔줄 순 없지라."

그렇게 말하고 금택이 다른 곳으로 눈길을 돌렸다. 소장이 눈치를 채고 속으로 휴 하고 안도의 숨을 내뱉었다.

하지만 소장은 곧 자기 눈을 의심해야 했다. 소장은 분명히 보았다. 저 먼 벌판에서 엄청난 대군이 그를 기다리고 있는 모습을. 이윽고 소장이 돌을 던진 뒤 눈을 감았다. 무려 열두 점이 잡힌 상태였다. 어린것과 마주하고 앉아 끙끙 용이나 쓰다 져버린 꼴이었다.

금택이 일어나면서 한마디 했다.

"약속은 지키것지요?"

집에 돌아와 내일 다시 아버지를 보러 간다는 말에 어머니가 물었다.

"오늘 갔다 왔잖여?"

"소장이 날마다 와도 된대."

"그려?"

금택이 교도소장을 이겼다는 소문이 김제 바닥에 파다하게 퍼졌다.

"어떻게 그 쬐그만 것이 하늘 같은 소장을 이겼으까이?"

"제 할비도 고수라는디 가르쳐주고 진다지 않는가."

"고수들이 어린것한데 쪽도 못쓰고 당했다던디."

"암튼 거참 통쾌허네. 속이 다 후련하구먼. 일본놈들 매운맛을 좀 봐야 한당게."

"맞당게. 저들 잘났다고 허지만 된통 당하고 보니 속이 쓰릴 거이다. 오매 시원한 거."

소장은 그때부터 금택이 오면 바둑판을 마주하고 앉았다. 어린 것을 달래느라 빵도 사주고 아버지의 면회 시간을 늘려주기도 했다.

어느 날 소장실로 가보니 낯선 사람이 앉아 있었다. 동그란 안경을 썼고 스님처럼 머리를 박박 깎은 남자였다. 눈빛이 예사롭지 않았다. 그가 지켜보는 앞에서 늘 하던 대로 반상을 마주했다. 머리를 깎은 사람이 자꾸 눈에 밟혔다. 소장이 돌을 놓을 곳을 찾느라 뜸을 들이기라도 하면 공연히 헛기침을 하곤 했다.

바둑에 져 아버지를 못 만나고 돌아왔다는 손자의 말에 김병일은 눈을 지그시 감았다. 그 짓을 못하게 어린것을 말려야 한다는 생각을 일찍부터 하고 있었지만, 제 아비를 만나려고 오죽하면 그랬을까 싶어 모른 체하고 있었는데, 드디어 올 것이 왔구나 하는 생각이 들었다. 금택이 교도소로 가고 나면 노심초사, 한시도 마음이 편할 날이 없었다.

다음날도 손자는 지고 돌아왔다. 아니, 다음날만이 아니었다. 연거푸 졌다.

소장이 금택을 이기는 걸 보니 여전히 손자가 모르는 방법으로 누군가 훈수를 두고 있다는 생각이 들었다. 할아버지는 금택이 돌아오자 손자를 반상 앞에 불러 앉혔다. 그러고는 평소 느낀 점들을 하나하나 일러주었다.

"바둑을 둘 때 가장 조심혀야 할 게 뭔지 아느냐? 상대가 돌을 놓으면 곧바로 반응하는 것이여."

"그게 무슨 말이당가요?"

손자가 물었다.

"상대가 돌을 놓으면 왜 거기에 돌을 놓았는지 한 번 더 생각해보라 그 말이여."

"그걸 생각하지 않고 돌을 놓는 사람이 어딧당가요?"

"그렇제? 그런디 넌 너무 바쁘단 말이여. 바로 반응을 한다 그 말이여. 수를 내다보다가도 수를 순식간에 버린다 그 말이제. 한 번 수를 세웠으면 상대방이 허물지 않는 이상 그대로 밀고 가야 되는디, 상대가 생각지도 않은 곳에 돌을 놓으면 이내 그것에 매달려 버리니 어떻게 되겄냐? 아생연후살타(我生然後殺他)라는 말이 있는

겨. 당장 내 말을 먼저 살려야 할 것인디 금방 마음이 변해 상대 돌을 잡으러 가니 질 수밖에. 내 말이 죽고 있는데 공격을 한다면 어떻게 이길 수 있을 것이냐. 남을 이기려고만 하면 집착이 앞서고 욕심이 앞서는 법인겨. 그러면 수가 머리를 떠나버린다 그 말이제. 상대의 수도 볼 수 없게 되고."

"그러면 어찌 혀야 상대를 이길 수 있당가요?"

"반전무인(盤前無人)이요 정수정도(正手定道)라, 늘 반상 앞에는 사람이 없다고 생각해야 하는 것이여. 상대를 의식하지 말고 평정심으로 대국에 임하라는 말이 그래서 나온겨."

"아니 앞에 사람이 있는데 어떻게 그럴 수가 있다요?"

"어린 네게는 어려운 말이다만 어디까지나 정수로 일관하면서 최선을 다해야지 꼼수를 부리거나 요행을 바라지 말라는 소리여. 소탐대실(小貪大失)이요 경적필패(輕敵必敗)라, 꼼수를 부리며 작은 실리에 연연하다가는 꼭 대세를 그르치는 법이니, 무엇보다 상대를 얕보지 말고 대국에 임해야 할 것이란 말이지. 대마는 좀처럼 죽지 않는다는 말은 알고 있제?"

"대마불사요?"

"그려. 대마는 그렇게 쉽게 잡히지 않는 법이여. 무리하게 상대의 대마를 탐하지 말아야 혀. 순리대로 두어가다보믄 빈곳이 보이는 법이니께. 그러니 상대방과 마주 앉았을 때 이기겠다는 욕심을 우선 버려야 하는겨. 그럼 마음이 한결 가벼워질 텐께. 여유가 생기면 사방을 둘러보게 되고 빈자리가 보이지 않것냐 그 말이여. 생각혀봐라. 너보다 수가 낮은 사람이 곁에서 '저기 비었네. 저기 안 놓고 어디를 놓는당가?' 하면서 훈수를 두는 까닭을 말이여. 왜 훈수를 둘꼬? 여유가 있으니께, 네 눈에 보이지 않는 자리가 보이기 때문에 그런 거 아니겠느냔 말이여. 그것을 봐야 한다. 그렇지 않으면 저쪽 사람들이 옆에서 너 모르게 훈수를 둬도 모르는 것이여. 뭔 말인지 알것느냐?"

듣고 보니 그런 것도 같았다.

"첫째도 여유, 둘째도 여유, 셋째도 여유인 것이여. 그게 무심으로 통하면 너를 이길 사람은 없을 텐께 명심하그라."

"알겠구마요."

"그럼 이제부터 내가 그자를 이길 수 있는 묘수를 가르쳐줄 것잉께 잘 들어야 헌다. 이것은 한 수로 두 개의 축을 예방하는 묘수인데 정확하게는 일선의 묘수라는 게 맞겠지."

"그런 수도 있당가요?"

"웬만한 고수가 아니고서는 이 수를 알 리 없을 거다. 나도 오래 전에 배워둔 것인게."

"그럼 할아버지는 와 나한테 진대요?"

"이놈아, 내가 어떻게 너한테 묘수를 쓰것냐?"

그제야 금택은 할아버지를 깊은 속뜻을 알 수 있을 것 같았다.

"그게 무슨 수랑가요?"

"일본에는 일본식 바둑이 있고 중국에는 중국식 바둑이 있는가 허면, 우리에게는 우리식의 바둑이 있제. 일본식 바둑은 자유치석제(自由置石制)라 하고, 중국식 바둑은 사전치석제(事前置石制)라 한다면, 우리나라는 순장(巡將) 바둑이라는 게 있지."

"그러니까 각 나라마다 나름의 바둑 수가 있다는 말 같은디요?"

"맞니라. 나라마다 특색이 있제. 바둑이라고 다 같다고 생각할지 모르지만 그렇지가 않은 법이여."

"그럼 지금 두고 있는 바둑은 우리식대로 발전된 것이랑가요?"

할아버지는 고개를 내저었다.

"종교적인 이유도 있고 또 역사적인 이유도 있것지만, 일본의 영향을 받아서인지 중국 바둑과 우리 바둑은 그 맥이 끊긴 지 오래고 너 나 할 것 없이 일본식으로 변해버렸지. 그렇다고 신묘한 수들이 아주 없어진 것은 아니지만 말이여."

할아버지는 아주 오래된 《현현기경(玄玄碁經)》이란 책에 보면 중국인들은 사전치석제를 선호했다는 걸 알 수 있다고 했다. 그 속에 진신두라는 묘수가 있는데, 우리나라에도 그와 비슷한 순장 묘수가 있다고 했다. 언뜻 보면 중국의 진신두 같지만, 그보다는 한 수 위라는 것이다. 우리 바둑이 맥이 끊기면서 묘수만 남았는데,

그 묘수를 배워 대국에 든다면 일본식 바둑에 익숙한 소장을 반드시 이길 수 있을 것이라고 했다.

할아버지는 직접 반상에 돌을 놓아가며 먼저 중국의 진신두(鎭神頭)라는 묘수부터 가르쳐주었다. 한 수로 양축을 방비하는 묘수라고 해서 바짝 긴장했는데 별다른 기미가 느껴지지 않았다. 아무리 묘수를 부린다 해도 이쯤 되면 영락없이 갇힌 형국이라고 생각하며 금택은 쾌재를 불렀다. 이때 돌 한 점이 반상에 가볍게 놓였다. 돌이 떨어지는 순간 금택은 정신이 번쩍 들었다. 할아버지가 갑자기 양 축머리를 제압해 들어왔기 때문이다. 참으로 신묘했다.

"이를 중국에서는 진신두 묘수라 하는겨."

할아버지가 소리 없이 웃고 있었다. 어린 금택은 한동안 놀라움에 입이 벌어져 있다가 이렇게 물었다.

"진신두가 무슨 뜻이랑가요?"

"진(鎭)은 진압할 진자여. 누른다는 뜻도 있는디 여기서는 후자를 뜻하제. 그래서 진모자(鎭帽子)의 행마라고 하는 것이여. 그런디 이 묘수와 비슷한 수들이 우리에게도 얼마든지 있을게."

이때부터 할아버지는 본격적으로 순장바둑의 묘수를 가르쳐주었다. 순장바둑은 원래 흑백 돌을 각각 여덟 개씩 열여섯 점의 순장(巡將)에 섞이도록 놓은 뒤 흑이 배꼽에 첫 점을 놓으면서 대국이 시작되었다. 하지만 소장이란 이가 순장바둑을 알 리 없다 보니 그럴 수가 없었다. 그러자 할아버지는 대국에 들어가면 반드시 한가운데인 천원에 돌을 놓으라고 했다. 그곳이 바로 북극성, 즉 왕의 자리라는 것이다.

"근께 흑돌을 잡으라는 말이지요?"

어린것이 말을 알아듣고는 이렇게 물었다.

"그려. 백돌을 잡지 말어. 왜냐하면 천원, 즉 우리말로 배꼽점에 꼭 흑을 놓아야 하니께. 이게 정법인겨. 혹 그 속에 고수가 있어 눈치를 챌지도 모르니께 바로 시작하면서 두어나가다가 방심하는 사이 검은 돌을 먼저 배꼽점 주위의 여덟 개 점인 화점에 놓아가란 말이여."

그 돌들은 밤에 궁성을 순찰하는 순장들이라고 했다. 그럼 상대는 왜 거기에 놓을까 생각하게 될 테고 따라오게 될 거라고 했다.

할아버지는 돌들을 걸쳐 놓아가는 방법을 가르쳐주었다. 중국의 신비한 묘수는 이와 비슷하면서도 다르다고 했다. 그 수를 조금만 뒤바꿔놓으면 묘수가 달라지면서 순장바둑이 된다는 것이었다. 참으로 신묘했다. 언뜻 보면 중국의 묘수인 것 같은데 우리 바둑의 고수들이 좀더 변화된 묘수를 창안해낸 것을 알 수 있었다.

달랐다. 발상과 수법이 일본식 바둑과 분명히 달랐다. 먼저 놓아두었던 화점의 순장들. 그리고 보니 임금을 중심으로 요소마다 장수를 배치한 것과 비슷하다는 생각이 들었다. 어차피 바둑판이

전쟁터이고 보면 순장이라는 말이 그제야 이해가 되었다. 진을 치고, 공격하고 수비하고, 죽이고 살리고, 도망치고 쫓아가고⋯⋯.

밤이 이슥하도록 금택은 할아버지에게 우리의 묘수를 배웠다. 무려 백 수가 넘어 다 외울 수는 없고, 우선 몇 수만 속으로 암기했다. 원체 머리가 좋아 두 번 설명할 필요가 없었다.

다음날 금택은 반상을 앞에 두고 소장과 마주 앉았다. 사람들이 슬금슬금 두 사람을 에워쌌다. 흰 돌을 잡기를 좋아하던 아이가 슬그머니 검은 돌을 당겼다. 소장은 속으로 웃었다. 요즘 들어 몇 판을 내리 지더니 이제야 제 주제를 안 모양이라는 생각이 들었다.

요놈, 이제야 기세가 꺾였구나!

금택은 어린애답지 않게 침착했다. 밤에 잠을 못 자 눈에 핏발이 섰지만 믿지 못할 만큼 흔들림이 없었다. 금택이 돌을 놓는 시간이 길어졌다. 그만큼 신중하게 두어나갔다. 또 바둑돌을 놓아가는 게 여느 때와 달랐다.

흑을 쥔 금택은 한가운데에 한 수를 놓더니 바로 붙는 척하다가 기회만 있으면 화점에다 돌을 둬나갔다. 소장이 그걸 모를 리 없었다. 어린것이 묘하게 엉겨들 듯이 돌을 엇갈리게 놓아갔다. 도저히 앞 수를 점칠 수가 없었다. 너무 엉뚱했기 때문이다.

얘가 왜 이러나?

이런 생각을 하면서도 그는 정석대로 받아나갔다. 그런데 이상했다. 뭔가 자꾸만 꼬여가는 것 같았다. 무거운 침묵이 이어졌다.

금택의 장고에 안달이 난 소장이 기어이 침묵을 깼다.

"안 둘 것이냐?"

그러잖아도 바둑판이 이상한데 자꾸만 시간을 끄니 짜증스럽지 않을 수 없었다.

이놈의 바둑판이 어찌 되려고 이러나.

이런 생각을 하는데 어린놈이 반상에서 눈을 떼지 않고 한마디 했다.

"서둘지 말랑게요."

"참으로 답답하구나."

그래도 금택이 꿈쩍 않고 자세를 지키자 나중에는 시간을 정해놓고 둬야겠다며 화를 냈다. 속으로 금택은 콧노래를 불렀다. 흔들리는 소장의 마음을 언제부턴가 읽고 있었던 것이다.

분명히 나보다 한 수 아래랑게. 속도를 찾다 보면 세력이 무너지는 걸 아셔야지.

침묵을 깨면 무너지는 법, 수란 만들어지는 것이 아니라 침묵하는 것이라고 할아버지는 말했다. 기다리지 못하는 자는 그 조급함에 흔들리고, 그때 이미 승부는 결정이 난다는 것이다.

금택은 소장의 애를 태우며 반상을 우리식대로 채워나갔다. 마음이 급해진 소장이 담배를 물고 보챘다.

짜증이 날 정도로 금택은 여유를 부렸다. 자신만만하여 허점을 살피던 소장이 어서 그 자리에 돌을 놓지 못해 안달했는데 한참 후에 금택이 그곳을 막아버렸다. 소장은 둘 곳을 찾아 허둥대야 했다. 몇 수를 내다보고 있던 그로서는 낭패였다. 그 수들이 함께 무너지는 소리를 들어야 했기 때문이다.

또 몇 수를 내다보고 있으면 어린놈이 정곡을 찔러 읽고 있던 수들을 무너뜨렸다. 금택이 장고하는 사이 소장에게 고수들이 간간이 훈수를 두고 있었지만, 처음 보는 묘수에는 통할 리 없었다.

갈수록 소장의 대세가 흔들렸다.

금택이 그를 향해 말했다. '집착하지 마시랑게요. 집착하믄 궁색해진다고 할아버지가 말씀했당게요.' 그러자 소장이 맞섰다. '이놈아, 네놈의 목을 치려는데 왜 웃느냐?' '아무리 그래도 제 목을 칠 수 없을 것이요.' '이래도 아니더냐?' '헤헤헤 그 앞을 보랑게요. 이미 포위됐잖소.' '어허!' '그만 항복하랑게요.'

이래서는 안 되겠다 싶었는지 소장이 대군을 이끌고 나섰다. 마중 나온 놈을 보니 어린놈이다. 군사도 보잘것없다. 단숨에 쳐버리자. '진군하라!' 흰 말들이 질풍처럼 밀려갔다. 피바람이 불고 시체가 산을 이루었다. 협곡의 이곳저곳에서 기다렸다는 듯이 날아오는 화살들. 바위가 굴러 협곡의 길을 막고 돌덩이가 산 위에서 굴러떨어져 군사들을 깔아뭉갠다. '후퇴하라!'

'늦었당게요.' 뒤로 돌아서니 어느새 숨어 있던 복병이 앞을 가로막고 있다. '대세를 놓칠 순 없지라.' 그들의 칼날이 사나운 바람처럼 부하들의 목을 앗아갔다.

소장은 또다시 어린애에게 진다는 생각이 들자 마음이 착잡했는지 연신 담배만 빨아댔다. 나중에는 정신까지 혼미해졌다. 바닥에 떨어지는 돌 소리가 천둥처럼 세게 들렸다.

이럴 수가 있나!

"잘 됐습니다. 오늘은 아부지를 만나도 되지라?"

일어나면서 금택이 말했다. 잠시 고개를 떨어뜨리고 침묵하던 소장이 부하를 불러 데려다주라고 했다.

금택이 나가고 난 뒤 소장은 바둑판을 멀거니 내려다보았다. 조급했다는 생각이 들었다. 그런데 어린것이 자신의 그 점을 알고 파고들었다는 생각이 들었다. 느린 것으로 빠른 것을 제압하는 특유의 두터움이 어디서 왔는지 입이 다물어지지 않았다.

그때부터 금택은 아버지를 손쉽게 만날 수 있었다. 나중에 금택의 수를 분석한 노사초(盧史楚)라는 고수의 도움을 받은 소장에게 더러 지기는 했다. 하지만 금택은 할아버지에게 백 수가 넘는 신비한 묘수를 열심히 배웠다.

하루는 수를 배우다 말고 할아버지에게 이렇게 물었다.

"할아부진 이런 묘수들을 언제 배웠다요?"

아주 옛날 할아버지는 바둑의 고수였던 어떤 스님으로부터 배웠다고 했다. 무슨 까닭인지는 모르나 수백 년 동안 숨어 있던 묘수를 할아버지에게 일러주었다는 것이다. 이제 그 묘수들이 손자에게 전해진 셈이었다.

자신이 고수라고 생각했던 소장은 어린 금택을 상대하면 할수록 비상한 놈이라는 생각이 들었다. 순장바둑을 연구하던 일본인 노사초의 도움을 받고 있었지만 대국을 떠나 인간적으로 어린 금택에게 마음이 갔다.

이런 아이들이 있는 한 언젠가 이 나라는 다시 일어날 것이다!

나중에는 금택이 오기만을 기다리는 사이가 되었으니 그것도 인연이라면 인연이었다.

"공부는 잘하고 있느냐?"

면회를 가면 아버지가 금택에게 묻곤 하였다.

"예."

"어떻게 날마다 면회를 올 수 있다더냐?"

금택은 아무 말도 하지 않았다. 사실을 털어놓으면 하라는 공부는 하지 않고 바둑에 매달려 있다고 나무랄 게 뻔했다.

"조금만 기다려라. 내가 나가면 잘 가르쳐줄 텐게."

하루는 교도관이 앞을 가로막은 채 면회를 허락하지 않았다. 소장이 그만 본국으로 돌아간 것이었다.

새로 부임된 신임 소장은 매부리코 위에 동그란 안경을 걸치고 있었다. 눈빛이 독수리처럼 날카로웠는데, 바둑에는 영 관심이 없는 듯했다. 그러고 보면 전임 소장은 어린애와 바둑이나 두다 본국으로 소환된 것인지도 몰랐다.

　그때부터 금택은 날마다 아버지를 만날 수 없었다. 예전처럼 면회 날이나 되어서야 어머니와 함께 아버지를 만날 수 있었다.

암장

"오늘이 김홍규가 출옥하는 날인가?"

서장이 아랫사람에게 물었다. 눈빛이 먹이를 노리는 매처럼 매서웠다.

"그렇습니다."

부하가 탁 소리 나게 발을 모으며 대답했다.

"상부에서 잘 감시하라는 지시가 내려왔어."

김홍규는 1924년 12월에 감옥을 나서서야 아들이 전 소장과 바둑을 둔 덕에 자주 면회를 올 수 있었다는 사실을 알게 되었다. 그는 하라는 공부는 하지 않고 엉뚱한 짓을 했다며 금택을 몹시 나무랐다. 그러고는 바둑판을 도끼로 탁탁 쪼개어 아궁이에 넣었다.

그는 그때부터 아들에게 한학(漢學)의 전 과정을 가르쳤다. 빼앗긴 나라를 찾기 위한 대들보로 키우려면 첫째도 배움이요, 둘째도 배움이라는 생각에서였다.

이제 자식들에게 물려줄 땅이 남아 있지 않았다. 모두 독립자금으로 헌납한 마당이라 살림이 말이 아니었다. 그 와중에도 자식을 가르치려는 노력은 눈물겨운 것이었다. 《사서삼경》을 읽다가 막히기라도 하면 금택은 문을 열고 나가 자신이 맞을 회초리를 손수 꺾어 와야 했다.

"종아리를 걷어라."

무릎 위로 단을 걷자 종아리에 회초리가 떨어졌다. 아들은 이를 악 문 채 매를 헤아려야 했다.

"하나 둘 셋 넷……."

다리에 피멍이 맺혔고, 그럴 때마다 어미는 어린 아들을 안고 울었다.

1929년 5월 24일(음력 4월 16일) 그동안 공사 중이던 보천교의 본부 건물이 낙성되었다. 보천교의 십일전(十一殿)은 황금빛 기와로 덮여 있었다. 경복궁의 근정전보다 무려 두 배가 컸다.

차 교주는 1924년 등극설이 무위로 끝나자 바로 십일전에서 기사년 기사월 기사일(1929년 음력 4월 16일)에 천자로 즉위한다는 소문을 퍼뜨린 터였다.

'기(己)'와 '사(巳)'의 글자를 보면 생김이 서로 비슷하기는 했다. 또 두 글자는 십간과 십이지의 중간으로 최상의 양기를 상징하고 있었다. 뱀을 뜻하는 사(巳)는 용과 더불어 임금을 가리키는 말이기도 했다. 그렇게 보면 '기사년 기사월 기사일'을 지도력이 강한 왕이 등장할 날로 해석할 수도 있었다.

더욱이 정읍에서 삼십 리 떨어진 입암면 대흥리의 풍수전설이 예사롭지 않다고 입을 모으던 때였다. 보천교의 본부가 있는 뒷산이 그랬다. 기암괴석이 하늘에 면류관을 쓰고 있는 듯하다 하여 천관산(天冠山)이라 불렸다. 실제로 산에는 관을 쓰고 있는 듯한 갓바위가 있었다. 그렇기에 천하를 다스릴 천자가 태어나 크게 대흥할 땅이라고 사람들은 굳게 믿었다.

대흥동 맞받이에는 재영봉이 있었고, 윗마을의 이름은 왕심리였다. 게다가 인근 들판이 바로 《정감록》에 신인이 태어난다고 한 해도(海島)였다. 차경석은 영악하게도 그곳에 천자궁을 지었다. 사람들을 현혹시킬 요량으로 천자 출현에 맞도록 풍수사상과 정감록을 끌어들인 것이었다.

동네 어귀에 들어서면 차경석의 속마음이 그대로 드러남을 알 수 있었다. 길 양편으로 들어선 나지막한 초가들은 그 수만 해도 천호가 넘었다. 팔도에서 모여든 신도들의 집이었다. 천자궁으로 통하는 길을 종로라 했고, 조금 더 걸어 들어가면 종각이 나왔다. 그곳에는 천자를 상징하는 노란 놋쇠종이 걸려 있었는데, 종로의 종보다 컸다. 대궐 정문은 삼광문으로 우람한 삼 층 지붕으로 돼 있었다. 이 문을 지날 때 이미 사람들은 압도되었다. 또 삼광문을 들어서면 수백 간에 이르는 기와집이 나왔다.

오른쪽이 부인들이 사무를 보는 총의원이었고 왼쪽이 남자들이 사무를 보는 총정원이었다. 그 한복판에 경복궁 근정전을 본뜬 본전이 있었는데, 이를 십일전이라 불렀다. 주역에 나오는 토자형 구조로 내전을 지은 셈이었다. 안에 들어가 보면 절로 입이 벌어졌다. 오색단청을 칠한 아름드리 원주들이 수십 길 뻗어 있기 때문만은 아니었다. 그 복판 계단 위에 용틀임 기둥으로 받친 성소가 있었고, 바로 그곳에 삼광단이 차려져 있었다. 그 뒤로 산천 일월성진이 그려진 병풍이 펼쳐져 있었다. 이 천자궁을 둘러보는 데만도 한 시간이 넘게 걸렸다. 지붕에는 천자를 상징하는 누런 기와가 얹혔다.

더욱이 차경석은 그곳에 오는 방문객을 그대로 두지 않았다. 오신 손님이니 융숭하게 대접해 보내라는 것이었다. 그저 형식대로 차리는 술상이 아니라, 거창한 주안상이었다. 그릇과 수저가 모두 은인데다, 몸에 딱 붙는 옷차림의 여자 시중이 요염한 웃음을 띤 채 다가와 차천자가 친히 권한 것이라며 술을 따랐다.

그 후에 차천자가 있는 곳으로 안내되었다. 주신인 옥황상제의 석상 바로 밑에 차천자의 자리가 있었다. 그곳에서 차경석은 온갖 미사여구로 일제에 억눌린 백성들의 마음을 속 시원히 풀어주었다. 어리석게도 백성들은 그 말을 믿었다. 그들은 대한독립의 임박을 굳게 믿었다.

본색을 알아차린 김홍규가 보천교에서 물러날 결심을 굳혀가던 터에 결정적인 일이 터지고 말았다.

차경석에게 아버지의 죽음이 원한 그 자체라는 걸 모르는 바 아니었다. 목이 잘린 아버지를 바위 곁에 암장하는 차경석의 마음이 어떠했으랴. 아들은 아비의 시신을 양지바른 곳에 묻어주고 싶어했다. 김홍규는 차경석이 언젠가는 아버지의 체백을 파내어 길지에 묻으리라는 것을 알고 있었다. 하지만 그의 무서운 속내까지는 들여다보지 못했다.

하루는 그를 찾아온 풍수사에게 차경석이 이렇게 물었다.

"찾아보았는가?"

"그러합니다."

"그런 자리가 있던가?"

풍수사가 고개를 끄덕였다.

"어딘가?"

풍수사는 주위 사람들을 흘끔거렸다. 시종들이 허리를 굽히고 있었고, 김홍규가 바로 곁에 있었다. 차경석은 시종들이 물러가게 했다. 그러자 이번에는 풍수사가 김홍규의 눈치를 살폈다.

"괜찮네. 나와 함께 내 아버지를 묻었던 사람이야. 그러니 어서 말해보게."

"지금 있는 묘지에서 얼마 멀지 않은 곳에 천자지지의 땅이 있습니다."

"천자지지?"

차경석의 눈이 커졌다. 천자지지라면 천자가 날 자리라는 말이 지 않은가.

세상에는 네 개의 진혈이 있다. 하늘이 감춘 혈이라 하여 천장지비(天藏地祕)라 한다. 사대원국(四大垣國)의 첫째가 자미원국(紫微垣國)이요, 둘째가 천시원국(天市垣國), 셋째가 태미원국(太微垣國), 넷째가 사미원국(沙微垣國)이다. 천자지지는 그 진혈들보다 못하지만, 황제를 낳는다는 천하의 명당이다. 차경석이 눈을 번쩍 뜨지 않을 수 없었다.

본디 자미원은 천문학에서 나온 이름으로, 하늘의 상제가 거처하는 별자리를 가리켰다. 조선조 세종 때 옥룡자의 법을 이은 문맹검이란 풍수사가 있었다. 그는 한양 도성, 즉 경복궁을 자미원에 드는 천하의 길지라고 주장했지만, 지금껏 자미원을 본 이는 없었다. 자미원에는 풍수의 비조(鼻祖)인 옥룡자 도선의 지석(誌石)이

묻혀 있다는 설이 있었다. 옥룡자 도선이 하늘이 감춘 혈인 천장지비를 찾아내어 그 혈장마다 지석을 묻어두었으나, 그 지석을 파낸 이는 아직 없었다. 차경석 또한 그 사실을 알고 있었다. 그래서 자미원국을 찾으려 했지만 찾을 수가 없었다.

천자지지라니…… 그럼 혹시 자미원국?

그런 생각을 하지 않을 리 없었다. 자미원에 묘를 쓰면 조선의 국왕이 아니라 세계를 다스릴 수 있는 권력자가 나온다는 전설이 있고 보면 놀라는 게 당연했다.

"천자지지라니? 그 혈처를 보기라도 했단 말인가?"

"물론입니다."

"거기가 어딘가?"

"하지만 아쉽게도 누가 먼저 손을 댄 자리였습니다."

"손을 댄 자리라니?"

"한 발 늦었습니다."

차경석이 발을 굴렀다.

"무슨 소린가? 알아듣게 말해보게."

"천관산 밑 재영봉 아래에 천자진혈이 있사온데 천하의 명당이지요. 그런데 파평 윤씨 집안의 머슴이 어미가 죽자 땅 살 돈이 없어 제 어미가 고생해서 사둔 화전 밭 귀퉁이에 묻은 모양입니다. 언뜻 보면 고양이 발톱처럼 척박해 보이지만, 제가 보기엔 천자가 문무백관을 거느린 길지 중의 길지였습니다. 저는 지금껏 그런 길지를 본 적이 없습니다."

"이럴 수가!"

김홍규는 차경석과 함께 풍수사를 따라 그곳으로 가보았다. 화전밭 귀퉁이에 아직 뗏장도 마르지 않은 무덤 하나가 보였다. 그런데 그 무덤에서 고개를 들어보니 과연 길지였다. 천관산, 재영봉이 왕심리까지 뻗쳐 병풍처럼 펼쳐졌다. 좌청룡 우백호의 산줄기들은 만조백관이 머리를 조아리고 있는 형상이었고, 앞쪽의 시야는 들판이 한눈에 들어오는 탁 트인 전망을 이루었다. 가슴속까지 시원하게 느껴지는 활달한 기상이 범인의 눈에도 좋은 땅임을 확연히 느끼게 해주었다.

비로소 차경석의 눈이 열렸다. 어쭙잖은 그의 실력으로 봐도 공후지지(公侯之地)임이 분명했다. 참으로 주위의 산세는 수려했다. 널따랗게 펼쳐진 천관산 한복판에 임금이 병풍을 뒤로하고 만조백관을 거느렸다.

차경석이 무릎을 쳤다.

"명당이로다!"

돌아온 차경석은 풍수를 시켜 파평 윤씨 집안의 종에게 그 묘터를 팔라고 했다. 그곳에 묘를 쓴 종은 처음에는 얼떨떨해하더니 그 자리가 천하의 길지임을 알게 되자 고개를 내저었다.

"그럴 수는 없지라. 내가 돈에 눈이 어두워 내 어미 무덤을 팔아 먹을 수가 있당가요."

나라고 평생 종질이나 하고 살라는 법이 있당가요, 하는 말과 같았다. 종 치고는 포부가 크고 고집이 드셌다. 파평 윤씨 집안에 압력을 넣어 종을 못살게 굴어보아도 여의치 않았다. 결국, 그 길지를 잊지 못한 차경석이 욕심을 부렸다.

밤이었다. 복면을 한 사내들이 검은 구름을 따라 움직였다. 그들의 발길이 머문 것은 주막이었다. 술에 취한 사내 하나가 사립을 빠져나와 고쟁이를 내리고 볼일을 보고 돌아서다 복면한 사내들이 휘두른 칼에 찔려 고꾸라졌다.

그 사이에 화전 밭 묘가 파헤쳐졌다. 종의 어미를 파내다가 시신 밑에 구들장 같은 돌이 하나 널따랗게 깔려 있는 걸 보았다. 풍수사는 돌을 건드리지 못하게 했다. 그런데 시신을 감은 옷자락이 돌 밑으로 거의 빨려 들어간 상태였다. 명당의 기운이 시신을 빨아들이고 있었다. 결국, 여자의 시신이 다른 곳으로 옮겨졌고, 그곳에 차경석의 아버지가 들어앉게 되었다.

김홍규는 그제야 마음을 굳혔다. 이미 옛날의 차경석이 아니라는 것을 알고 있었지만, 인간의 도리를 저버린 모습에 도저히 참기가 어려웠다.

김홍규가 물러나 조용히 살겠다고 하자 차경석이 날이 선 눈으로 김홍규를 노려보았다.

"왜 그러나?"

"이제 물러날 때가 된 것 같습니다."

"무슨 소린가?"

"그냥 쉬고 싶을 뿐입니다."

차경석은 한 손으로 용수염을 쓸었다.

"날 버리겠다는 말인가?"

"그럴 리가 있겠습니까. 돌아가 집안 대대로 내려오는 약이나 지어 매약상이나 낼까 합니다."

"말리고 싶은 생각은 없다만, 나 하나의 영화를 위해서가 아니라는 것쯤은 자네가 더 잘 알지 않은가. 내 아비를 그렇게 묻고 싶어서 그랬겠는가?"

김홍규는 터지는 웃음을 어쩌지 못했다.

"사람을 죽이고 남의 무덤을 파헤치면서까지 그래야 합니까? 게다가 그곳이 명당이 아니라는 생각을 지울 길이 없습니다."

"그건 또 무슨 소린가?"

"그곳이 명당이었다면 그 터에 어미를 묻고 아들이 비명횡사할 리가 있겠습니까?"

"무엇이?"

차경석이 입을 벌린 채 벌떡 일어났다. 그는 밖으로 나가면서 싸늘하게 한마디를 내뱉었다.

"그렇구만. 하지만 이왕 그렇게 된 것을. 부디 몸조심하게."

다음날 김홍규는 그 터를 잡았던 풍수사가 개울에 처박혀 죽은 사실을 알았다. 얼마 안 있어 자신도 그와 같은 꼴을 당하리라는 예감에 김홍규는 몸을 떨었다.

그렇게 차경석과 인연을 끊고 돌아온 김홍규는 바깥출입을 멀리한 채 아들 금택에게 애정을 쏟았다. 가르침은 더 치열해졌고, 그렇게 세월이 흘러갔다.

도주

"머뭇거릴 시간이 없네."

손규숙이 말했다. 먼 길을 한달음에 달려오느라 숨이 턱까지 차올랐다.

"확실합니까?"

확인하듯 김홍규가 물었다.

"이 사람아, 분명히 들었다고 하지 않는가. 차 교주가 오늘 안으로 사람들을 시켜 자넬 제거하라는 소리를 두 귀로 똑똑히 들었다니까 그래. 결심을 굳힌 모양이야. 자꾸 비밀이 새나가니까 그게 혹시 자네 짓이 아닌가 하고……. 사실 어제 일인 순사들이 들이닥쳤거든. 자네가 떠나고 난 뒤에도 모금을 계속했는데 그 돈이 독립 자금으로 쓰일 거라는 정보가 들어간 모양이야. 그게 자네 짓이라고 생각한 거지. 차 교주는 몸을 피했지만, 교당은 엉망이 됐어. 어디 한두 번 당하는 일인가. 그런데 자네가 없고 보니 차 교주 기분이 이상한 모양이야. 어떡하든 교단을 해체하려는 일인들의 속셈을 뻔히 알면서도 말이야."

김홍규의 얼굴에 공포보다는 한 가닥 연민이 스쳤다.

"어차피 독립자금으로 쓰지 못할 돈이라고 해도 충격이 크겠군요. 나라를 구한다는 명목으로 신도들의 주머니를 털어 사리사욕을 채우려 했다면 본디 잘못된 것이긴 하지만."

"그래. 차 교주 쪽에서 보면 기가 막힐 노릇이지. 변하긴 했지만, 그 사람이야 자신이 천자가 되어 백성들을 구할 수 있다는 믿음 하나로 사는 사람인데 일이 그 지경이 되었으니……."

"이미 그럴 줄 알고 각오는 했지만……."

"우선 월래산으로 몸을 피하게. 거기 내 피붙이가 하나 있네."

부엌에서 몸을 떨던 금택의 어머니가 다급하게 안방으로 들어가 짐을 꾸리기 시작했다. 금택이 사태를 알아채고는 아버지와 함께 가겠다고 나섰다. 김홍규는 아들 금택과 승강이할 겨를이 없었다.

그들이 미처 대동교를 빠져나가기 전에 한 무리의 장정들이 김홍규의 집으로 들이닥쳤다. 그들은 닥치는 대로 살림살이를 부수었다. 그들은 김홍규가 눈치를 채고 몸을 피했다는 사실을 알아냈다. 그가 마을을 빠져나가는 걸 봤다는 한 신도의 말을 듣고 추적에 나섰다.

세 사람은 산등성이를 피해 골짜기를 타고 월래산 쪽으로 올랐다. 김홍규는 집에 두고 온 식구들을 떠올렸다.

해를 입지 않아야 할 터인데.

"배를 타면 빠르잖아요?"

금택이 강줄기를 따라가면 질러갈 수 있다는 생각을 말하자 손규숙이 머리를 내저었다.

"강심에 배를 놓으면 금방 눈에 띌 것이야."

세 사람은 강줄기를 버리고 산골짜기를 선택했다. 그렇게 산을 넘고 또 넘었다.

그들이 월래산 기슭에 닿았을 때는 사람의 꼴이 아니었다. 산을 넘느라 넘어지고 구르다 보니 옷은 헤어져 나달거렸고, 긁히고 찢어진 상처가 한두 곳이 아니었다.

밤이었다. 그곳에 손규숙의 오촌 당숙이 있었다. 그는 타고난 촌로로, 양반 집 논밭을 병작해 먹고 사는 사람이었다. 처음에는 차경석을 피해 도망을 왔다는 말에 탐탁해 하지 않았다. 세 사람이 들어서자 꽁보리밥이 차려진 상을 내왔다. 다들 허기가 져 게 눈

감추듯 먹어치우고는 사랑방에서 하룻밤을 보냈다.

금택이 새벽의 찬 기운에 잠깐 깨어보니 손규숙은 코를 골고 있었고 아버지는 문을 열어놓은 채 달빛 속에 앉았다. 차경석의 일을 어렴풋이 알고 있던 금택으로서는 아버지의 심정이 오죽할까 싶었다.

다음날 손규숙의 당숙을 따라나선 곳은 월명암이란 암자였다. 스님이 살다가 떠나버린 산 중턱의 빈 암자였다. 손규숙이 어떻게 했는지 김홍규를 대하는 게 훨씬 부드러웠다. 먹을 양식을 넉넉하게 내주었고 가재도구도 빌려주었다.

손규숙이 돌아가고 나자 두 사람만의 생활이 시작되었다. 금택은 집을 나설 때 자신이 공부하던 중요한 서책을 가져온 참이어서 그것으로 공부를 계속할 수 있었다. 가끔 아버지와 산을 올라 나무도 하고, 나물을 캐서 찬으로 썼다.

그러던 어느 날 낭떠러지에서 미끄러져 의식을 잃은 마을 사람 하나를 발견하고 월명암으로 업어왔다. 김홍규는 집안 대대로 내려오는 비약 제조법을 알고 있었고, 그 덕에 환자를 구할 수 있었다.

그날 이후 소문을 들은 마을 사람들이 암자를 들락거리기 시작했다.

차츰 월명암을 찾는 이들이 늘어갔다. 김홍규는 약을 만들어 환자들에게 나누어주고는 하였다. 그러다 보니 양반네까지 드나들게 되었다. 그들은 김홍규가 만드는 비약에 관심을 보이다가 금택의 옥돌 같은 모습에 넋을 놓고는 하였다. 금택을 보는 사람마다 나이 답지 않다고 하였다. 아버지의 노력에 학문에 깊이가 생기면서 그는 때때로 애늙은이처럼 행동할 때가 많았다. 물리가 터지면서 생겨난 현상이었는데, 생각이 깊어지고 사물의 이치를 늘 궁구하다 보니 예지력이 커진 것이었다.

금택의 눈에는 하찮은 돌 하나 예사로워 보이지 않았다. 천기를 살피다가 아하 내일은 비가 오겠구나, 하면 비가 왔고, 자욱한 아침 안개를 보고 오늘은 무지 덥겠다, 하면 그날은 계곡에 뛰어들지 않으면 안 될 만큼 무더웠다. 늙은이들이 세상을 오래 살면서 터득한 연륜으로 천기를 헤아리듯, 이제 열여섯밖에 안 된 아이에게 이상한 지혜가 생겨난 것이었다.

얼마 지나지 않아 그는 반가(班家)의 자제들을 가르치기 시작했다. 금택의 실력을 알아본 양반들이 그에게 아들을 맡겼기 때문이다.

무서운 적

그는 반가의 자제들을 가르치며 분에 넘치는 대접을 받았다. 시간이 흘러 이제 열일곱밖에 되지 않은 그를 서로 데려가려고 눈치를 볼 정도가 되었다.

행동 하나하나가 어디 흠잡을 데가 없는 데다 옥돌을 빚어놓은 것 같은 모습에 사위나 삼았으면 하는 양반마저 생겨났다. 그를 집으로 불러 사랑에 상을 차려놓고는 은근히 자기 딸을 소개하는가 하면 자연스럽게 마주치게 해 눈치를 보곤 하였다. 그럴 때마다 금택은 아버지의 말을 떠올렸다.

"아직은 가르친다는 생각을 버리거라. 배운다는 마음으로 가르치되 결코 사사롭게 행동해서는 안 될 것이니라. 행동거지를 늘 조심혀야 한다."

가끔 손규숙이 차경석의 소식을 전해주곤 하였다. 아직도 찾고 있으니 몸조심하라고 당부한 터였다. 암자에 든지 반 년이 흐른 어느 날 손규숙이 찾아왔다.

그는 요즘 들어 일경의 감시가 심해지자 차경석도 몸을 피해 있다고 했다. 더는 두고 볼 수 없다는 판단이 섰는지 일경이 그를 잡아들이려고 포위망을 좁혀가는 중이었다. 그 바람에 김홍규를 찾던 무리도 차경석의 호위를 맡아 어디론가 사라져버렸다고 했다. 제 목숨을 보전하기가 힘든 판이니 남의 목숨을 노릴 처지가 아니라는 것이다.

그 말을 듣고서야 김홍규와 금택은 집으로 돌아갈 수 있었다. 그래도 행동을 조심하지 않을 수 없었다. 되도록 문밖을 드나들지 않았다. 있는 듯 없는 듯 조용히 살았다. 옆집에서 사람이 찾아오기라도 하면 김홍규는 뒤채로 몸을 숨길 정도로 몸을 사렸다. 그런데도 결국 차경석이 보낸 자객들에게 잡혀 쥐도 새도 모르게 끌려가고 말았다. 뒤뜰을 거닐다 보쌈을 당한 것이다.

김홍규가 정신을 차려보니 그의 앞에 차경석이 초췌한 몰골로 앉아 있었다. 소금창고 안이었다. 소금 더미가 한쪽에 가득 쌓였고 몰아치는 바람에 덜컹거리는 문밖으로 저녁놀에 젖은 염전이 보였다.

김홍규가 바라보자 차경석이 고개를 들고 일어났다. 천자가 된
것처럼 굴더니 그 또한 일인 형사들을 피해 숨어 지내고 있었다.
몸에 걸친 곤룡포 비슷한 옷에는 때가 덕지덕지 묻었고, 위로 틀어
올려 묶은 머리는 여러 가닥으로 흩어져 어깨에 닿았다. 그동안 겪
었을 고생이 눈에 선했다.

"아름답지 않느냐?"

차경석이 쉰 목소리로 말했다.

"아침 햇살에 반짝이는 염전을 보았는데 벌써 황혼이라니……."

이렇게 말하고 돌아보는 차경석의 눈이 붉었다.

"그동안 어디 있었느냐?"

김홍규는 대답하지 않았다.

"나를 피해 숨어 있었겠지. 난 알고 있었느니라. 네놈이 언젠가
는 나를 넘기리라는 것을. 결국, 너는 나를 넘겼지. 그렇지 않고서
야 어떻게 그놈들이 모든 것을 알아낼 수 있었겠느냐?"

김홍규가 그를 쏘아보았다.

"왜 나라고 생각혔소?"

김홍규의 물음에 차경석이 뒷짐을 지고 돌아섰다. 그는 노을에
젖은 소금밭을 바라보았다.

"나는 소금이 되고 싶었다. 거기 쏟아지는 빛줄기가 되고 싶었

어. 내 아버지를 땅에 묻을 때부터 이 나라의 독립을 원했고……."

"또 이 나라 백성의 마음을 원했겠지."

김홍규가 나직하게 말했다. 증오가 서린 싸늘한 말투였다.

차경석이 돌아보았다. 이마에 핏줄이 도드라져 살기스러웠다.

"그래. 그게 내 꿈이었지. 난 네가 내 뜻을 따를 줄 알았다. 어떤 대가를 치르더라도 이 세상을 우리 품에 안아야 한다고 생각하는 줄 알았어."

"그렇다고 백성들의 순수한 믿음을 속여? 독립자금이라는 명목으로 그들의 주머니를 털어 천자가 된 양 착각한 게 바로 죄악이지."

차경석이 돌아서서 고개를 가로저었다.

"큰일을 도모하려면 그만한 대가는 치러야 하는 법이야."

"추악하군. 썩어 문드러졌어. 신심으로 가득했던 예전의 차경석은 어디 갔나? 처음부터 잘못됐어."

무서운 눈길로 차경석이 김홍규 앞으로 다가섰다.

"너와 내 아버지의 몸과 머리를 묻을 때 나는 맹세했다. 꼭 양지바른 곳에 묻어드리겠다고. 또 이 땅에서 일인들을 몰아내겠다고 약속했지. 그래서 더 광분했는지도 모른다."

"문제는 그게 아니야. 천하를 얻으려면 무슨 짓을 해도 용서가 된다는 당신 가치관이 문제지."

"그래, 그럴지도 모르지. 하지만 다 시시해 보였다. 세상을 바꾸려면 가만있어서는 안 된다고 생각했어. 내가 아니면 안 된다고, 그래서 바꾸어야 한다고 생각했지."

"사실은 그게 아니었어. 신도들의 신심을 속이고 그 위에 군림하려고 했지. 그들의 종이 되려고 한 게 아니라 주인이 되려 했어. 그들의 피를 빨아 주색잡기에 혼을 빼앗기고 터무니없는 욕망을 채우려 들었지."

"그래. 인간의 욕심은 참으로 끝이 없더구나."

차경석이 곁에 있던 부하의 칼집에서 재빨리 칼을 뽑아들었다. 부하가 움찔하며 당황해했으나 차경석의 기에 눌려 물러났다. 칼날이 노을을 받아 번쩍였다. 김홍규는 차경석의 얼굴이 얼음장보다 차다고 느꼈다.

"네놈이 내 밑을 나갔을 때 난 너를 죽이고 싶었느니라. 기분이 이상하더구나. 나를 가장 잘 이해해주리라 여긴 사람이 돌아선다는 것이. 아주 갈기갈기 찢어 죽이고 싶었느니라."

차경석이 칼날을 살피더니 김홍규 앞으로 던졌다. 툭 하는 소리가 났다.

"어릴 때 한동네에 살 때 난 널 한 번도 배신한 적이 없었다. 언제나 널 보호해주었고 네 편이 되어주었지. 난 가난했지만 네 곁에 내가 있어야 한다고 생각했다."

"다 지난 얘기요."

"내가 이웃 마을로 이사를 갈 때 네가 말했지. 그때 너는 내 등에 업혀 있었고 우리 그림자는 하나였어. 네가 한 말이 기억나는구나. '형, 형과 나는 하나다. 우리 어디를 가든 이렇게 붙어 다니자.' 그래서 나는 약속했다. 헤어지지 말자고. 너보다 힘센 애들이 괴롭히면 어떡할래? 하고 내가 물었을 때 넌 싸우겠다면서 이렇게 되물었지. '형은 어쩔 것이야? 형보다 더 힘센 사람을 만나면?' 나는 싸울 거라고 했다. 그러자 네가 말했지. '형, 내가 있잖아. 나한테 달려와. 그럼 내가 놈들을 다 처치해줄게.' 나는 나중에서야 알았다. 너와 내게 정말 버거운 상대가 누구인지."

"버거운 상대?"

"지금도 기억하고 있다. 일인들이 자객을 보내 날 없애려 했을 때 네가 몸을 날려 나를 살린 것을. 어두웠지. 그래, 어두운 교당에 나 혼자 있었어. 소리 없이 자객은 들어왔고 바로 등 뒤에서 칼을 휘둘렀지. 그때 네가 달려들었다. 내가 맞을 칼을 네가 대신 맞은 것이야. 네가 신음할 때 나는 알 것 같았다. 네가 있다면 나는 일어설 수 있으리라는 걸. 허나 너는 떠나갔다. 떠나가고 난 뒤에야 알게 됐지. 결코, 우리가 이길 수 없는 거대한 힘, 그 힘 앞에 지금 서 있는 걸 말이다."

김홍규는 아무 말도 하지 않았다.

"그럼 어떡해야 할까? 이젠 더 싸울 힘이 없어. 싸우겠다는 분노와 숭고한 신심마저 변질됐으니까."

김홍규가 차경석을 쳐다보며 입을 열었다.

"그렇소. 아니, 그랬소."

"우리는 약속했지. 서로를 지켜주며 살자고. 넌 나를 위해 싸워야 할 의무가 있다고 생각한다. 어쨌든, 약속이니까. 나 또한 너를 위해 싸워야 할 의무가 있고. 넌 아직 싸울 힘이 있어. 그러니 나를 지켜다오. 아니, 넌 나를 지켜줘야 한다. 어서 그 칼로 나를 찔러라."

들창으로 쏟아진 햇살이 차경석의 얼굴을 붉게 물들였다. 비로소 말귀를 알아들은 김홍규가 고개를 떨어뜨렸다. 눈가가 조금씩 뜨거워졌다.

차경석이 말을 이었다.

"너와 나는 좋은 친구는 되지 못했지만 그래도 너만큼 나를 생각해준 이는 없었다. 또 널 한 번도 남이라고 생각해본 적도 없어. 좋은 친구는 생사를 같이하는 법. 네놈이 나를 지금 죽이지 않으면 내가 약속을 어긴 것처럼 너도 약속을 어기게 되는 것이야."

김홍규의 눈빛이 떨렸다.

"마지막 기회다. 내 아비의 머리를 안아준 것에 대한 보답의 차원이라고 생각지는 말아라. 이것으로 우리 사이를 끝내자. 너로 인해 보천교가 끝났다는 게 서러운 게 아니다. 천자의 꿈을 접고 도망자가 된 나 자신이 한스러워서가 아니다. 인간은 그렇게 변할 수 있다는 초라한 내 자신에 대한 증오를 오늘에야 보았기 때문이다. 그래, 이왕 죽을 거면 처음 우리가 맹세했던 그 신심에 따라 죽고 싶다. 아직도 네놈에게는 순진하게도 그 신심이 남아 있으니 깨끗하게 나를 죽여 다오."

말을 끝낸 차경석의 눈에 눈물이 어렸다. 흰자위에 붉은 실핏줄이 거미줄처럼 얽혀 있었다.

"세상의 마음은 물과 같더구나. 그 물속에 진실이 있다는 걸 왜 몰랐을까. 내 어지러운 마음속에 부처가 있더구나. 옥황상제가 거기 있었어. 구정물 속에서 허우적거리고 있더란 말이지. 구해야 할 것은 바로 그것이었거늘."

이렇게 말하고 차경석은 천천히 곤룡포를 벗었다. 때 묻은 흰 적삼이 드러났다. 그는 제자리에 무릎을 꿇고 앉았다. 그러고는 무섭게 김홍규를 노려보았다.

"어서 칼을 집어라."

김홍규가 고개를 내저었다.

"싫소."

"왜? 내가 용서가 안 되느냐?"

"용서는 내가 아니라 자기 자신이 하는 거 아니요?"

"나는 그런 어려운 말 모른다. 날 죽일 만한 애정도 이제는 남아 있지 않더란 말이냐?"

"꼭 죽을 까닭이 있소? 마음을 돌렸다면 새로 시작할 수 있소!"

"지쳤다. 지쳤어. 꿈같은 세월을 다 살아버린 것 같아. 그렇게 단단하던 복수심, 그래서 다져졌던 신심도 다 욕심이었어. 이제는 신심도 없고 희망도 없다. 남은 것은 미망에 빠진 마음과 도저히 이길 수 없는 적들뿐. 내 욕망이 가장 무서운 적일지 모르지. 그러니 네 손으로 그걸 끊어다오."

"제발!"

김홍규가 애원하듯 부르짖었다. 차경석이 젖은 눈으로 시퍼렇게 쏘아보았다.

"못난 놈. 약속 하나 지키지 못하는 못난 놈이 아닌가. 아니 이제 보니 정말 겁쟁이가 아닌가. 그런 놈이 어떻게 나 대신 죽으려고 몸을 던졌는지 모르겠구나."

이렇게 말하고 차경석은 눈을 감았다.

그는 잠시 후 눈을 뜨고 김홍규 앞에 놓인 칼을 집었다. 칼을 들어 허공에 세우고는 날을 살폈다. 그는 칼날에 시선을 붙박은 채 입을 열었다.

"그런 놈에게 내 목숨을 맡기려 했다니⋯⋯. 어쩌다 그런 것이겠지? 나를 살리겠다고 몸을 날리게 한 그 신심 말이다. 그리고 보면 넌 겁쟁이였어. 늘 도망만 다니던 놈이었지. 그래, 그랬어. 네놈이 내 욕망을 씻어주리라는 생각은 하지도 않았다만 그래도 혹시 하는 생각에 기대를 걸었건만…… 으하하하하."

웃고 있는 차경석의 눈에서 눈물이 흘렀다. 그는 잠시 후 입술을 꽉 깨물며 눈을 감았다 떴다.

피 한줄기가 턱을 타고 흘러내렸다.

그는 시퍼런 칼날을 김홍규의 목에 겨누었다. 송곳처럼 날카로운 칼끝이 턱 밑을 파고들자 김홍규가 눈을 치뜨고 몸을 떨었다. 그의 얼굴이 백지처럼 하얗게 변했다.

흐흐흐, 하고 차경석이 웃었다.

"무서우냐?"

그제야 김홍규가 정신을 가다듬고 눈을 감았다.

차경석이 흐흐흐, 하고 다시 웃었다.

"네놈이 나를 죽일 수 없다면 내가 하는 수밖에."

"죽이시오."

김홍규가 죽음을 각오하고 단호하게 말했다. 차경석의 그림자가 움찔했다.

그는 잠시 후 입을 크게 벌리고 웃었다.

"으하하하, 하기야 우리가 어릴 때 한 약속이야 철없는 장난이었는지도 모르지. 그래, 이제는 걸레쪽처럼 변한 더러운 쓰레기일

뿐이니, 그 약속을 지킬 까닭도 없고 손에 피를 묻힐 일도 없겠지."

차경석은 모든 걸 체념한 듯 입을 꼭 다물었다. 그는 숨을 몰아쉰 뒤 고개를 들었다.

"길지인 줄 알고 빼앗았던 그 땅에 묻힌 내 아버지를 다른 곳에 묻었느니라. 또 그 땅에 그 종들을 묻었지. 그리고 보면 그곳이 길지이긴 한가 보다. 저들을 죽인 악마의 끝이 이렇고 보면. 홍규야!"

차경석이 칼을 돌려 잡고 김홍규를 불렀다.

"내 죽거든……."

말이 채 끝나지도 않았는데 칼끝이 차경석의 배를 파고들었다. 김홍규가 몸을 날리지 않았다면 명치를 뚫고 들어간 칼이 등 밖으로 튀어나왔을 것이다.

김홍규의 어깨에 부딪혀 칼이 바닥에 떨어졌다. 그러나 날카로운 칼날이 차경석의 뱃속을 깊이 찢어놓은 뒤였다.

영안몽

어디론가 사라졌다가 돌아온 김흥규는 집에 박혀 꼼짝하지 않았다. 금택은 요즘 들어 글이 눈에 들어오지 않아 괴로웠다. 금택은 월명암에서 돌아온 후로 자주 이상한 꿈을 꾸었다. 잠을 설친 날에는 정신이 흐릿해 머리를 흔들곤 했다. 한동안 꼭 술에 취한 것처럼 몽롱해 하더니 그만 잠에 곯아떨어졌다. 얼마나 잤는지 알 수 없었다. 잠들기 무섭게 꿈을 꿨고 태몽처럼 또렷한 꿈이 계속되었다.

그가 본 것은 거대한 폭풍이었다. 버섯구름이 땅에서 하늘로 피어나는 낯선 꿈이었다. 천지가 섬광에 휩싸여 빛이 퍼져나간 자리에 버섯구름이 솟아 올랐다. 모든 것이 사라졌다. 사람, 건물, 나무…… 이 모든 것들이 형체도 없이 사라졌다. 정말 무시무시한 영상이었다. 줄을 지어 소풍을 가던 어린 학생들이 번쩍이는 섬광에 뼈마디만 남는가 싶더니 먼지로 변했다. 거리는 텅 비었고 비명도 들리지 않았다. 오로지 이상한 꿩음이 들릴 뿐이었다. 곧이어 사람들이 보였다. 큰 배에 올라탄 사람들은 떼를 지어 이리저리 몰려다녔다. 때로는 도망가는 이도 있었다. 총질을 하던 사람들이 도리어 다른 사람들에게 몽둥이질을 당하기도 했다.

이번에는 숲길이 보였다. 대장부 하나가 때에 전 낡은 장삼을 팔락이며 걸어가고 있었다. 머리는 봉두난발이요 두 눈은 호랑이처럼 날카로웠고, 가슴에 닿을 만큼 수염이 길었다. 그가 누구인지 알 수 없었다. 능선을 넘자 움막이 나타났다. 머리에 헌 누더기를 감싼 사람들이 보였다. 하나같이 그 사내처럼 승복 차림이었다. 아니 그보다 행색이 더 남루했다. 옷에 피고름이 묻었다. 또 눈이 없거나, 코가 없거나, 팔이 없었다. 다리가 잘려 절뚝거리는 이도 있었다. 문둥이들이 분명했다. 사내는 망설임 없이 그들이 사는 움막을 향해 다가갔다. 그 곁에 사람들이 몰려들었다.

"스님!"

사람들이 그를 향해 합장했다. 그도 마주 보고 합장을 했다.

그는 몰려든 사람들을 제 피붙이처럼 돌보았다. 살이 갈라지고 발가락과 손가락, 얼굴이 썩어 문드러진 사람들의 상처를 소독하고 무명천으로 감쌌다. 그러다가 그도 죽어가고 있었다. 눈에 신열이 가득했다. 그는 비틀거리다 쓰러졌다. 대장부다운 얼굴이었으나 정작 그가 누구인지 알 수 없었다.

눈을 뜬 금택은 너무 터무니없는 꿈에 한동안 멍하니 앉아 있었다. 온몸이 식은땀에 흠뻑 젖었다. 몸이 으슬으슬한 게 한기가 느껴졌다. 무슨 이런 꿈이 다 있나 싶었다.

그 후로도 금택은 그와 비슷한 꿈을 꾸곤 했다. 잠에서 깨고 나면 넋이 나간 눈으로 앉아 있었다. 때로는 곁에 있던 사람이 어깨를 잡고 흔들어야 겨우 정신을 차렸다.

금택은 어느 날 사람들이 죽고 죽이는 광경을 보았다. 강기슭에 시체가 가득 쌓여 있었고 불덩이가 천지를 뒤덮었다. 어린아이가 죽은 어미의 젖을 빨고 있었고, 새끼줄에 줄줄이 엮인 사람들이 총에 맞은 뒤 구덩이로 떨어지기도 했다.

지난번 꿈에 본 수염이 긴 사내가 움막 구석에 처박혀 신음하고 있었다. 눈빛은 흐릿했고 낯빛은 창백했다. 문둥병은 아닌 것 같았지만, 아무래도 그들을 치료하다가 병을 얻은 것 같았다. 그는 죽어가고 있는 것이 분명했다.

누군가 칼을 들고 움막 안으로 들어왔다. 머리를 빡빡 깎은 늙은 스님이었다. 그는 사내에게 이상한 질문을 했다.

"콧구멍 없는 소를 아느냐? 대답을 하면 살리고 대답을 못 하면 죽이리라."

사내가 칼을 든 스님을 쳐다보며 희미하게 웃었다.

금택은 그 영상을 보며 한동안 멍하니 앉아 있었다. 곁에 있던 어머니가 그의 등을 '탁' 쳤다.

"야야, 니 어디 아프냐?"

그래도 금택이는 꿈쩍하지 않았다.

"금택아, 내 말 안 들리는겨?"

어머니는 금택의 팔을 잡아 흔들었다. 그제야 그는 정신을 차리고 어머니를 돌아보았다.

"엄니!"

"무슨 생각을 그리 하는겨?"

"암것도 아니구먼요."

"암것도 아니라니? 너 왜 한 번씩 넋을 놓는겨. 왜 그려? 어디 아픈겨?"

"글쎄 암것도 아니라니께 그라요."

금택이 가끔씩 넋을 놓는다는 말에 남편은 혀를 끌끌 찼다.

"나이 열일곱에 하라는 공부는 안 하고 쓸데없는 공상만 하고 앉았으니 헛꿈이나 꿀 수밖에."

이상한 꿈을 꾸는 날에는 서책을 읽지 않았다는 이유로 종아리에 피가 맺히도록 매질을 당했다. 금택이 보기에도 공상이 부른 헛꿈이었다.

어미가 아들의 다리를 쓸며 울다가 돌아온 어느 날, 돌아앉아 곰방대를 빨던 아비가 청천벽력 같은 말을 내뱉었다.

"그놈을 사람 만들려면 아무래도 내보내야 쓰것구만."

아내가 화들짝 놀라며 주저앉았다.

"뭔 소리당가요?"

"보냅시다. 사람이 될 곳으로."

"시방 뭔 소리냔 말이오?"

"힘이 부치는구려. 나는 글이 짧아 이제 가르치기가 벅차단 말이오. 그러니 개꿈이나 꾸는 거 아니요?"

"그래서요?"

"남아가 능히 천하를 넘볼 나이에 그냥 저대로 두다가는 서툰 농사꾼도 되지 못할 것이오."

"아니 말을 왜 뱅뱅 돌린다요?"

"오늘 읍내에 나갔다가 이용구(李甬久) 선생을 만났소."

"야아?"

이용구 선생이라면 그 유명한 이지함의 16대 손을 가리켰다. 한산 이씨 16대 손으로, 그의 부인은 해주 오씨였다. 진사의 딸을 아내로 맞았을 만큼 나무랄 데 없는 집안이었다. 특히 이용구와 친

척간인 이극종(李克宗)은 박식하기로 소문난 유림의 거두였다. 비록 부유하지는 않으나 청빈한 선비 기상을 잃지 않아 누구나 존경하는 이름난 집안의 사람들이었다.

"그 양반을 으떻게? 그 양반은 보령에 살잖아요."

"일이 있어 잠깐 들른 모양이요."

"근디 와 그 양반 말을 하오?"

"그 집 형편이 그렇잖소. 손이 귀한 집인데, 곧 대가 끊길 마당이니……."

김홍규는 말끝을 흐렸다. 아내의 눈이 더 커졌다.

"오매, 난 또 무신 소린가 했네. 그러니까 둘째를 그 집 데릴사위로 주자 그 말이오 시방?"

김홍규가 말없이 고개를 끄덕였다.

"어쩌겄소. 사람을 만들려면 여기보다는……."

"안 되오. 징게맹갱 외에밋들 그 너른 들판을 다 팔아먹더니 이제와 내 자식이 무신 죄가 있다고 데릴사위로 보내요? 당신 미쳐부렸소?"

아내가 고함을 질렀다.

"어허, 입이 있다고 함부로 말하는 게 아니요."

그렇게 조신하던 아내가 눈에 불을 켜고 달려들었다. 금택 밑으로 생기는 대로 애를 낳았으면서도 유난히 자식 욕심을 부렸다. 그러리라 예상은 했지만 아내는 쉽게 물러설 기세가 아니었다.

"내 말을 잘 들으시오. 그냥 데릴사위로 주자는 게 아니잖소. 애 장래를 위해서요. 거기가 어떤 집안이오. 김제 제일의 천재이면 뭐 하오? 공부를 시켜야지."

"근께 공부를 계속할 수 있도록 데릴사위로 주자 그 말 아니오?"

"그럼 어쩌겠소."

"그리는 못하오. 애 나이가 이제 열일곱이오."

"그걸 누가 모르오?"

김홍규는 이렇게 말하고는 이를 악물었다.

무얼 위해 그 많던 재산을 다 바쳤던가. 이제는 끼니조차 잇기가 힘들어졌다. 그런 마당에 자식들을 가르치는 일이 사치임을 어찌 아내가 모르겠는가. 해방이 된다 한들 어떻게 될지 알 수 없었다. 한 마지기 땅이 절실했다.

김홍규는 달래듯 말을 이어갔다.

"모든 일에는 때가 있는 법이오. 이용구 선생만 그런 뜻을 내비친 게 아니요. 같이 온 이극종 선생도 그런 뜻을 내비친 마당이오. 토정 이지함이 누구이며 이극종 선생이 누구요? 그 집으로 보내면 못다 한 공부를 원 없이 할 수 있을게요."

"나는 그런 분들 몰라라. 당신이 아이를 내주겠다믄 그날로 나랑 끝장을 봐야 할 것이오."

"참으로 답답하구료."

"답답한 것은 나랑께요."

"어허, 거참!"

김홍규는 도저히 말이 안 통하는 아내를 보며 낯빛을 붉히다 돌아앉았다.

하기야 어떻게 그렇지 않겠는가 싶었다. 불면 날아갈라 잡으면 놓칠라 아들에게 큰소리 한 번 안 내던 아내였다.

하지만 어쩔 것인가.

토정 이지함의 16대 손인 이용구의 집으로 보내기만 하면 이극종의 가르침을 받을 수 있다. 이극종이 누구던가. 그는 조선 말기의 국가원로이자 유림의 태두로 불리던 면암 최익현의 제자였다.

최익현은 1987년 병자수호조약 체결을 앞두고 도끼를 메고 궁궐 앞에 엎드려 상소로 올린 이로, 의병운동을 하다 일본으로 끌려가 적의 밥을 먹을 수 없다 하여 굶어 죽은 유림의 대표 인물이 아니던가.

2장

나를 제도할 이
저기 있으니

인연

　김홍규가 아내의 반대를 무릅쓰고 금택이 공부를 계속할 수 있
도록 이용구 가(家)에 데릴사위로 보낸 것은 1929년이었다. 열일
곱 나이에 이용구의 외동딸에게 장가를 든 금택은 바로 옆집에 살
고 있던 이극종으로부터 많은 학문을 섭렵했다.

　어찌 보면 금택이 훗날 토정 이지함의 뜻을 이어받을 수 있었던
것도 이 가문과 맺은 인연 덕택이었다. 금택은 이극종 선생으로부
터 시경을 비롯한 삼경과 예기, 춘추좌전 같은 경서를 배우면서 공
맹과 주자를 알아갔다. 또 토정 이지함을 알게 되었고, 이이와 이
황의 책을 읽었고, 조광조를 접하게 되었다. 그렇게 유가의 모든
이들과 학문을 하나씩 깨쳐갔다.

　금택은 유가에 천착하면서 주역을 접하게 되었다. 그는 서경덕

과 이이, 이항로와 최익현, 이극종으로 이어지는 사상의 흐름을 따라가다 자연스럽게 주역에 관심을 갖게 되었다.

과연 천재는 천재였다. 장인 이용구와 스승 이극종의 예상은 빗나가지 않았다. 하나를 가르치면 열을 안다는 말이 꼭 들어맞았다.

금택은 이극종으로부터 유가의 지식을 깨우치는 동안에도 가끔 생각지도 않은 이상한 꿈을 꾸곤 하였다. 이제 수염이 긴 사내는 보이지 않았다. 이번에는 다른 사내가 보였다. 그 또한 머리가 산발이었지만 스님이라는 생각이 들었다. 수염이 긴 사내보다는 젊었지만, 그 또한 장삼을 입었다. 아무래도 수염이 긴 사내의 제자인 듯했다. 그는 개울가에 앉아 있었다. 곁에는 불이 켜진 초롱과 두어 뼘 길이의 칼 하나가 놓여 있었다. 지저분한 헝겊 조각도 보였다. 그는 옷을 홀홀 벗더니 알몸으로 개울에 들어갔다.

그는 몸을 씻고 나와 호롱불을 앞에 두고 무릎을 꿇었다. 그러고는 하늘을 한 번 쳐다본 뒤 옆에 놓인 칼을 집었다. 칼은 숫돌에 갈아두었는지 날이 섰다. 자결을 하려나 싶은 순간, 초롱을 든 사내가 나타났다. 사내는 많아야 열여덟쯤 되어 보였다. 칼을 쥔 사내가 그를 쳐다보았다. 어린 사내의 눈에 눈물이 고였다. 그가 천천히 입을 열었다.

"스승님이 묻기를 물로써 물을 씻을 수 있느냐고 하셨습니다. 제가 대답을 못 하고 망설이자 이번에는 손가락이 스스로 제 손가락을 만질 수 있느냐고 물었습니다. 제가 없습니다, 하고 대답하니 고개를 내저으며 아직은 멀었다, 하시고는 그 대답을 궁구하라고 하셨지요. 사형이시여, 제게 그 답을 말할 수 있다면 그 칼로 살을 잘라 스승님을 공양하십시오.”

칼을 든 사내가 눈을 지그시 감았다 떴다. 그는 말없이 허공을 올려다보았다. 그러고는 낮게 뇌까렸다.

“수불세수(水不洗水)요, 지불지촉(指不指觸)이라.”

그의 눈에도 눈물이 맺혔다. 바람이 불었다. 갑자기 검은 장막이 그들을 막아섰다. 장막이 걷히자 질문하던 젊은이가 종이에 싼 무엇인가를 들고 움막 앞에 놓인 풍로로 다가가는 모습이 보였다. 이미 풍로에는 숯불이 벌겋게 달구어져 있었다. 젊은이는 종이에 싼 것을 풀었다. 피가 뚝뚝 떨어지는 살점이 드러났다. 그는 그것을 석쇠에 올리고 굽기 시작했다. 고기 타는 냄새가 코를 찔렀다.

젊은이는 고기가 익는 대로 그릇에 담아 상을 차렸다. 상에는 술과 잔이 놓였다. 그는 고기에 소금을 뿌렸다. 아니, 소금이 아니었다. 비상이었다. 술을 마시는 사람을 죽이려는 게 분명했다.

그는 상을 들고 움막 앞으로 다가갔다.

“스승님, 반야탕입니다.”

“들여라.”

이내 걸걸한 사내의 목소리가 흘러나왔다. 문이 열렸다. 금택은 깜짝 놀랐다. 육 척 장신의 수염이 긴 사내가 거기 앉아 있었다.

사내는 말없이 젊은이가 들여온 술과 고기를 입으로 가져갔다.

금택은 그 모습을 보다가 그만 왝 하고 구역질을 하고 말았다. 그 바람에 꿈을 깨고 말았는데, 너무 끔찍한 광경이라 이번에도 쉽게 잊혀지지 않았다. 정말 이상한 꿈이었다. 수염이 긴 사내가 비상을 뿌린 고기를 먹고 어찌 되었는지, 다음 장면이 지워지는 바람에 더 이상하게 여겨졌다. 또 비상을 뿌린 젊은이가 한 말과 칼을 들고 있던 사내가 한 말이 자꾸 입 안에서 맴돌았다. 수불세수요, 지불지촉이라. 무슨 말이 그럴까 싶었다.

꿈을 꾼 지 얼마나 지났을까. 어느 날 그는 김제에 있는 아버지와 함께 서 있는 자신의 모습을 보았다. 지난번처럼 무서운 영상은 아니었다. 아버지와 나란히 서 있었는데 두 사람의 가슴에는 훈장이 하나씩 달려 있었다. 가슴에서 반짝이던 두 개의 훈장이 갑자기 보이지 않더니, 두 사람은 시퍼렇게 빛나는 관(冠)을 쓰고 있었다. 그들은 관을 쓴 채 높은 곳에서 아래를 내려다보고 있었는데, 무슨 일로 그러는지 알 길이 없었다.

아무리 생각해도 이상했지만, 아버지의 말을 떠올리며 그는 별스럽게 여기지 않으려고 애썼다.

헛꿈이로군.

그런데도 찜찜한 기분이 가시질 않았다.

하루는 김제에 들른 김에 어머니를 뵙고 그 얘기를 털어놓았다. 어머니는 펄쩍 뛰었고, 결국 그 얘기가 남편의 귀에 들어가기에 이르렀다.

"정말 이상 안 허요? 애가 저러다 박수가 되는 게 아닌가 싶기도 허고……."

어머니의 걱정에 아버지가 버럭 역정을 냈다.

"그걸 말이라고 하오? 박수라니? 이 세상에 꿈을 안 꾸고 사는 사람이 어딨는가. 이런 꿈도 꾸고 저런 꿈도 꾸는 게지. 꿈자리가 조금 사납다고 시방 무병이라도 앓고 있단 말인가?"

"자꾸 생각지도 않은 이상한 것들을 본다 안 허요."

"썩을 놈, 보라는 책은 안 보고 공상만 잔뜩 늘었어."

"그게 아니랍디다. 며칠 전에는 당신과 갸가 훈장을 가슴에 달고 있더래요. 나중에는 무슨 관을 쓰고 있댔나. 거, 관을 썼다면 임금이 된다는 말 아니오?"

"허허, 이 여자가 정말……."

"갸가 박수가 되믄 나 정말 죽어버릴 것이오. 나만 닦달하지 말고 애를 데리고 의원에라도 가보랑게요."

김홍규가 홱 돌아앉았다.

"꿈자리가 이상하다고 의원엘 가보라니. 그럴 수도 있는 게지. 그리고 박수라니? 꿈속에서 앞날이라도 내다보고 있다 그 말인가?

말도 안 되는 소리! 또 그놈이 어디 우리 자식인가!"

"정말 나 죽는 꼴 볼라고 그라요? 아무리 너므 집에 보냈다고 혀도 부모 자식 간이 어디 간답디여. 그런 법이 없다는 걸 알믄서 우째 그래 쌌는지 모르것네요."

"그만 좀 해요. 그놈이 어디 품안의 자식이던가. 이 사람아, 자식 생각도 가려가며 해야지, 멀쩡한 애를 망칠 일이 있는가? 그게 사실이어도 쉬쉬해야 할 판에 아무개 무병 걸렸소, 하고 동네방네 떠들고 다녀서야 쓰겠는가."

이 말은 이내 이용구의 귀에 들어갔다. 집으로 돌아온 금택의 아내가 친정아버지에게 그 말을 했던 것이다. 이용구는 금택을 불러 자세한 이야기를 물었다. 대답을 들은 장인의 반응은 시큰둥했다. 그것은 이극종도 마찬가지였다.

이용구의 말을 들은 이극종이 금택을 불러 말했다.

"사람이 그럴 수도 있는 게지. 내가 보기에 잠이 모자라서 그런 것이다. 불안해서 깊이 들지 못하는 잠을 사로잠이라고 하느니라. 깊이 잠들면 본디 꿈을 꿔도 깨고 나면 생각나지 않는 법이니라. 사로잠을 자니 꿈자리가 어지러운 것이야. 비몽사몽, 꿈도 아니고 현실도 아닌 상태지."

장인과 스승마저 아무렇지 않게 생각하자 금택은 눈을 감아버렸다. 뭔가 오해가 있는 것 같은데, 자신도 정확한 진의를 모르고 보면 그럴 수도 있겠다 싶었다.

어떻게 잠을 설치다 그런 꿈을 꾼 것 같기도 했다. 정말 별일이 아니라는 생각이 들었다. 그때부터 금택은 마음을 편히 갖기로 했다. 그런 꿈을 꾸고 나면 '어라? 또 시작이네. 간밤에 잠을 설쳤나?' 하고 억지로 잠을 청했다. 그는 신랑 신부가 첫날밤 정을 나눈 뒤 깊은 잠에 빠져들듯 꽃잠을 자려고 애썼다. 아내의 희디흰 속살에 자신을 밀어 넣으면 온 세상이 내 것이었다. 그는 이내 혼곤한 잠에 빠져들었고, 자신이 처한 환경에 만족해하며 가족과 세상을 알아갔다.

이극종은 제자인 금택에게 시큰둥하게 말했지만, 그의 속내는 편치 않았다. 뭔가 이상했다. 부부간에 정이 깊어 꽃잠이 길어질 시기이지 않은가. 말은 사로잠 때문이라고 했지만 역시 천재는 뭔가 달라도 다른 것이 아닐까, 성인은 성인의 상을 타고나는 법이라는 말이 머릿속을 떠나지 않았다. 그것이 사실이라면 금택에게 일어나는 현상을 막연히 사로잠의 결과로 치부하거나 비몽사몽 정도로 여기고 넘어갈 일이 아니었다. 우주의 이치로 봐서 이 세상에 성인을 내보낼 때는 그만한 까닭이 있을 터였다. 이런 생각이 들자 자연히 금택의 행동을 주시하게 되었다.

그 후 금택은 별 기미를 보이지 않았다. 이극종은 자신이 너무 민감한 게 아니었나, 하고 생각했다. 금택은 벌써 그런 꿈 따위는 깨끗이 잊었다는 듯, 공부에만 전념하고 있었다.

그즈음 금택은 한동안 식음을 전폐한 일이 있었다. 한 번씩 꾸는 이상한 꿈에 신경을 쓰지 않게 되자 오히려 마음이 더 편안해졌고 공부에 대한 의욕도 강해졌다. 당시 이극종에게는 《주역》이 없었다. 이극종이 아끼던 주역을 지인이 빌려 간 뒤로 돌려주지 않아 행방이 묘연했다. 그렇다고 다시 살 수도 없는 형편이었다. 이극종의 가세는 기울대로 기울어 있었고, 이용구의 가세도 다를 바 없었다. 금택은 남자로서 집안 살림을 책임질 생각은 않고 앉으나 서나 책 타령이었다.

한 해가 지나갔다. 봄인가 싶으면 여름이었고, 수박 몇 덩이를 해치우고 나니 가을이었다. 햇살도 기운을 잃었고 그 곱던 꽃들도 자취를 감추었다. 꽃들이 남긴 열매도 하나둘 떨어지고 나면 찬바람이 살을 에고, 그러다 보면 어느덧 봄이었다. 길을 가다 문득 개나리꽃을 보기라도 하면 자신의 공부는 언제쯤 저렇게 노랗게 만개할까 싶었다. 그래서인지 공부방에서 보내는 시간이 조금씩 늘어났다.

서책이 귀한 시절이었고, 금택이 첫애를 보고 난 뒤에도 주역 타령을 그치지 않자 이극종은 눈을 감았다. 비록 자신이 토정 이지함의 핏줄이기는 하나 스승인 최익현의 영향을 받아서인지 주역에는 그리 신경을 쓰지 않았다. 공부가 깊어지면서 주역 공부의 필요성을 절감하긴 했으나 금택만 한 나이 때에는 이를 잡술로 여겼을 정도였다.

스승 최익현은 점을 쳐서 길흉지사를 밝히는 상수역(象數易)에 대단히 부정적인 견해를 갖고 있었기 때문이다. 상수역은 그 본의가 어떠하든 시중에 흘러들어 술사들의 전유물이 되어 있었다. 사람들이 쉽게 만날 수 있는 명리학이나 관상, 풍수지리나 성명학, 해몽등이 여기에 들었고, 선비들도 자연히 상수역을 멀리하게 되었다. 최익현은 주역의 이론적이고 철학적인 면을 밝히는 의리역(義理易)의 추종자였다. 그는 스승인 이항로나 다산 정약용, 여타 유림의 종장들이 그랬듯이 주역의 이론에 치중했다. 선비가 채신없게 점이나 치고 앉아 있을 수 없고 보면, 체면을 중시하는 사회 풍토에서 의리역이 성행할 수밖에 없었다. 하지만 현실적인 지침이나 처세술에 등을 돌릴 수 없는 게 사람이고 보면 상수역을 등한시하기도 어려웠다.

스승 최익현이나 이극종이 상수역의 신묘함을 몸소 체험한 것은 뜻을 같이하던 고재 송무제의 부친이 죽어 3년 시묘를 할 때였다. 송무제는 세상이 바뀌어 한 해 정도면 되는데도 굳이 삼년상을 고집했다. 그해에 왜 그렇게 눈이 많았는지, 몇 날 며칠 동안 눈발이 그치지 않았다. 어느 날 아침에 최익현이 걱정이 되어 올라가보니 송무제의 아들들이 부친이 없어졌다며 야단이었다.

나중에 주역에 달통한 이가 와서는 걱정을 말라고 했는데, 호랑이가 그를 등에 업어가 동굴 속에 모셔두었다는 것이다. 인근을 뒤져보니 정말 호랑이 굴이 있었고, 사람들이 굴속으로 들어가 보니 호랑이가 그를 새끼처럼 품고 있다가 물러났다. 이 거짓말 같은 사실을 눈으로 목격한 최익현과 이극종은 주역의 이론만 따질 게 아니라 현실적인 면에서 상수역의 필요성을 느끼지 않을 수 없었고, 그때부터 주역을 무조건 멀리하는 태도를 버렸다. 중국에서 들어온 역법이 과학과 거리가 멀긴 해도, 유가의 통치 이념에 입각한 제왕학(帝王學)으로써 어느 정도 필요한 이념의 지식을 제공한 측면을 인정한 셈이었다.

주역 타령을 하던 금택이 어느 날 메스꺼움을 느꼈다. 그는 구토증을 참아보려고 잠을 청했다. 어떻게 잠이 들기 무섭게 꿈을 꾸었다. 그날 꿈속에서 본 것은 전쟁터였다. 분명히 전쟁터였다. 그냥 보이는 것이 아니라 현실처럼 생생하게 느껴졌다. 사람들이 죽어가고 있었다. 가까이에서 사람들의 비명이 들리고 총소리, 대포 소리가 들렸다. 하늘에는 비행기가 날았고, 거리에는 전차 부대가 지나가는 모습이 보였다. 군인들을 실은 트럭이 포에 맞아 뒤집혔고 길바닥에 널브러진 군인들이 피를 흘리며 아우성을 쳤다. 목이 달아났거나 다리가 부러지고 팔이 잘린 몸뚱이들이 여기저기 뒹굴었다. 산과 개울, 능선과 도랑, 강바닥이 피로 붉게 물들어 석양을 보는 듯했다.

어디에나 시체가 나뒹굴었다. 뒤이어 그가 본 것은 아버지의 죽음이었다. 아버지의 얼굴이 초췌했다. 바싹 마른 북어 머리를 보는 듯했다. 뼈만 앙상했다. 눈빛은 살아 있었다. 달빛을 받은 살쾡이 눈처럼 하얗게 빛났다. 천천히 눈을 감는 아버지를 흔들며 어머니가 몸부림쳤다.

무서운 꿈을 꾼 후 금택은 넋이 나가 공부방에서 나오지 않았다. 대수롭지 않게 여기려 해도 종일 기분이 찜찜했다.

꿈이야. 꿈을 꾼 것이야.

속으로 이렇게 생각하면서 그는 공부에 더 매달렸다. 시간이 지나면 길몽도 흉몽도 이내 잊어버리는 게 되어 있었다. 공부에 집중하느라 다른 일에는 전혀 신경을 쓰지 않았다.

아내가 밭에서 돌아와 보면 애는 울고 있고 아버지가 애를 달래고 있었다. 글방으로 가보면 이극종과 남편은 세월 가는 줄 모르고 글을 읽고 있다.

금택은 언제부턴가 다시 아내에게 주역 타령을 늘어놓기 시작했다. 아내나 장인 이용구는 그런 금택이 안타까웠다. 병자수호조약 체결에 항의해 면암 최익현이 도끼 상소를 한 이후 유림에 대한 박해가 이만저만한 것이 아니었다. 하기야 선비들이 도끼를 메고 궁 앞으로 몰려갔으니 그럴 만도 했다. 더욱이 최익현이 일본에서 적의 밥을 먹지 않는다 하여 굶어 죽자 제자들은 통곡으로 예장을 마친 후 을사늑약 오적을 물리치라고 누차 상소를 올렸고, 일본 경찰에 의해 면암의 영정이 압수되는가 하면 유림들이 늙은 나무에 목을 매고 자결하는 마당이었다. 토정 이지함이 그렇게 살았듯이 본시 청빈하게 살던 선비 집안이었고 보면 두말할 나위 없었다.

주역책이 있기는 했는데 누군가 빌려갔다는 걸 알았던 날 금택은 이극종의 방으로 들었다. 그는 누가 주역 책을 빌려가 돌려주지 않았냐며 따졌다. 천 리든 만 리든 찾아가 책을 찾아오겠다는 것이었다.

"행방이 묘연하다고 해도 그러는구나. 그러잖아도 내가 찾아가 보았느니라. 어디로 이사를 갔는지 알 수가 없으니 원."

하루는 글방을 자주 드나들던 유생 하나가 이극종을 보러 사랑채로 들었다.

잠시 후 이극종이 금택을 불러 나갈 채비를 서두르라고 했다. 두 사람은 유생을 따라나섰다.

"어디 가시는 겝니까?"

금택이 유생을 뒤따르며 물었다.

"잠자코 따라오너라."

유생도 말이 없기는 마찬가지였다.

이윽고 유생의 집에 이르렀다. 이극종의 도착을 알리자 문이 벌

컥 열리더니 한 남자가 다리를 절며 뛰어나왔다. 유생의 아버지였
다.

"어이고, 어서 오시구려."

"안녕하셨소?"

두 사람은 인사를 나눈 뒤 방 안으로 들어갔다. 금택은 밖에 서
서 마냥 기다렸다. 어느 순간 문이 열리며 이극종이 모습을 드러냈
다.

"안으로 들어오너라."

유생이 곁에 있다가 물러나고 금택이 그제야 방으로 들었다. 그
는 멈칫했다. 촛불이 환하게 커져 있었는데, 당골네의 신당에 잘
못 온 게 아닌가 싶었다. 가만히 보니 단 위에 모셔진 탱화는 공자
와 맹자의 상인 듯 싶었다. 그 곁에 청룡도를 든 관운장과 장비가
호위하듯 눈을 부라리고 서 있었다. 단 앞에 사람들이 빙 둘러앉아
있었다.

이극종이 금택에게 말했다.

"인사 올려라. 충남의 웅문(雄文)인 이현산 어른이시다."

이현산이란 이는 공주에 살고 있었는데, 조선의 팔문장이라고
이름이 날 만큼 문장이 좋고 학식이 깊은 사람이었다. 주역에 달통
하여 문 도사의 집을 자주 찾는다고 했다.

금택이 예를 차리고 정중히 인사를 올렸다. 그는 키가 자그마하

고 몸집이 크지 않았다. 눈이 날카로웠고 코는 주먹코였다. 인사를 받은 이현산이 금택을 가만히 뜯어보았다.

이극종이 이번에는 그 곁에 앉은 늙은이를 소개했다.

"대오재 송을규(大悟齋 宋乙奎) 선생이시다."

금택이 인사를 올리자 그는 고개를 끄덕였다. 살결이 희고 살집이 있어 그런지 내로라하는 가문의 양반 같았다.

이극종이 다시 그 곁에 앉은 이를 소개했다. 코가 발갛고 얼굴이 네모진 것이 타고난 장돌뱅이의 인상이었다. 생김새도 그렇거니와 옷차림도 형편없었다. 눈이 크고 부리부리한 게 꽤 성깔 있어 보였다. 다른 이들은 말없이 인사를 받는데, 그는 연신 위아래를 살피다가 금택이 인사를 마칠 때쯤 걸걸한 목소리로 이렇게 내뱉었다.

"어허, 푸른 새끼 청룡이 비상할 때를 기다리고 있구나. 곧 청룡이 날아가리니, 산천은 침묵하고 적멸보궁은 그 문을 기어이 열겠구나. 대기(大器)로다."

참으로 기이한 말이었다.

금택이 맨 마지막으로 인사를 올린 사람은 문 도사였다. 그는 보령으로 거처를 옮긴 지 얼마 되지 않는다고 했다. 바로 이극종을 데려온 유생의 아버지로, 이 집의 주인이었다. 그는 주역에 달통한 데다 아예 주역신(周易神)을 집에 모시고 살았다. 금택이 보고 있는 탱화 속의 인물들이 바로 주역의 신들이었다.

어른들에게 인사를 시킨 뒤 이극종이 금택에게 일렀다.

"단에 촛불을 켜고 향을 피워 예를 표하거라."

금택은 단 쪽으로 다가갔다. 단은 사람의 허리 높이로 붉은 천에 덮여 있었다. 벽에 붙은 탱화 앞에는 촛대와 향로, 물을 올릴 수 있는 다기가 놓였다.

금택은 초에 불을 밝히고 향에 불을 붙여 향로에 꽂았다. 벽에는 몇몇 신선들의 탱화가 걸려 있었다. 하늘에서 내려와 앉은 신선, 땅에서 솟아올라 호랑이를 타고 앉은 신선, 사람들 앞에 서서 무언가를 가르치고 있는 신선……

"지금 네 앞에 계신 분이 하늘에서 내려온 복희씨(伏羲氏)니라."

이극종이 말했다.

복희씨? 복희씨라면 주역의 개조(開祖)가 아닌가. 처음으로 괘(卦)를 그렸다는 임금.

"그 앞에 마주 선 분이 문왕(文王)이니라."

금택이 절을 올리고 일어나자 이극종이 다시 말했다.

문왕이라면 괘사(卦辭)를 지은 분이다.

"그 아래 계신 분이 주공(周公)이시다."

주공이라면 효사(爻辭)를 지은 분이다.

"그 곁에 계신 분이 공자이시다."

공자는 주역에 십익(十翼)을 붙여 주역을 완성한 분이다.

"그 옆 탱화에 주렴계(周濂溪), 소강절(邵康節), 정이천(程伊川), 주회암(朱晦庵) 현인이시다."

그들 또한 주역을 발전시켜 나간 사람들이었다.

"어허, 어디서 저런 인재를……."

금택이 일일이 절을 올리고 나자 붉은 코를 한 이가 걸걸한 목소리로 말했다.

이극종은 말없이 웃기만 했다.

"대기로다. 대기야."

나중에 안 사실이지만, 장돌뱅이처럼 생긴 그가 조선 제일의 관상가인 황욱(黃燠)이었다.

돌아오는 길에 금택이 이극종에게 물었다.

"관상가도 주역하는 사람 축에 드는 겁니까?"

관상을 보는 사람이라고 하니 어쩐지 주역의 격이 떨어진다는 생각이 들었다.

그러자 이극종이 허허하며 웃었다.

"그는 관상만 잘 보는 게 아니니라. 눈이 밝아 신안(神眼)이라 불릴 정도로 소문이 난 사람이니라. 주역 하는 이들이 잡술 하는 이들을 이상하게 본다면 무지해서 그런 것이다. 상수역과 의리역이 주역의 뼈대라면 상수역은 산수, 지리, 관상, 괘서, 천문…… 이런 모든 잡학을 아우르는 말이다. 생각해보아라. 사람이 어찌 자연의 형상을 살피지 않고 그 본모습을 알 수가 있겠느냐. 괘(卦)라는 것은 만물의 이치가 그 속에 걸려 있다는 말이고, 상(象)이라 하는 것은 그 이치를 내포한 하나의 표상인즉슨, 만상을 모르고 어찌 괘상을 알 수 있겠느냐. 뻗어나간 가지까지도 하나로 볼 수 있어야 전체가 보이는 법이고, 용적(用的)인 상을 보고 그 안에 내재되어 있는 체적(體的)인 상을 간파할 수 있어야 진정한 역인이라 할 수 있느니라. 그렇게 가지와 뿌리는 음으로 양으로 물려 있으니 신안의 경지를 얻지 않고는 주역에 달통할 수가 없는 것이니라."

금택이 부쩍 주역에 관심을 보였기 때문일까, 이극종은 금택에게 더 많은 것을 알려주고 싶어했다.

"주역의 세계는 참으로 넓다. 섣불리 덤벼서는 안 돼. 네가 주역에 뜻을 둔 것 같아서 하는 말이 아니라, 섣불리 대들려면 아예 발을 들이지 않느니만 못해서 하는 말이니라."

"거쳐야 할 길이라고 생각합니다."

"거쳐야 할 길이 아니라 그 종착역이니라. 네 큰 뜻은 말하지 않아도 알겠다만, 옛 성현들도 지천명에 이르러서야 비로소 주역을 들었느니라. 인생을 알 만한 나이가 되어야 우주의 철리(哲理)를 깨달을 수 있다는 말이다. 주역은 우주 만물의 변화 원리인 도(道)를 음양의 부호인 괘로 나타낸 궁극의 철학이자 과학이며 실용학이기 때문이지. 주역이 정치와 윤리에 적용된 것이 성리학이요, 관상에 적용되면 관상학이요, 인간의 운명을 감정하는 데 적용되면 명리학이요, 지리 환경에 적용되면 풍수지리학이요, 사주에 적용되면 사주학이요, 질병 치료에 적용되면 한의학이요, 음악에 적용되면 그게 율려인 것이다. 모든 것이 그 속에 있기 때문이지. 참으로 넓은 세계이니라."

"대오재 어르신은 어떤 분입니까?"

금택이 물었다.

"그는 문 도사라고 하는 이의 도반이니라."

"문 도사라면 그 집 주인 어르신 말입니까?"

"그래. 대오재 어른은 살아 있는 전설이니라. 눈이 밝아 남의 집 부엌에 숟가락 수까지 알아내던 양반이지. 세월이 세월이라 다들 숨어 지내지만, 신선의 경지에 가 있는 이들이니라. 역(易)의 맥이 끊어진 줄 알지만, 아직 그들 안에 살아 있는 것이다."

"주역에 달통해 신선이 되면 그렇게 말이 이상해지는 겁니까?"

금택의 말을 알아들은 이극종이 웃었다.

금택이 인사를 올리고 나서 이극종 곁에 무릎을 꿇고 앉았을 때 그들은 이해할 수 없는 말을 주고받았다.

"오늘 이야산(李也山)이 그립구먼."

이야산이 누군지를 놓고 금택이 고민에 빠졌을 때, 대오재란 양반이 입을 열었다.

"대둔산 석천암에 은거하며 제자들을 가르치고 있다네."

"그 사람이 그렇게 몸을 숨긴 것을 보니 난리가 난다는 말이 아닌가."

황욱이 말했다.

"일본이 심상치 않으이. 괘를 뽑아보아도 이번 전쟁은 지게 되어 있어. 많은 사람이 죽을 걸세. 잠시 족쇄가 풀리겠지만 이번에는 선이 그어질 걸세. 그 실을 풀어야 해."

대오재가 말했다.

"상하(上下)가 적응(適應)하여 불상여야(不相與也)라."

이현산이 중얼거렸다.

"창과 방패라는 말이로다. 위와 아래가 적으로 맞서 서로 어울리지 못하니, 쯧쯧, 찔러도 죽고 막아도 죽는구나. 그런 세월이 기다리고 있다면 이야산이 바로 본 거지."

붉은 코를 문지르며 황욱이 말했다. 이극종은 머리만 끄덕였다.

"자자, 이야산이 이야기는 그만하고 문답이나 하나 풀어보세. 어제 내가 가르친 놈 하나가 이런 편지를 보내왔어."

이렇게 말하고 집주인이 편지를 하나 꺼냈다.

"어디 한번 봅시다."

이극종이 편지를 펴보았다. 종이에는 두 글자가 크게 휘갈겨져 있었다.

"살사(殺蛇)?"

이극종이 읊었다.

"뱀을 죽이라는 말이 아닌가?"

대오재란 이가 말했다.

그때 술상이 들어왔고, 잠시 대화가 끊겼다. 술상은 제법 푸짐했다. 어려운 시절에 닭을 잡아 올린 걸 보면 귀한 손님인 게 틀림없었다.

술이 몇 순배 돌고 취흥이 감돌자 문 도사가 물었다.

"무슨 뜻인지 알겠는가?"

집주인의 낯이 불그스레하게 달아올랐는데, 붉은 코를 한 황욱이 이를 알아챘는지 한마디 했다.

"자네, 정상이 아니구먼."

문 도사가 흠칫 놀랐다.

"정상이 아니라니?"

붉은 코가 히히 웃었다. 웃는 모습이 꼭 천진한 어린애 같았다.

"정상이 아니야."

"정상이 아니라니?"

"낯빛이 검어. 눈에 독도 안 빠졌고."

"뱀에게 물리셨소?"

이극종이 조심스레 말했다.

"으하하, 맞아."

문 도사가 고개를 끄덕이며 시인했다.

"허허, 아침에 괘를 뽑았더니 진래(震來)에 혁혁(虩虩)이면 소언(笑言)이 액액(啞啞)이라고 나오더니만."

이번에는 대오재가 받았다.

"진동이 옴에 놀라 눈이 휘둥그레지면 웃음소리가 깔깔거리리라?"

말없이 듣고만 있던 이현산이 문장가답게 말을 풀이하였다.

"맞네그려. 어제 밭일을 하다가 독사에게 발을 물렸지 뭔가. 아들놈이 곁에 있다가 그 뱀을 죽였는데, 잠시 후에 그 편지가 도착했지 뭔가. 그런데 놀라운 건 따로 있네."

방 안 사람들의 눈길이 그에게 쏠렸다.

"편지를 가져온 이 말로는 정식으로 배달했다면 내가 뱀에게 물리기 직전에 닿았을 거라는 게야."

"왜 늦었다던가?"

황욱이 물었다.

"하도 목이 말라 물을 한 잔 얻어 마시고 잠시 쉬었다 가는데 그만 자전거 발판이 뚝 부러졌다지 뭔가. 그래서 수리를 하느라 해거름이 되어서야 내가 받아보게 된 걸세. 그리고 보면 그놈도 아직 멀었어. 뱀을 보았는데 왜 뒷일을 보지 못해!"

"그야 자네도 마찬가지 아닌가. 남의 집 사정을 훤히 알면서 왜 뱀이 무는 걸 못 봤단 말인가?"

"그게 사람의 한계인가 봐."

문 도사가 고개를 끄덕이며 말했다.

"맞네그려. 신이 아닌 이상 다 알 수는 없는 것일세. 그걸 받아들이는 게 진정한 선비요, 역하는 자의 자세일세."

대오재란 이가 말했다.

집에 돌아온 금택은 눈만 뜨면 어린애처럼 주역, 주역, 하면서 아내의 눈치를 살폈다. 문 도사 집에서 받은 충격 때문인지 기회가 있을 때마다 아내를 졸랐다.

더는 두고 보기가 딱했는지, 한날은 이극종이 편지를 써주었다. 문 도사에게 보내는 편지였다. 부끄러운 일이지만 제자의 간절함에 그만 두 손을 든 것이었다.

그날 밤 금택은 책 보따리를 한 짐 지고 글방으로 돌아왔다. 서책이 여러 권이고 보니 이만저만 무거운 게 아니었다. 어렵게 구한 책이니 얼른 필사하고 돌려줄 작정이었으나, 그날은 너무 힘이 들어 그냥 잠이 들고 말았다.

이튿날부터 필사에 들어갔는데, 문 도사의 아들이 갑자기 찾아왔다. 까닭은 말하지 않고 아버지가 급히 서책을 찾아오라고 했다는 것이다. 빌려줄 때는 언제고 이제 막 붓을 들었는데 찾아간다하니 속이 상했다.

남편이 집에 들어오지 않자 글방으로 찾으러 간 아내의 눈에 불길이 일었다. 여리고 어질기만 하던 아내는 결심을 굳히고는 아버지에게 이렇게 말했다.

"아버지, 소를 팔아야겠구먼요."

"어차피 사야 할 것이다마는……."

딸의 속내를 알고 이용구가 말했다. 그러고는 이극종의 집으로 건너갔다. 책을 사기 위해 소를 팔아야겠다는 딸의 말을 전하자 이극종은 눈을 감으며 탄식했다.

"과연 한산 이씨 가문의 여식이로다! 허나 그것이 물길을 돌려놓으리라."

마침 뒤따라온 금택의 아내가 그 말뜻을 알아들었다.

"그렇다고 해도 그거이 운명이라면 어쩔 수 없다는 생각이 드는구먼요."

이극종이 숨을 길게 내쉬었다.

"네 마음이 정 그렇다면 하는 수 없지."

아내는 그 길로 소를 팔았다. 소를 판돈으로 《주역》을 사주자 금택은 글방에 틀어박혀 밖으로 나오지 않았다.

그 이후로 이극종의 말처럼 금택은 변해갔다. 그는 이제 어제의 금택이 아니었다. 주역을 손에 쥔 김금택은 거칠 게 없었다. 참으로 황홀했다. 그 속에 인간의 역사가 있었고 그 속에 자연 법칙과 철리가 있었다. 의리와 상수, 길흉이 녹아 흐르고 있었고 천고의 비밀이 숨어 있었다.

아무도 모르는 미래, 그 미래를 알 수 있는 존재가 신(神)이라면 주역은 분명 신의 세계를 탐색하는 학문이었다. 별을 보고 길흉을 점칠 수 있고, 사람의 사주나 관상을 보고 그 사람의 미래를 예측할 수 있었다. 사람이 살다 죽어 묻힐 택지를 보고 복을 점칠 수도 있고, 우주의 기운을 통해 국가의 존망을 예측할 수도 있고, 통치 수단으로 쓸 수도 있었다. 이것만 깨우치면 천하를 얻을 수 있을 것 같았다.

아니, 천하를 얻은 이들이 한둘이 아니었다. 예로부터 현명한 군왕은 나라를 세울 때 터를 중히 여겨 주역에 밝은 이들을 곁에 두지 않았던가. 중국의 황제들이 그러했고, 그리 먼 데서 찾을 것도 없이 태조 왕건이나 이성계도 그들의 의견을 물어 도읍을 정하지 않았던가.

깊어지는 영안몽

　한동안 잠잠하다 어느 날 문득 이상한 꿈을 꾸었다. 그날 금택
은 또 전쟁터를 보았다. 전쟁으로 인해 이번에는 산속에 있는 절이
불타고 있었다.

　겨우 불길이 잡히자 한 노승이 보였다. 한 번도 본 적이 없는
사람이었다. 모습이 분명치 않았다. 장삼 위에 가사를 걸치고 있는
것 같았다. 그는 법당 한가운데에 정좌하고 있었다. 총소리가 요란
했다. 그냥 총소리가 아니라, 하늘을 나는 비행기에서 마구 쏟아지
는 기관총 소리였다. 법당 바닥에 총알이 박히고 노승의 옷에도 총
알이 박혔다.

　그러나 늙은 승은 명상에 든 채 일어나지 않았다. 총알이 가사
에 박히는 모습을 분명히 보았다. 그런데도 그는 쓰러지지 않았다.

노승이 죽었다는 생각이 들었고, 바로 그때 잠에서 깨었다.

눈을 뜬 금택은 여느 때처럼 멍하니 앉았다가 한참 후에야 일어났다. 그는 머리를 몇 번 홰홰 내저은 뒤, 또 헛꿈을 꿨다며 대수롭지 않게 넘어갔다. 이제는 이상하다는 생각도 들지 않았다. 밤늦도록 글을 읽느라 또 잠을 설친 모양이라며 다시 잠을 청했다.

그런데 잠이 들기 무섭게 꿈이 계속되었다. 방금 전에 보았던 절이 틀림없었다. 가사를 걸친 노승이 다시 보였다. 총에 맞아 죽은 줄 알았던 양반이 조용한 산사에 홀로 앉아 있었다. 상체를 뒤로 조금 젖힌 자세였는데 여전히 누구인지 알아볼 수 없었다.

그런데 가만히 보니 그는 죽어 있었다. 그냥 앉아서 죽은 것 같았다. 이미 전쟁은 끝난 듯했고, 노승은 수행을 하다 그대로 좌화(坐化)한 것 같았다. 그 모습이 지극히 편안해 보였다.

그 모습을 한동안 바라보고 있는데, 어디선가 새소리가 나더니 장면이 바뀌었다. 꿈이 이어졌다.

스님들이 보였다. 한두 명이 아니었다. 여러 명이 땅을 판 큰 항아리를 앉히고 속에다 물을 채우고 있었다. 물이 알맞게 차자 두터워 보이는 평평한 방석 같은 돌덩이를 항아리 위에 놓았다. 항아리 입구가 돌로 막혔다.

무얼 하는 것일까?

물을 채운 항아리 위에 돌을 놓은 후 스님들이 위에다 네모진 상자를 놓았다. 아무래도 앉은 채로 입멸한 승을 그대로 넣은 관 같았다. 그래서인지 관은 길지 않았고 높이가 높은 직육면체였다. 사람 하나가 들어가 앉을 만한 크기였다.

스님들이 관 주위에 장작을 놓기 시작했다. 많은 양의 장작이 관을 둘러싸더니 위로 높이 쌓였다. 스님들이 그 위에 볏짚을 엮어 둘러치고 덮었다. 그러고는 종이 연꽃잎을 볏짚에 꽂아 연화대를 만들었다.

잠시 후 큰 불길이 일었다. 하늘에 무지개가 선 것 같았다. 달집처럼 지은 연화대가 타는 동안 무지개는 사라지지 않았다.

모여든 사람들이 손가락질을 하며 소리쳤다.

"방광이다!"

"방광이 떴어!"

연화대가 다 타자 무지개는 사라졌다.

스님들은 이미 재가 되어버린 시신을 소중하게 거두어 항아리에 담은 후 돌을 치웠다. 항아리의 입구가 드러났다. 속을 들여다보던 금택은 깜짝 놀랐다.

저게 무엇인가?

항아리에 담긴 물에 뭔가가 떠 있었다. 영롱한 보석 같았다.

누군가가 외쳤다.

"사리다!"

스님들이 웅성대기 시작했다.

"오, 많이 나왔군요!"

한 스님이 독 안을 들여다보며 감격했다.

스님들이 죽어 다비(茶毘)하면 수행의 표시로 나온다던 바로 그 사리였다. 어떻게 좌화한 스님의 몸에서 나온 사리가 두꺼운 돌을 뚫고 항아리에 남게 되었는지 모를 일이었다.

꿈을 꾸고 난 뒤 금택은 꼼짝할 수 없었다. 그는 천장의 어둠을 보며 누워 있었다.

왜 이런 꿈이 계속되는 것일까? 점점 더하지 않은가.

금택은 눈을 감았지만 쉽사리 잠이 들지 못했다. 잠을 자야 할 텐데 자꾸 이상한 생각이 들었다. 그는 노승의 정체가 궁금했다. 언젠가 스님들이 입적하면 그런 식으로 사리를 얻는다는 말을 들은 적이 있었다.

실제로 그 영상을 보다니! 한 번도 본 적이 없는 사리 채취 장면을 곁에서 구경하는 것처럼 보다니!

아무리 생각해도 이상했다.

이틀 동안 일이 손에 잡히지 않았다. 이래서는 안 되겠다는 생각이 들었다. 금택은 사흘 후에 겨우 제정신을 찾았다.

다시 책을 펼쳤고 주역을 알아갔다. 《주역》이 사서삼경(四書三經) 중 첫째가는 유교 경전임이 분명하다는 사실을 어떻게든 깨달고 싶었다. 주역은 유교 이전에 존재했던 맑고 순결하고 섬세한 세계를 담고 있다지 않던가.

언젠가는 답을 얻을 수 있을 것 같았다. 한 번 잡으면 놓을 수 없는 것이 주역이었다. 왜 공자가 '결정정미 역지교야(潔靜精微 易之敎也)'라 했는지 알 것 같았다. 그 속에 모든 게 담겨 있었고 주역을 '결정(潔靜)'이라 부른 이유를 알 것 같았다. 그 속에 철학과 종교, 자연의 철리가 들어 있었다. 과연 동양의 3대 경전(노자의 도덕경, 불교의 화엄경, 유교의 주역) 중 하나로 천문과 지리, 인간 사회의 일체를 집대성한 사상서이면서 정치 철학서임이 틀림없어 보였다.

깊고 오묘한 세계이다 보니 글을 읽는 데 아주 냉철한 이성이 필요했다. 그래서 밤에는 역경을 읽지 않았다. 밤에 역경을 읽으면 귀신에 들린 속설 때문이 아니었다. 요괴나 마귀는 무섭지 않았다. 한밤중에 역경을 들었다가 자신도 모르게 책에 빠져 밤을 꼴딱 새우기 일쑤였다.

하나의 문제를 풀고 나면 이내 다른 문제가 떠오르고, 그 문제를 풀려고 애쓰다보면 어느새 닭이 울고 있었다. 창가에 앉아 역경을 읽다보면 봄날이 다 지나간다는 '한좌소창독주역 불지춘거이다시(閑坐小窓讀周易 不知春去已多時)'라는 옛말이 하나도 틀리지 않았다.

의혹

하루는 아내가 문틈으로 엿보았다. 남편은 책에 미쳐 있었다. 한 손엔 주역을 들고 한 손으로 연신 무릎을 치며 어릿광대처럼 춤을 추고 있었다. 금택은 무려 주역을 오백 번 탐독해 우주의 이치를 나름으로 꿰뚫어볼 수 있게 되었다. 공자가 가죽 끈이 세 번이나 닳도록 주역을 읽어 우주의 이치를 깨달았듯, 금택의 경지는 무서운 곳에 닿아 있었다.

그는 스승 이극종을 찾아갔다.

"왜 그러느냐?"

금택은 진지한 얼굴로 이극종을 대했다. 미쳐서 춤을 추던 모습은 온데간데없었다.

"왜 그러냐니까?"

이극종이 답답하여 물었다.

"스승님!"

"말해보게."

"공부를 하면 할수록 요즘은 이상한 생각이 듭니다."

"이상한 생각?"

"이게 아니다 싶으면서도 자꾸만 그 생각이 떠나질 않으니……."

"무슨 말이냐?"

금택이 고개를 들어 이극종을 똑바로 바라보았다. 그의 눈이 젖어 있었다.

"도대체 세상 이치라는 게 무엇입니까?"

금택의 느닷없는 말에 이극종은 한동안 할 말을 찾지 못했다.

"세상 이치가 무엇이냐니?"

"누구에게나 그렇듯 유학의 길로 들어섰다면 주역을 건너뛸 수 없고, 주역을 알지 않고는 유학의 철리를 깨달을 수 없다는 생각에 수많은 선인들을 만났습니다. 주역의 개조를 만났고 역을 발전시킨 이들을 만났습니다. 복희씨로부터 공맹에 이르기까지, 역을 우리 것으로 묘하게 변용해서 쓴 이 나라의 선지자들도 만났습니다. 성리학의 대가요 조선 유학사에서 특별한 자리에 있는 서경덕을 만났고 토정 이지함을 만났으며 정북창을 만났고 최치원을 만났습니다. 양촌 권근, 퇴계 이황, 율곡 이이, 하곡 정제두, 남당 한원진, 여헌 장현광, 다산 정약용, 성재 유중교와 김항로에 이르기까지, 그들이 앞장서서 의리역을 발전시켜 나가는 사이 술사 대접을 받으며 숨어 지내야 했던 은사들도 만났습니다. 한말에 사철(四哲)이라고 불린 사람들 말입니다. 관물점(觀物占)과 격물치지(格物致知)의 박만수, 신술(神術)의 문 도사, 정역(正易)의 김일부, 도술(道術)의 강증산에 이르기까지. 그들에게서 주역을 배웠고 그들과 함께 주역의 속살을 탐구했습니다. 그런데 왜 답이 보이지 않는 것인지 모르겠습니다."

"지금 무슨 말을 하고 있는 것이냐?"

"생각해보십시오. 질문은 여기 있습니다. 저는 우주의 이치와 존재의 궁극적인 의혹을 풀기 위해 역경의 가장 심오한 부분까지 들어가 보았습니다."

"그런데 그 뿌리 끝이 보이지 않더란 소리냐?"

"도대체 객관적인 태도를 취할 수 없으니 말입니다. 하찮은 점술의 경지에 해답이 있을 것 같지 않습니다. 계속해서 질문은 터져 나오는데 무엇 하나 확실한 것이 없어 보입니다."

"어찌 자신의 공부가 미천함을 내다보지 못하고 성현의 학문을 의심하는가?"

"그럼 대답하실 수 있으시겠습니까? 도대체 생사가 무엇입니까? 내가 어디서 왔고 어디로 갈 것인지를 보여주실 수 있으신지요. 지금껏 공부한 사람들은 유림의 거두들이요, 모든 것의 주인이라고 할 수 있는 선각자들입니다. 공자, 맹자, 장자, 주자…… 또 이 땅의 유림들. 그런데도 뭔가가 확실히 손에 잡히지 않는 까닭을 모르겠습니다."

이극종은 눈을 감았다. 소리 없는 한숨이 그의 입에서 흘러나왔다. 정말 무섭구나. 벌써 그 경지에 이르렀단 말인가.

사실, 금택은 이미 이극종이 생각하는 그 너머의 경지에 들어가 있었다. 그는 춤을 추다 말고 한순간 거대한 벽에 막혀 풀썩 주저앉고 만 것이었다.

선비로서 최익현 스승의 죽음 앞에서도 의연했던 자신이 이제 어린 제자의 칼날 같은 말 한마디에 흔들리고 있었다. 문득 가슴 한곳이 저려왔다. 그 말은 그가 스승에게 묻고 싶었던 말이기도 했다.

도대체 학문의 끝이 어디란 말인가. 자신이 추구하는 해답이 어디에 있단 말인가. 선비가 서책만 끼고 앉았다고 해서 그 답을 찾을 수 있겠는가.

주역을 가까이 해도 그 답이 요원해 보이기는 마찬가지였다. 바로 그 점을 제자가 무례하게 내뱉었다. 언제나 그의 화두가 되어온 질문이었다. 스승을 그렇게 떠나보낸 후 더 가슴을 저리게 한 문제였다. 하지만 이 세상 어디에 공맹만 한 철학이 있단 말인가. 오늘날까지 선비로서 공맹이 아니고서는 안 된다고 부르짖지 않았던가.

"무슨 말을 하는지 모르겠구나. 우리는 궁극의 해답을 얻기 위해 여기에 있는 것이다."

금택이 눈을 똑바로 떴다.

"그걸 몰라서 하는 말이 아닙니다."

"그런데 어째서 그런 의혹을 가지느냐? 최치원, 서경덕, 정북창, 이지함…… 이 같은 선각자들이 의혹과 회의를 가지지 않았을 것 같으냐. 하지만 그들은 자신의 학문을 공고히 하여 그들만의 세계를 이루어냈음을 모르지 않을 터인데."

"그렇습니다. 그들이 얻어낸 것이 무엇이었습니까?"

"진정 몰라서 묻는 게냐?"

"그들은 너나없이 선가(仙家)의 풍류 속으로 숨어버렸더군요."

"네 이놈!"

이극종의 입에서 고함이 터져 나왔다. 금택은 아랑곳하지 않았다.

"그들이 얻어낸 선가의 풍류가 제대로 된 답이라고 보십니까? 산천초목을 돌아보고 감상한다고 우주의 철리를 깨칠 수 있겠습니까?"

"비하하지 말거라. 그 법도 어떤 법에 모자람이 없다."

"그렇겠지요. 산천을 유람하며 심신을 닦고 신선의 도를 구하다 보면 우주의 철리를 깨칠 수도 있겠지요. 거기서 모든 이치를 궁구하겠지요. 하지만 본질은 그 너머에 있다는 생각이 드는 까닭을 모르겠습니다. 어떻게 오늘을 모르면서 내일을 논할 수 있겠습니까. 술(術)을 통해 도(道)로 나아갈 수 있다는 믿음이 그들에게도 있었고 저에게도 있습니다. 아직 술의 세계에도 이르지 못했으니 신선의 경지는 꿈같은 일이지요. 그리고 보면 제 학문은 참으로 미천하기 그지없는 것 같습니다. 배울수록 의혹만 늘어가니 말입니다. 허나 이대로는 그 의혹을 잠재울 만한 궁극의 해답이 오지 않을 것 같으니 어쩌면 좋겠습니까?"

"어허, 이런 답답한 놈을 보았나!"

금택은 더는 견디지 못하고 방을 나오고 말았다.

절망이었다. 도대체 무엇을 공부했더란 말인가.

1931년, 어느새 금택의 나이는 열아홉으로 접어들었다.

날이 풀리면서 개울가의 얼음이 녹고 들녘에도 새파란 싹들이 돋기 시작했다. 봄나물을 캐는 아낙네들의 모습이 들녘에서 사라질 즈음 큰비가 내리는가 싶더니 훌쩍 여름이 다가왔다.

"금세 봄이 지나간 거 가텨. 벌써 애들이 개울에서 물장구를 치더랑게."

"올해도 육실허게 가물랑갑다. 벌써부텀 요렇게 삶는 걸 보믄."

아침 일찍 닭장으로 가 닭 모이를 주고 돌아온 금택은 이극종이 찾는다는 말을 듣고 그의 집으로 건너갔다.

"오늘 귀한 손님이 올 것이니 네가 집을 좀 치워라. 마당도 깨끗이 쓸고."

"누가 오시는데 그러십니까?"

"보면 알 것이니라."

정오가 지날 무렵, 이극종이 오리라던 손님이 왔다. 문 도사와 황욱이란 이가 먼저 들어섰고, 삿갓을 쓴 스님 한 분이 뒤를 따랐다.

관상으로 천하제일이라는 황욱이 마당에 서서 집 안을 휙 둘러보았다.

"어허, 집 안 풍경 한번 좋을시고!"

"어르신, 어서 오십시오. 그동안 별고 없으셨는지……."

금택이 인사를 채 끝내기도 전에 이극종이 뛰어나와 손님을 맞았다.

사랑채로 술상이 들어가고 잠시 후 이극종이 금택을 불렀다. 금택이 달려가니 방으로 들라고 했다. 술상을 가운데 두고 문 도사와 황욱, 이극종과 스님이 빙 둘러앉아 있었다. 이극종이 스님에게 금택을 소개했다.

금택이 넙죽 절을 올렸다. 삿갓을 벗고 앉은 노승이 금택을 쏘아보았다. 그는 말이 없었다. 이마를 가로지르는 굵은 주름이 세월의 깊이를 말해주고 있었다. 코가 우뚝하고 눈이 부리부리한 게 호남이었다.

금택이 인사를 올리고 일어서는데 노승이 술잔을 들며 한마디 했다.

"중상이구먼!"

이극종이 움찔했다.

황욱이 껄껄 웃었다.

"내가 뭐라고 했소. 대기라고 하지 않았소."

나중에 안 사실이지만 스님은 유담(劉談)이란 법호를 가진 이로, 본디 유가에서 자라 주역에 달통한 사람이라고 했다.

금택은 그들의 대화를 곁에서 들을 수 있었다. 유담스님의 신통술은 문 도사보다 한 수 위라고 했다. 그는 술 담배를 가리지 않았다. 고기를 안주 삼아 술을 진탕 퍼마셨다. 다른 이들은 돌아가기로 하고 일어섰으나, 스님은 엉덩이를 붙이고 그냥 앉아 있었다.

황욱이란 이가 방문을 나서며 이상한 물음을 던졌다.

"오늘도 호랑이를 타고 가실 것이외까?"

금택은 무슨 소린가 했다.

유담스님이 크게 웃었다.

"고놈이 요즘은 날 싫어해. 술 냄새가 역겹대나. 게다가 산신령이 이제는 못 빌려주겠대. 썩을 놈!"

아무리 술에 취해도 그렇지, 애도 아니고 어떻게 저런 대화를 주고받나 싶었다. 금택이 속내를 털어놓자 이극종이 웃은 뒤 말했다.

"어느 날 문 도사 집에 저이가 들렀느니라. 밤이 깊어 아무래도 길을 나서기가 힘들 것 같아 하룻밤을 묵어가라고 집주인이 붙잡은 모양이야. 그러자 저이가 밖으로 나가더니 누군가를 부르더라고 해."

"네?"

"그러고는 방으로 들어왔는데 조금 있으니 밖에서 이상한 소리가 들려왔다는구나. 문을 열어보았더니 커다란 불 두 개가 이쪽을 쳐다보고 있었다는 게야. 그래서 '거 누구요?' 하고 물었는데 집채만 한 것이 눈앞에 불쑥 나타났다지 뭐냐. 밖을 내다보던 사람들이 질겁하고 모두 엎드렸는데 저이가 웃더라는구나. '이제 왔느냐?' 하고 물으니 '어흥' 그러더라는 게야. 그제야 사람들이 이게 무슨 소린가 하고 고개를 들어 바라보니 황소만 한 호랑이가 툇마루 밑에 앉아 있었다는구나. 그날 저이는 그 호랑이를 타고 절로 돌아갔다는 말이 있느니라."

금택은 고개를 돌린 채 그만 웃고 말았다. 스승도 꽤 익살스러운 데가 있다는 생각에 웃음보가 터진 것이다.

말을 한 이극종도 금택이 킥킥거리며 웃는 모습에 전염되어 입가에 웃음을 물었다. 그는 마당을 향해 몸을 돌린 채 말했다.

"세상에는 못 믿을 것 천지니라. 설령 그것이 지어낸 이야기라 할지라도 이성으로 받아들이기 힘든 일들이 허다하니 말이다. 최면술사가 너를 잠재워 과거로 데려갈 수 있고 천상으로 데려갈 수도 있는데, 하물며 신술의 경지에 이른 이들이 무엇인들 보여주지 못하겠느냐. 헛것을 보여줄 수도 있고 그렇게 너의 정신을 농락할 수도 있는 것이니라. 미물보다 못한 우리가 신술의 경지에 이른 그들을 어찌 알겠느냐. 신이 있느냐? 누가 그렇게 묻는다면 너는 대답할 수 있겠느냐?"

이극종이 뒷짐을 진 채 금택을 돌아보았다. 입가에 웃음기는 가시고 두 눈이 서슬 푸르게 빛났다.

금택은 대답을 머뭇거렸다.

"섣불리 대답할 수 없으리라. 있다고 해도, 없다고 해도 맞지 않기 때문이다. 하지만 신을 부정할 수 없는 게 우리 인간이 아니겠느냐. 그럼 신은 너의 앞에도 있고 뒤에도 있다는 말이다. 시퍼런 칼을 들고 너를 노려보고 있을지도 모른다. 목이 언제 달아날지 모르는데도 그를 보지 못하니 웃을 수 있는 게야. 그렇다고 긍정할 수도 없으니 이를 어찌할 텐가. 모든 질문은 거기에 있느니라. 그 질문에 대답하기 위해 선비는 학문에 정진하는 것이다. 지극하면 영통(靈通)하는 법. 아마 저이는 그것을 가르쳐주기 위해 오늘 여기에 왔나보다. 현자는 범부가 보지 못하는 세계를 보는 법이지. 음양의 이치를 그 누가 알겠느냐! 보이는 것만이 진실은 아니니라."

이극종은 이 말을 남기고 두 손님을 배웅하러 마당으로 내려갔다.

금택은 밤늦도록 뒤척이다 글방에 들어가 누웠다. 이극종의 말이 자꾸 떠올라 머릿속을 어지럽혔다.

겨우 잠이 들었지만 꿈자리가 뒤숭숭했다. 황룡이 날고 호랑이가 노승을 태우고 묘향산을 향해 달렸다. 번개가 치고 천둥이 울렸다. 세상은 온통 붉은빛이었다.

금택은 자리를 털고 일어나 밖으로 나갔다. 오줌을 누려고 뒷간으로 걸어가다 담벼락에 어른거리는 그림자를 알아봤다.

"뉘요?"

금택의 목소리가 떨렸다. 담에 붙어 있던 그림자가 건들건들 돌아섰다.

금택이 머뭇거리다 다가가보니 유담스님이었다. 볼일을 보고 있었던 모양이었다.

"뒷간을 바로 곁에 두고······."

금택이 기어드는 소리로 말하자 유담스님이 아직 술이 덜 깬 눈을 부릅뜨고 금택을 노려보았다.

"이놈아."

"네?"

"네놈 눈에는 이 집이 집으로 보이느냐?"

"네에?"

"내 눈에는 똥간으로 보인다. 아니 이 세상천지가 똥간으로 보인다. 어쩔래?"

"스님, 약주가 과하신 것 같은데 어서 방으로 드시지요."

금택은 바지춤을 추스르며 소리치는 스님을 모시고 방으로 들어갔다. 돌아서서 나가려는데 스님이 자리에 누워 눈을 감은 채 물었다.

"너는 똥간에서 연꽃이 피는 까닭을 아느냐?"

"네에?"

갑작스런 질문에 금택은 노승을 멍하니 내려다보았다. 참 엉뚱한 양반이라는 생각이 들었다. 그러자 노승이 다시 물었다.

"한 발은 수미산에 걸치고 한 발은 똥간에 걸치는 까닭을 알겠느냐는 말이다."

"무슨 말씀이신지?"

노승이 피식 웃었다. 술이 덜 깬 것 같지는 않았다. 방금 전과 달리 멀쩡해 보였다. 그는 잠시 뜸을 들인 뒤 말을 이었다.

"그래서 개는 오줌을 눌 때 한 발을 드는 법이니라."

뭔가 깊은 뜻이 담긴 듯했지만, 다시 곰곰이 생각해보니 흰소리였다.

"주무시지요."

금택이 이 말을 남기고 걸음을 떼는데 노승의 목소리가 다시 들렸다.

"너 요즘 주역에 미쳤다면서?"

금택이 흠칫 놀라 걸음을 멈추었다. 이극종이나 문 도사가 그런 말을 한 듯했다.

"어디까지 간 게냐?"

"어디까지라뇨?"

"주역 공부 말이다."

"아직……."

"네놈이 귀신 눈은 속여도 날 속이지는 못해."

"무슨 말씀이신지?"

"그 모든 게 헛것이라는 말이다. 네 나이 때는 한창일 것 같아도 인생무상이라, 금방 담벼락에 오줌을 갈길 게야."

"괘념치 마십시오."

담에 볼일을 본 것을 입 밖에 내지 않겠다는 뜻으로 한 말이었는데, 노승은 이내 히히 하고 웃었다.

"이놈아, 나는 전생에 개였느니라. 개가 담벼락에 오줌 누는 것은 당연지사. 그걸 괘념할 놈이 세상천지에 어디 있을 것이냐."

금택은 노승의 말에 어이가 없었다. 전생에 개였다? 그러니 현생에서도 그 짓을 하고 있다는 소리였다. 그는 지금도 자신이 개라고 믿고 있는 듯했다.

"어젯밤에 한 젊은이가 와서 내게 묻더구만. '스님 주역은 도대체 무엇입니까?' 그래서 내가 말했느니라. 허상이라고."

"그럼 스님은 주역을 부정하신단 말씀이십니까?"

금택은 그만 자기도 모르게 이렇게 묻고 말았다. 노승은 눈을 크게 떴다.

"이놈! 부정할 것도 긍정할 것도 없는 허상이라고 하지 않았느냐."

"허상이라니요?"

"이놈아, 근본부터 깨달으라는 말이다. 내가 왜 유가를 떠나 절간의 개가 된 줄 아느냐?"

"말씀이 지나치십니다."

"그럼 내가 사람이란 말이냐?"

"스님이 아니십니까?"

노승이 흐흐흐 하고 웃었다.

"나는 부처님에 견주면 개만도 못한 미물이니라. 어찌 그 경지를 알 것인가. 모두가 헛것이다."

"헛것?"

"왜 내가 주역에 미쳐 날뛰다가 절로 들어갔겠느냐? 주역만으로는 풀 수 없는 그 무엇이 나를 사로잡고 있었기 때문이다. 언젠가 네놈도 그걸 알게 될 날이 있을 것이야."

훗날에 들은 얘기지만, 노승이 전날 밤 꿈을 꾸니 한 젊은이가 와서 이렇게 물었다고 한다.

"저는 보령에 사는 사람인데 주역을 배우고 있습니다."

"그래서?"

"주역을 공부하고 있사온데 스님께서는 주역이 무엇이라고 생각하시는지요?"

"무엇이라고 생각하다니?"

그렇게 물었는데 젊은이가 홀연히 사라지더라는 것이다. 아침에 일어난 그는 이상하다는 생각이 들어 보령에 사는 문 도사를 찾은 터였다.

"문 도사, 혹시 이곳에 주역을 공부하는 젊은 선비가 있는가?"

그래서 금택을 이야기했고, 이극종은 새벽에 일어나 괘를 뽑아보니 손이 들 괘라 일찍이 청소를 시킨 것이었다. 노승은 금택을 보자 꿈속의 그 젊은이임을 한눈에 알아보았다고 한다.

노승이 돌아간 후 참 신통하다는 생각이 들었다. 용을 타고 날아다닌다고 하지를 않나, 호랑이를 타고 돌아다닌다고 하지를 않나, 도의 경지에 이른 술사들이고 보니 그런 말들이 풍문처럼 나도는 셈이었다.

금택은 이극종의 충고를 가슴에 새기고 묵묵히 책을 집었다.

그는 계속해서 주역을 파고들었다. 공부하는 사이에도 노승의 말이 머리를 떠나지 않았다. 책을 펴기는 했으나 여전히 의혹이 남아 지독한 혼란 속으로 그를 내몰았다. 안개가 낀 희뿌연 창을 통해 밖을 내다보는 기분이었다.

더 높은 경지

1932년, 금택은 스무 살 되던 해부터 노자와 장자의 사상을 담은 도가의 경전들을 탐독하기 시작했다. 비로소 '참된 도란 무엇인가?'라는 새로운 주제에 매달려 의욕을 불태울 수 있게 되었다.

이는 엄밀히 말해 이전에 독파했던 《도덕경》과 도가의 경전이 모두 이해되기는 했지만, 인생의 궁극적인 답을 얻지 못했다는 뜻이기도 했다.

그동안 주역에 미친 이들을 자주 보다보니 더 이상한 꿈을 꾸게 된 듯도 했다. 이번에는 더 심각했다. 금택은 자신의 종명을 보고 있었다. 그러니까 꿈속에서 자신이 죽어가는 모습을 보게 되었다. 언제인지 정확히 알 수 없었다. 노승이 있던 그 산사가 보였다. 그는 산사의 방에 누웠고, 곁에는 제자들로 보이는 사람들이 앉아 있었다. 곁에 있는 사람이 뭔가를 물었고, 그는 간신히 입을 열어 무슨 말을 남기고는 눈을 감았다.

잠에서 깬 금택은 어안이 벙벙했다. 자신이 죽는 모습을 봤으니 입이 딱 벌어질 만도 했다. 아무리 잠을 설쳤다 해도 그렇지, 이건 해도 너무한다는 생각이 들었다. 왜 하필 산사의 승방에서 죽음을 맞는지 모를 일이었다.

별 희한한 꿈도 다 있군.

그는 그냥 잊기로 했다. 그런데 쉽게 잊혀지지가 않았다. 의혹은 좀체 수그러들지 않았다.

도대체 뭔가? 지금껏 내가 무엇을 하고 있었던가?

그랬다. 질문은 여기 있었다. 아니, 세상 모든 것이 질문으로 가득했다. 그런데 해답은 없었다.

뭔가 잘못되었다는 생각이 가시질 않았다. 도무지 객관적인 태도가 취해지지 않는 것들을 모두 내던지고 싶었다. 해답이 없다면 가까이 할 까닭이 없었다. 도의 경지에 다가갈수록 의문이 하나씩 툭툭 불거지는데, 무엇 하나 확실한 게 없었다. 상반된 해석들, 허공에 메아리치는 질문들. 질문은 있는데 답은 없다. 그렇다면 답을 구하려고 지금껏 몸부림친 세월은 무엇이었나. 그는 온갖 문제와 모순 앞에서 길을 잃고 방황했다.

유림의 거두들이요 모든 것의 주인이라고 할 수 있는 선각자들도 속 시원한 대답을 들려주지 못했다. 그렇다고 의혹을 풀 길이 마땅히 보이는 것도 아니었다.

마음을 비우지 않고서는 더 큰 세계를 볼 수 없다는 생각이 비로소 들기 시작했다. 꼬리를 물고 이어지는 의문에서 벗어나 내 마음부터 비워야 정확한 답을 얻을 수 있을 것 같았다.

화담 선생이 생각났다. 또 지족당 만석 선사에 이어 그들 사이에 있었던 황진이가 생각났다. 그냥 넘기려 해도 자꾸만 눈에 밟혔다. 그들에게서 도의 궁극을 구할 수 있을지 모른다는 생각이 들었다.

화담 서경덕의 이기(理氣) 철학은 선비로서 그가 얼마나 역학에 조예가 깊었는지를 짐작할 수 있게 했다. 그는 주역의 세계관을 이기론으로 해석하는 가능성을 맨 처음으로 열었고 주역의 세계관을 기 철학으로 풀어낸 이였다. 그것은 그대로 음양의 묘(妙)로 나타나 하찮은 기생을 대함에도 예외가 없었다. 만물의 시원인 기, 시작도 끝도 없는 기, 안팎의 구분이 없는 기, 그 무한함.

그렇다면 지족당 만석 선사는 어떠한가. 그는 유무(有無)와 이기(理氣)의 문제를 종합해서 설명하려 했다. 수행의 힘으로 색이 곧 공임을 깨달아 무를 증명하려 했다. 유는 기가 움직이고 변화하는 과정이기에 무에서 비롯된 것일 수밖에 없다고 보았다. 만석 선사는 텅 빈 가득함을 몸소 체험하려 했고, 그의 공(空) 사상은 황진이라는 여자를 통해 즉물적으로 나타났다. 그는 황진이를 안음으로써 자신의 오도(悟道)를 확실히 했다. 어찌 보면 9년 면벽이 하루아침에 깨어진 것이요 파계를 한 셈이었다.

하지만 그의 공 사상이 한 수 위라는 생각이 들었다. 자신의 사상을 그렇게 밀고 올라가 결국 있음의 없음을 증명했다면 그것이 바로 금강승의 경지였다. 반면에 화담 서경덕은 유가에 이르러 이와 기를 통해 도의 경지에까지 이른다는, 무모할 정도의 모호한 사상성을 후세에 남겼다.

그렇게 정리해 들어가자 정이천이란 이가 생각났다. 그는 북송 중기의 유학자로, 이기이원론(理氣二元論)의 창시자였다. 화담 서경덕이나 퇴계 이황 같은 우리나라 유림들의 주역 사상은 대부분 그의 영향을 받았다고 해도 과언이 아니었다. 후에 그의 이기이원론은 주자에게 전승되어 집대성되기도 했다. 정이천의 이기이원론을 보면, 사람은 기와 이 그 자체이고 사람의 성(性)도 그 둘로 나뉜다고 보았다. 그래서 수행이 필요하고 그 수행으로 궁리와 물리가 터지고, 그것이 도가 되어 그 도가 익으면 완전한 인품을 얻게 된다는 것이다. 이것이 바로 도학이었다. 금택은 주역의 경지를 넘어 도학에까지 이르게 되었다.

그러나 지족당 만석 선사가 보면 웃을 일이라는 생각이 들었다. 그것은 지족당이 추구하는 세계의 거리였다. 사실 불교의 수행은 명상에 있었고, 명상은 관조였다. 불교를 깊이 공부한 적은 없지만 석존이 한 말 중에 유독 기억에 남는 구절이 있었다.

'나는 활을 쏘는 법만 가르쳐줄 뿐이다. 그 화살이 맞을지 안 맞을지는 나도 모른다.'

참으로 무서운 말이었다. 그래서 방향을 틀어 불교 쪽으로 알아보았더니 뜻하지 않은 사실들이 튀어나왔다. 수행을 함에 있어 늘 스승은 제자의 공부 상태를 점검한다고 했다. 스승이 아니라고 하면 해탈이 아니라는 것이었다. 처음으로 돌아가 확실한 깨달음에 이를 때까지 다시 정진해야 했다. 그래서 '확철대오(確徹大悟)'라는 말을 쓴다고 했다. 그때는 이미 과녁도 사라지고 없었다. 그저 막막하다는 것이었다. 그래서 진실한 승은 물고기처럼 눈을 감지 않는다고 했다. 과녁을 찾아야 하기 때문이다. 오로지 대답 없는 대답을 기다릴 뿐이었다. 모든 것이 끊어진 세계. 궁리, 물리, 추리, 추측, 추론…… 이 모든 것들이 통하지 않았다.

주역을 하다보니 정수리가 터지고 도를 깨치더라. 이를 도학이라 불렀다. 유학을 하다보니 학문이 깊어지고 사리를 깨치더라. 이를 선도라 했다. 둘 다 어림없는 수작이라는 것이다. 그냥 아무것도 없다고 했다. 어둡고 캄캄하다고 했다. 적멸(寂滅), 적멸이라 했다. 그래서 부처님의 진신사리를 모신 곳을 적멸보궁이라 부른다는 것이다.

금택은 이제 역으로도 풀 수 없는 경지, 그보다 높은 경지를 넘보고 있었다. 그 무엇이 더 있다는 생각이 들었다. 자신이 지금껏 배운 게 뿌리라면 뿌리마저 없앨 수 있는 그 무엇이다.

역의 의미 체계로는 세계의 생성과 변화를 근본적으로 밝힐 수 없다는 생각이 들었다. 그것은 세계의 생성 변화를 인과론의 관점에서 설명할 수 없다는 뜻이기도 했다. 그것이 역이 가진 한계였다.

역의 의미 체계는 사물 간의 관계였다. 그것도 바람직한 관계. 그것은 예상이며, 유도였다. 결국 예상하고 유도하는 데 도움을 주는 것이었다.

그러나 자연의 이치를 설명하고 우주의 철리를 규명할 수 있다 하더라도 궁극의 진리, 그 진리는 그것 위에 있으리라는 생각이었다. 진리를 아는 자는 침묵한다. 침묵이 해답인가? 아니다. 그렇다고 내뱉으면 진리가 아니다. 그럼 무엇이 진리인가?

진리는 침묵 너머에 있었다.

그렇다면 그때 금택이 찾아 나서려 한 진리의 정체는 무엇이었을까?

소동골

　의문이 커질수록 금택의 시름도 깊어갔다. 일이나 공부, 이 모든 게 귀찮아져 손에 잡히지 않았다.

　그러던 어느 날 건너 마을 소동골에서 문둥이들을 구완하고 있다는 한 스님의 소식을 듣게 되었다. 산속에서 도를 닦던 스님인데 문둥이촌을 그냥 지나치지 못해 그 길로 움막에 머물면서 병자들을 돌보고 있다는 것이다. 문득 자신이 꾼 꿈 생각이 났다. 혹시 꿈에서 본 수염이 긴 대장부가 아닐까 싶었다. 수수께끼 같은 꿈의 의혹이 풀릴지 모른다는 생각에 금택은 잠을 이룰 수 없었다.

　금택은 더는 참지 못하고 산 너머에 있는 문둥이촌을 찾아갔다. 한여름이었다. 골짜기가 가까워지자 역한 냄새가 코를 찔렀다. 개를 불에 그슬 때 나는 누린내 비슷한 악취에 코를 싸쥐었다. 여기저기 흩어져 있는 움막이 눈에 들어왔다. 금택이 옷깃으로 코를 막고 움막 가까이로 다가가자 사람들이 움직이기 시작했다. 나무 그늘에 앉아 있던 이들은 말로 표현하기 힘들 만큼 행색이 남루했다. 천을 덕지덕지 이어붙인 누더기 옷을 몸에 걸쳤다. 이 더운 날 하나같이 얼굴과 발을 감쌌다.

눈만 내놓은 문둥이 하나가 앞을 막아섰다. 금택을 노려보는 눈이 살쾡이처럼 날카로웠다. 천에 가려 눈썹이 보이지 않았다. 콧등이 내려앉았는지 코를 가린 부분이 움푹 꺼졌다. 마을의 촌장쯤 되는 모양이었다.

"누굴 찾아왔소?"

문둥이가 입을 열었다.

"이곳에 계시는 스님을 좀 뵈려고…….."

문둥이가 아래위를 살폈다. 슬금슬금 모여들기 시작한 사람들이 이미 금택을 에워쌌다. 금택은 그들 몸에서 풍기는 악취에 숨을 제대로 쉴 수가 없었다. 그 와중에도 지독한 공포가 엄습했다. 사람 간이 문둥병에 특효라던데 이들이 금방이라도 달려들어 자기 몸을 갈기갈기 찢어놓을 것 같았다.

"스님은 왜?"

사내가 다시 물었다.

"혹시 내 스승인가 해서…….."

말을 뱉어놓고 보니 아차 싶었다. 스승이라니. 그 말이 왜 불쑥 나온 것인지 몰랐다. 문둥이가 다시 아래위를 살폈다.

"보아하니 산 아래 양반집 자제 같은데 웬 스승?"

"내가 자주 가던 절의 스님인가 해서요."

그제야 사내가 눈을 감았다 뜨더니 몸을 돌려 한곳을 가리켰다. 모여 섰던 사람들이 길을 비켜주었다.

움막 구석에서 한 남자가 약탕관을 풍로 위에 올려놓고 풍구에 후후 바람을 불어넣고 있었다. 그는 문둥이 옷과 다름없는 누더기 승복을 입고 있었다.

금택은 주춤하다 천천히 다가갔다. 까마귀 몇 마리가 까옥까옥 울며 서쪽 하늘로 날아갔다. 문둥이들이 뒤따라오는 것 같았다. 금택이 다가서자 풍로에 입김을 불던 스님이 고개를 들었다. 오십대 중반이나 되었을까, 가까이서 보니 민머리가 아니라 흰 머리카락이 듬성듬성 짧게 자라 있었다. 얼굴은 동안으로, 눈이 가늘고 입술이 얇아 조금은 차가워 보였다. 꿈에 본 스님이 아니라는 생각이 들었다. 꿈에서 본 양반은 키가 육 척이었고 머리는 봉두난발이었다. 승복을 입었기에 승인 줄 알지 않았던가. 분명히 그가 아니었다.

가까이 다가간 금택이 머리를 숙였다.

"뉘슈?"

스님이 쪼그려 앉아 이마에 주름을 잡고 물었다. 관자놀이에 땀이 송골송골 맺혔다.

"산 아래에 사는 김금택이라고 합니다."

스님이 시큰둥한 표정을 지었다. 눈이 매운지 한쪽 눈을 깜박거렸다. 이마의 굵은 주름이 지렁이처럼 꿈틀댔고, 볼을 타고 땀이 흘렀다.

"스님의 소문을 듣고……."

"무슨 소문?"

"그게 그러니까……."

금택이 말을 얼버무리며 주위를 살피자 스님이 사람들을 향해 손짓을 했다.

문둥이들이 어슬렁어슬렁 눈치를 살피며 물러갔다. 스님은 고개를 돌려 약탕관을 덮은 한지를 벗겨 안을 들여다보더니 도로 덮었다.

"숯이 젖어 영 불이 일지 않는구만. 이거 약한 불에 오래 달이면 못 쓰는 약인디……. 거기 섰지 말고, 이리 와 불이나 좀 불지 그래?"

이렇게 말하고 스님은 일어나 어디론가 가버렸다. 탕관 밑의 풍로를 보았더니 정말 불씨가 꺼져가고 있었다. 금택은 하는 수 없이 무릎을 꿇고 풍구에 입김을 불어넣었다. 불씨가 살아나는가 싶더니 이내 사그라졌다. 연기 탓에 눈이 매웠다. 눈을 비비려고 손을 들던 금택은 아차 싶었다.

문둥이들이 사는 땅에 내 몸이 닿다니.

그는 주위를 둘러보았다. 내가 미쳤지, 하는 생각이 들었다.

내가 지금 여기서 뭘 하는 건가. 흔들리는 나뭇잎에도, 한줄기 연기에도, 마른 땅에도 나를 썩게 할 병균들이 득실거릴 텐데. 내가 미쳐도 단단히 미쳤지.

이런 생각을 하고 있는데 스님이 숯 한 포대를 어깨에 메고 왔다. 그는 포대에 든 숯을 바닥에 쏟더니 약탕관을 내렸다. 쇠 집게로 풍로에 든 젖은 숯을 골라내더니 마른 숯으로 갈았다. 얼마 지나지 않아 타닥거리며 불꽃이 살아났다.

"어이구 이렇게 잘 타는걸."

스님은 엎드려서 풍로에 숨을 불어넣은 뒤 탕관을 다시 위에 얹었다. 금택은 그런 스님을 멀거니 바라보았다. 사람이 찾아왔다는데 일언반구도 없이 세워두고는 제 할 일만 하고 있는 사람. 어떻게 왔느냐? 누구냐? 왜 나를 찾느냐? 그런 질문을 해봄직한데, 무안하게도 불을 피우는 데만 온 신경을 쏟고 있는 사람.

숯이 벌겋게 달아올랐고 약이 끓기 시작했다. 종이가 찢어진 틈으로 김이 솔솔 새어나왔다. 그때까지도 스님은 금택에게 말이 없었다. 그는 조금만 불이 사그라지면 땅에 엎드려 입김을 불었다.

불길이 일어 꺼지지 않을 만하자 어디론가 가더니 크고 작은 사발과 반을 쪼갠 나뭇가지, 약을 걸러내는 누런 삼베를 가져왔다. 그는 사발 하나를 바닥에 놓고 그 위에 나뭇가지 두 개를 걸친 뒤 삼베를 펼쳐놓았다.

그는 누런 종이 덮개를 벗기더니 혼잣말을 중얼거렸다.

"너무 오래 달이면 못쓰는 법이지."

그는 풍로의 바람구멍을 헝겊으로 막은 뒤 탕관을 들고 삼베 위에 부었다. 쇳물 같은 약물이 구멍으로 빠지고 나무껍질과 야생초, 긴 뱀장어 두 마리가 망에 남았다. 아니, 뱀장어가 아니라 뱀이었다.

금택이 속으로 뱀이다, 하고 놀란 표정을 지었다. 스님은 그 속을 훤히 알기라도 한 듯 이렇게 말했다.

"맞아. 아주 알맞게 익었구만. 너무 무르면 못 쓰끼."

그는 두 마리 뱀을 손으로 골라내어 작은 사발에 담고는 약을 짜기 시작했다.

한 대접 가득 약물이 찼다. 스님은 약물과 뱀이 담긴 그릇을 들고 일어나 금택을 돌아보았다.

"풍로 불은 이제 꺼도 돼. 숯불은 저 통에다 옮겨 담고 흙을 좀 덮어두게. 나중에 또 써야 할 테니께. 물로 끄면 안 돼. 젖은 숯을 쓰려니 영 눈이 매워."

그가 눈으로 가리키는 곳에 양철통 하나가 보였다.

금택은 쇠 집게로 풍로 속의 숯들을 골라 양철통에 담았다. 옆에 있던 가래로 흙을 파서 숯을 덮은 뒤 스님이 사라진 쪽으로 걸어갔다.

키 큰 소나무 옆에 움막 하나가 보였다. 소나무 그늘 밑으로 가는 척하며 움막 안을 살피자 침상이 놓인 방 안 풍경이 눈에 들어왔다. 방이라고 할 수 없을 듯했다. 횃대에 피고름에 절은 옷가지가 어지럽게 걸렸고, 스님이 침상에 누워 있는 늙은 노파를 일으키고 있었다. 금택은 흠칫 놀랐다. 노파는 콧잔등이 없었다. 눈썹도 없고 윗입술도 없었다. 누런 이빨이 그대로 드러난 흉측한 모습이었다. 게다가 두 손은 피고름에 절은 헝겊에 싸였다.

스님은 노파가 움막을 받친 나무기둥에 등을 기대고 앉도록 했다. 그러고는 약이 식을 때까지 기다렸다.

스님은 새끼손가락으로 약을 휘저은 뒤 왼팔로 노파의 목을 안고 사발을 입에 대주었다. 약을 다 마시자 아랫입술을 헝겊으로 훔치고는 뱀이 담긴 사발을 노파의 턱밑으로 가져갔다. 그는 뱀의 살을 발라 노파의 입에 넣어주었다. 노파는 맛이 별로인지 이맛살을 찌푸렸다.

"간을 안 혀서 좀 비리겄지만 약이니께 그냥 잡수시오. 그저 보양에는 뱀이 최고니께. 그래야 새 살이 빨리 돋제."

"의원이 고길 못 먹게 하든디?"

노파가 말했다.

"허튼소리여. 병도 힘이 있어야 낫는 것이여. 더욱이 이런 병은 많이 먹고 힘이 붙어야 면역이 생기제. 나만 믿고 얼른 입이나 벌리소."

그는 기어이 뱀을 발라 다 먹였다.

"보랑게. 어제는 한 마리도 버거워하더니 오늘은 두 마리를 싹 해치웠잖은가. 이제 입맛이 돈다는 증거여. 내가 오늘은 이뻐서 뽀뽀를 한번 해줘야 쓰것구먼."

약 기운 때문인지 어느새 노파의 얼굴이 불그레해졌는데, 스님은 망설임 없이 여인의 볼에 입을 맞추었다. 노파가 부끄러운지 몸을 꼬았다.

스님은 노파를 부축해 자리에 눕혔다.

"오늘은 배가 든든할 것이여. 나는 내려갔다가 내일 올텐게 잠을 푹 자더라고. 똥오줌 마려우면 아무나 불러. 사람들이 도와주러 올텐게."

스님은 일을 마쳤는지 뒷짐을 지고 나왔다. 그는 움막을 나서다 금택과 눈이 마주쳤다. 그제야 웃으며 아는 척을 했다. 숯을 잘 치웠는지는 묻지 않았다.

"스님 가십니까?"

마을 촌장 같은 이가 인사를 했다.

"약을 먹였으니께 나 없더라도 잘 돌보도록 혀."

"알것습니다."

"그럼 내일 보더라고."

"스님, 살펴 가십시오."

스님은 금택에게 따라오라는 말도 없이 산을 내려가기 시작했다. 그는 뒤도 한 번 돌아보지 않고 발길을 재촉했다.

연보랏빛 꽃을 피운 벌개미취 곁을 지날 때였다. 앞서가던 스님이 칵 하고 가래침을 내뱉고는 혼자 중얼거렸다.

"날이 이리도 화창하건만……."

그때까지도 금택에게 말을 건네지 않았다. 금택 또한 문둥이촌으로 스님을 찾아간 까닭과 자신이 누구인지 소개할 생각을 잊은 채 방금 전에 스님이 약을 먹이고 그 볼에 입술을 갖다 댄 노파를 떠올리고 있었다.

스님이 마누라를 두었을 리는 없을 테고, 그럼 그 노파가 누구이기에 제 아내처럼 병구완을 한단 말인가.

그런 생각만 하고 있었다. 구기자나무 곁을 지나던 스님이 처음으로 입을 열었다.

"산 밑에 사는가?"

참 빨리도 물어본다는 생각이 들었다.

"보령에 삽니다."

"보령? 보령에서 예까지는 왜? 아, 나를 만나러 왔다고 했지. 자네 나를 아는가?"

스님은 여전히 앞을 보며 걷다가 물었다.

"아니요."

"몰라?"

"네."

"그런데?"

"어떤 스님이 문둥이 마을을 찾아다니며 병구완을 한다고 하기에……."

스님은 그제야 걸음을 멈추고 금택을 돌아보았다. 금택도 걸음을 멈추었다.

"자네 뭐 하는 사람인가?"

"글공부를 하는 서생입니다."

"서생?"

스님이 되물었다.

"그렇습니다."

"그럼 책이나 열심히 볼 일이지 왜 나 같은 사람을 찾아?"

금택은 대답하지 않았다. 스님은 몇 발짝 걸음을 뗀 후 이렇게 말했다.

"그러니께 글공부를 하다보니 나 같은 사람이 궁금해지더라, 그 말이렷다?"

"맞습니다."

금택이 대답했다.

"우하하하하."

스님이 고개를 쳐들고 웃음을 터뜨렸다. 그는 한참을 웃고 나서 이렇게 말했다.

"그러니까 길이 보이지 않더라?"

금택은 가만히 있었다. 스님도 더는 말하지 않았다.

어느덧 두 사람은 산비탈을 지나고 있었다. 산비탈의 오솔길을 벗어나 넓은 길로 내려서면서 스님이 물었다.

"이름이 뭐냐?"

"김금택입니다."

"무슨 자 무슨 자?"

"쇠 금(金)에 방울 탁(鐸)입니다."

"목탁 탁?"

"그렇습니다."

"서생 이름치고는 묘하구나. 거, 나 같은 중들이나 쓰는 이름자 아닌가. 쇠 금에 목탁 탁이라. 유가에서는 잘 쓰지 않는 자인데 굳이 이름에 넣은 걸 보면 중 팔자를 타고난 모양이구먼."

"예?"

"누가 이름을 지었는가?"

"할아버지가 지었다고 알고 있습니다."

"그럼 그때 이미 알고 있었단 말이로군."

"예?"

스님은 아무 말도 하지 않았다.

한참을 걸어가자 개울이 나왔다. 개울 너머 산비탈에 제비처럼 앉아 있는 암자 하나가 눈에 들어왔다. 금방이라도 허물어질 듯했다. 갈림길에서 스님이 말했다.

"사는 곳이 보령이라고 했나?"

"네."

"그럼 이리 가야겠구먼."

그 말을 던지고 스님은 잘 가라는 인사도 없이 징검다리 쪽으로 걸어갔다. 암자로 오르는 길이었다. 금택은 다리를 건너는 스님을 물끄러미 바라보았다.

이상한 중도 다 있다싶었다. 까닭이 있어 찾아온 걸 알고도 아무 말 않고 제 갈 길을 간다?

금택은 그냥 돌아설 수 없었다. 스님의 무관심이 도리어 호기심을 자극하고 있었다. 그는 스님을 뒤쫓았다. 징검다리를 다 건넜을 때, 스님은 암자로 들어서는 중이었다.

이상한 게송

허물어져가는 암자의 모습이 한눈에 들어왔다. 사람의 발길이 오래전에 끊긴 것 같았다. 일주문을 닮은 다포 양식의 문에 암자 이름인 듯한 현판이 걸려 있었는데, 너무 낡아 글자를 알아볼 수 없었다.

금택이 문을 열고 안을 기웃거렸다. 방 안에서 겉옷을 벗어 걸던 스님이 소리를 듣고 돌아보았다. 대나무 살로 만든 문에는 창호지가 거의 붙어 있지 않았다. 구멍이 숭숭 난 정도가 아니라 거의 나무틀만 남았다. 언뜻 보니 방바닥에는 가마니가 깔렸고, 문 안쪽에 있는 봉창 또한 휑하니 뚫려 있었다.

"자주 보는구나."

스님이 그럴 줄 알았다는 얼굴로 말했다.

금택은 섬돌에 발을 딛고 문턱에 걸터앉았다. 그러고는 방 안을 꼼꼼히 살폈다. 토벽 그대로의 방 안에 누더기 가사가 걸렸고, 그 옆에 빛바랜 종이가 붙은 널빤지가 보였다. 종이는 묘하게 오려져 있었다.

금택은 스님이 들어오라는 말을 하기 전에 신발을 벗고 안으로 들어갔다. 스님은 어이가 없다는 표정을 지었다.

금택은 널빤지 앞으로 다가갔다. 흐릿하던 글귀가 그제야 선명히 보였다.

心月孤圓

光吞萬像

光境俱忘

復是何物

마음 달, 오로지 둥근데

신령스런 빛이 만상을 삼킨다

빛과 사물이 다 텅 비었는데

다시 무슨 물건이 있겠는가

끝에 '박난주(朴蘭州)'라는 이름이 보였다. 바로 곁에 무슨 글자인지가 씌어 있었는데 제대로 알아볼 수가 없었다.

뜻이 깊다는 생각이 들어 금택이 스님을 돌아보았다. 스님은 아무 일 없는 듯 가마니 위에 주저앉아 때에 절은 버선을 벗고 있었다.

"스님이 지은 겁니까?"

스님은 버선으로 발가락 사이를 닦다가 시선을 들었다.

"내가 그만한 인물로 보이느냐?"

"글귀가 이상한데요."

"이상해?"

"꼭 세상을 초탈한 이의 오도송 같기도 하고……."

스님이 갑자기 크게 웃었다.

"이놈아, 그것은 임종게(臨終偈)이니라."

"임종게요?"

"그래. 중이 죽어갈 때 남기는 게송이란 말이다."

그럼 그렇지, 하는 생각이 들었다.

"어쨌든 스님 글은 아니군요. 여기 적힌 박난주란 분은 누구십니까?"

그걸 알아서 뭐 하게, 하는 눈빛으로 스님이 금택을 쏘아보았다.

"여기 이렇게 신주처럼 모신 걸 보면 꽤 유명한 스님 같은데요. 필치나 글귀도 그렇구요."

"이놈아, 너 정말 뭐 하는 놈이냐?"

"예?"

"왜 나 같은 사람을 찾아와 귀찮게 굴어?"

"말하지 않았습니까?"

"참 별난 놈을 다 보겠네. 가거라, 가. 나한테 빌붙어 봐야 나올 게 없어."

스님은 이렇게 말하고 금택을 찬찬히 뜯어보았다.

"너 혹시 거지냐? 행색이 멀쩡한 걸 보니 거지는 아닌 것 같고. 정말 보령에 사는 게 확실혀?"

"네."

"참으로 이상한 녀석일세. 보아하니 양반집 자제 같은데 뭐 하러 문둥이촌에나 출입하는 나 같은 늙은이를 찾아와 찝쩍거려."

"이 글 스님이 쓴 거 맞지요?"

"허, 그놈 참 엉뚱하네. 내가 쓴 게 아니라니까."

"그럼요?"

"내가 안 썼으믄? 너 같은 놈은 감히 쳐다보지도 못할 스님이 쓴 거시다. 왜?"

"박난주라는 스님이 그렇게 유명합니까?"

금택은 이상한 기분에 끈질기게 물고 늘어졌다.

"너는 죽었다 깨어나도 그분을 뵐 수 없을 것이다."

금택이 속으로 흥 하고 콧방귀를 꼈다.

"그렇겠지요. 이 글이 임종게가 맞나요? 이미 돌아가셨을 테니."

"돌아가시지 않았어도 너 같은 놈은 감히 곁에 갈 엄두도 못 냈을 어른이지. 부처만큼 지혜롭고 호랑이만큼 사나운 분이었은게."

그러자 금택은 박난주라는 인물이 더 궁금해졌다.

"스님의 스승입니까?"

스님은 대답은 않고 버럭 고함을 질렀다.

"성가신 놈일세. 도대체 어디 사는 놈이기에 무례하게 남의 꽁무니를 쫓아와 꼴같잖은 질문을 퍼붓고 있는 게야?"

금택은 턱을 꼿꼿이 들었다.

"말하지 않았습니까. 이름은 김금택이옵고 보령에 사는 서생이라고."

"그래, 어디 한번 물어보자. 왜 나를 찾아온 게냐?"

금택이 그를 똑바로 바라보았다.

"참 일찍도 물으십니다."

"어라, 이 화상이 이제 막 나가질 않는가."

"이왕 막 나간다는 소릴 들었으니 한 가지 더 여쭙지요. 문둥이촌에서 뱀을 발라주던 그 할머니가 스님의 아내인지요?"

"뭐시여?"

너무 어이가 없는지 스님이 할 말을 잃고 쩝쩝 입맛을 다셨다.

"내 마누라?"

"네."

"거참."

"아닙니까?"

"네놈 마음대로 생각혀라."

"문둥이 마을을 찾아다니다가 이제야 찾아낸 거지요? 그렇지 않고서야 어찌 볼에다……."

"뭣이 어째?"

"안 그렇습니까요. 그렇지 않고서야 코가 문드러지고 피고름이 흐르는 사람의 볼에 입을 갖다댈 수 있겠습니까?"

그제야 스님이 헛웃음을 지었다.

"하도 어이가 없어 대답하기도 싫다만, 어디 하나 물어보자."

"말씀하십시오."

"만약에 네놈의 여편네가 문둥병에 걸렸다고 하자. 그럼 너는 그럴 수 있겠느냐?"

금택은 그만 말문이 막혀버렸다. 문둥이촌에 들어섰을 때 기억이 되살아났다. 아무리 아내라 하더라도 쉽사리 그러지는 못하리라는 생각이 들었다. 바람이 불어와 살갗을 간질일 때 무슨 생각을 했던가. 풍로를 불다 손바닥에 흙이 묻었을 때 무슨 생각을 했던

가. 병균으로 득실거리는 곳에 내가 왜 왔던가, 하고 후회하지 않았던가.

스님이 새 버선으로 갈아 신더니 벌떡 일어났다.

"서생 짓을 하다보면 나 같은 이들의 생활이 궁금해질 때도 있을 터이지. 하기야 그 학문으로는 이 길을 가지 못할 것이니께. 뿌리 끝을 볼 수 있는 것도 아니고. 참 공부를 하려면 불법을 알아야지. 어서 내려가시게. 어디 그대 같은 이들이 한둘인 줄 아는가. 쥐꼬리보다 못한 신심으로는 하루도 못 견딘다네."

스님은 먼저 방을 나서 문틀을 잡고는 어서 나오라는 듯 금택을 노려보았다. 금택은 하는 수없이 밖으로 나갔다.

스님은 뒤도 돌아보지 않고 암자를 나서 징검다리를 건넜다. 금택은 그 뒤를 따랐다. 스님은 그가 따라오든 말든 신경 쓰지 않았다.

한참을 내려가자 마을이 나왔다. 스님은 대장간 옆에 있는 허름한 주막으로 들어갔다. 마당의 평상에 둘러앉아 술을 마시던 장정들이 스님을 발견하고는 한마디 했다.

"어이쿠, 저기 기둥서방 오시네."

"어이 주모, 자네 서방 왔수."

안에서 소리를 들었는지 주모가 달려나왔다. 뚱뚱한 몸을 한 곰보로, 볼에 주근깨가 자글자글했다. 뺑덕어멈을 쏙 빼닮은 모습이었다.

"아이고 스님."

"허허허, 잘 있었는가."

"어디서 오는 길이래요?"

"나야 바람 따라 구름 따라 다니는 사람 아닌가."

"스님, 이번에는 얼마나 머무실 건가요?"

옆에 있던 장정 하나가 끼어들었다.

"저번에는 한 달간 살림을 차렸으니 이번엔 달포는 묵어야지 않
겠는가."

"흐미, 우리 주모 살판나게 생겨부렸네. 우리 생불님, 우리 생불
님 해쌓더니만."

주모는 한달음에 부엌으로 달려갔다. 금택이 스님이 앉아 있는
평상 귀퉁이에 엉덩이를 붙이고 앉는데도 그는 반응을 보이지 않
았다. 주모가 술상을 차려왔다.

"오매, 손이 있는갑네. 보고도 깜빡했구마. 스님, 차돌맹이처럼
야무지게 생긴 요 선비는 누구요?"

스님은 주모의 말에 아랑곳하지 않고 주머니를 뒤져 담배쌈지
같은 걸 꺼내어 휙 던졌다. 방금 전에 질문을 한 사내가 술상 앞에
툭하고 떨어진 주머니를 흘긋한 뒤 스님을 돌아보았다.

"스님, 뭣이요? 요것이."

"돈일세."

"이게 웬 돈이래요?"

"개 한 마리만 사다주게."

"개요?"

사내들 눈이 휘둥그레졌다.

"방금 개라 했소?"

"그랬네. 개를 한 마리 잡아묵어야 옥돌네와 두어 달을 버티지 않것는가."

옆에 있던 사내가 주머니를 열어 안을 살피더니 헤헤거렸다.

"참말로 요번에는 맴을 단단히 묵은 모양이네. 중이 개 잡아 묵을 생각을 한 걸 보믄."

"당장 잡아줄 수 있것는가?"

"개야 널렸습죠. 어이, 장깍지. 너네 똥개 말이여, 그놈 살이 제법 통통하게 올랐든디 어뗘?"

"이번 복날에 가져갈 사람이 있어 안 뒈야."

"그럼 윗동네에 가봐야 쓰것구먼. 유감보네 집 똥개가 된장 서너 숟갈 풀믄 죽여주겠던디."

사내들이 돈주머니를 들고 개를 잡아오겠다며 나간 뒤로 스님은 술만 마셨다. 금택에게 술 한 잔 하라는 말도 없었다. 보다 못한 주모가 잔을 갖다놓고 스님 눈치를 봐가며 술잔을 채워주었다.

"이번엔 증말 나랑 두어 달 살다 갈 것이요? 아주 개까지 잡아 묵어 가믄서?"

주모가 물으면 그는 껄껄 웃었다.

"이 집 술독은 비어도 그대 샘물이야 마르것는가."

금택은 그만 몸을 돌리고 왝왝 토하고 말았다. 술을 못하는데다 주모가 따라주는 대로 마시다보니 몸에 열이 나고 속이 메슥거리던 판에, 중이 주모를 끼고 하는 말이 참으로 가관이었다. 사람을 잘못 봤다는 생각이 들었다. 이런 돌중에게 뭐 배울 게 있다고 따라왔나 싶었다.

술청에서 내려서서 신 한 짝을 찾아 신는데, 사립문으로 개를 사러 나갔던 장정들이 포대 하나를 메고 들어왔다. 포대가 술청 앞에 툭하고 떨어졌다.

"스님, 개 잡아묵을라고 시주 다닌 것이 불쌍혀서 몇 푼이라도 깎을라 혔는디, 살이 통통하게 올랐다고 으떻게나 뱃심을 부리는지 몇 푼 깎지도 못했소. 나머지는……."

"그거야 자네들 몫 아닌가."

"그럴 줄 알고 갔지만 돈이 생각보다 많아서……."

"죽였는가?"

"끌고 오는데 하도 깽깽거리기에 목을 땄소."

"그럼 불에 그슬리기만 하믄 되겠구만."

"그라믄요. 끄실라서 배 따고 똥창하고 쓸개만 떼어내고 가마솥에 푹 삶으면 되지라. 된장 있으믄 몇 숟갈 풀고."

"그건 걱정 말게."

"그람 저희는 이만 가볼랍니다."

"그러시게들."

돈을 챙긴 장정들이 사립을 막 나서면서 수군거렸다.

"그 스승에 그 제자라더니, 바로 그 짝이랑게. 저 땡추의 스승도 저러다 뒈졌다드만. 남의 집 똥개를 살살 꼬여서는 논두렁에서 구워 먹질 않나, 과붓집에 들어가 잠자리를 같이하질 않나……."

"그에 비하면 저이는 양반이어라. 그래도 남의 개를 훔치진 않았잖여."

금택은 어지러워 평상에 다시 걸터앉았다. 그러자 스님이 일어났다.

"나가서 이거나 구워 먹고 올랑게 임자는 꽃단장하고 얌전히 기다리더라고."

주모가 헤벌쭉 웃었다.

스님이 개 포대를 둘러멘 채 사립을 나섰다. 금택이 비틀거리며 따라나섰다. 욕이라도 실컷 해주고 돌아설 작정이었는데 말문이 터지지 않았다. 몽롱한 정신으로 한참을 걸어 징검다리 앞까지 갔다. 막 다리를 건너려는 스님을 금택이 뒤에서 불렀다.

"야이 나쁜 땡추야!"

징검돌을 밟으려던 스님이 그를 돌아보았다.

"세상 살면서 너같이 더러운 놈을 본 적이 없다. 겉으로는 문둥이한테 선행을 한답시고 시주 돈을 긁어다가 개를 잡아먹질 않나, 계집질을 하질 않나……. 순 사기꾼 도적 같으니라고!"

잠시 돌아보느라 걸음을 멈춘 스님이 그대로 다리를 건너 암자로 올랐다. 금택이 뒤따르며 소리쳤다.

"빌어먹을 영감, 그러고도 네놈이 스님이냐?"

금택은 고함을 지르느라 몇 번을 미끄러졌는지 몰랐다. 가시넝쿨에 살이 긁혀 피가 맺혔다. 이마도 두어 곳이 까졌다. 술기운 탓에 통증은 느껴지지 않았다.

먼저 암자에 든 스님이 마당 한쪽에 장작개비를 쌓고 있었다. 금택은 정신이 어지러워 섬돌에 엉덩방아를 찧고 머리를 두 가랑이 사이에 박은 채 횡설수설했다.

"그 개 잡아먹기만 혀봐. 내가 가만 안 둘겨. 구신은 뭐 하는겨. 저런 놈 안 잡아가고."

잠시 후 흰 연기가 콧속을 파고들었다. 구역질 나는 누린내에 속이 울렁거려 참을 수가 없었다. 금택은 앉은 채로 속에 든 걸 게워냈다. 옆에서 지켜보던 스님이 혀를 끌끌 찼다.

"어이구, 저 미욱한 중생!"

수미화

목이 말라 눈을 떴다. 벌써 해가 중천에 떴고, 머리가 깨질 듯
아팠다. 아내를 부르며 물을 찾다 눈을 뜬 것 같았다. 바닥을 짚고
일어나 앉을 때 스님이 방으로 들어섰다.

"이제 정신이 좀 드는가?"

금택은 그제야 스님을 쳐다보았다.

"정말 개를 잡아먹었습니까?"

스님은 어이가 없는지 잠시 금택을 내려다보다가 그의 뺨을 철
썩 때렸다. 금택은 볼을 어루만졌다. 볼 한쪽이 달아난 듯 얼얼했
다. 늙은 양반의 손이 꽤 매웠다.

"이놈아, 너 증말 뭐 하는 놈이냐? 남이야 개를 잡든 소를 잡든,

무슨 상관이여. 내가 개를 잡아먹는데 니놈이 돈을 한 푼 보탰냐, 쌀을 한 줌 보탰냐. 뭔 억하심정으로 하필 이 신성한 곳에서 욕질에다 토악질이여. 네놈 그 오물에서 나는 냄새에 잠 한숨 못 잔 게 안 보여?"

금택이 벌떡 일어났다.

"방금 신성한 곳이라고 했습니까?"

"그랬다. 왜?"

"참으로 신성한 곳입니다. 그래서 개 누린내가 진동을 합니까?"

"이놈아, 니놈의 속에서 나온 오물 냄새보다 향긋하다는 걸 모르느냐?"

"이 썩을 놈의 영감, 아주 개 한 마리를 통째로 다 먹고 주모인지 옥돌매인지 뺑덕어멈 같은 년이랑 잘 붙어먹어라. 중이 고기 맛을 보면 법당에 파리가 남아나지 않는다더니, 당신 같은 이를 뭐라고 하는 줄 아슈? 개차반이라고 하는 거요! 개밥만도 못하다는 뜻이지. 내가 미쳤다고 여기까지 따라왔지."

밖으로 나가려던 금택은 눈을 크게 떴다. 내장을 빼낸 개고기가 빨래처럼 널려 아침 햇살을 받고 있었다. 금택은 방 안을 향해 침을 뱉고는 쏜살같이 암자를 나섰다.

주막이 가까워지자 침만 뱉어주고 온 게 후회가 되었다. 그런 땡추라면 발길질을 해도 시원찮았다. 개고기 냄새가 진동하는 암자를 통째로 불태우고 싶었다. 금택은 돌아서려다 말았다. 맨 정신에 다시 가기가 그렇고 보면 빈속에 술이라도 부어 분풀이를 제대로 하러 갈 작정이었다. 그는 주막으로 들어갔다. 주모가 아침부터 웬일이냐는 얼굴로 그를 맞았다.

"막걸리 한 사발만 주소."

주모가 이상하다는 표정을 지었다.

"우째 혼자요?"

"몰라서 묻소? 개 잡아 묵는다고 암자에 있잖소."

금택은 화가 나 고함을 질렀다.

"나 말은 왜 댁은 같이 안 가느냐는 말이랑게."

"무슨 소리요?"

"소동골 말이오."

"소동골?"

문득 문둥이촌이 소동골이라는 생각이 떠올랐다. 주모가 고개를 갸웃했다.

"혼자 메고 가려면 무거울 텐디."

"뭐가요?"

"개 말이오. 혼자 메고 오를라믄 나이가 있어 무거울 텐디."

"메고 오르다니? 그 영감이 포식하려고 볕에 널어놓은 걸 보고 왔는데 시방 뭔 소립니까?"

주모가 피식 웃었다.

"오매 여즉 피가 안 빠졌는갑네. 산을 오를 때 피가 흐르니께 말려서 갈랑께 안 그라요."

"그럼 문둥이들 먹이려고 개를 잡은 거요?"

여인이 무슨 말이냐는 듯 도리어 눈을 크게 떴다.

"그걸 여직 모르고 있었단 말이오?"

금택은 제자리에 풀썩 주저앉았다. 그는 주모가 고개를 흔들며 부엌으로 들어가는 모습을 보다 말고 일어나 곧장 달렸다. 징검다리까지 어떻게 닿았는지 몰랐다.

헐레벌떡 암자로 들어서자 포대에 고기를 담던 스님이 금택을 돌아보았다. 금택은 그대로 달려가 그 앞에 무릎을 꿇었다.

"제가 몰라 뵀습니다."

스님은 고개를 돌리고 하던 일을 계속했다.

"내려가시게. 여기는 그대가 있을 곳이 못 돼."

"제가 몰라 뵙고 그만⋯⋯."

"내가 죄를 짓게 하지 말게나."

"죄라니요? 죄야 제가 짓지 않았습니까?"

"그대를 뉘우치게 한 것도 죄라네."

"무슨 말인지 저는⋯⋯."

스님이 허리를 세우더니 금택을 깊이 들여다보았다.

"그대는 소동골로 가지 않을 것이야. 그렇다면 그대를 죄 짓게 하는 이가 내가 아니고 누구인가. 그대를 시험에 들게 하는 것도, 그대를 아프게 하는 것도 내가 될 터인데."

금택은 더 깊이 고개를 숙였다.

그렇다는 생각이 들었다. 지금이라도 개고기를 지고 소동골로 같이 가자고 한다면 분명히 망설일 것이다. 속으로는 고개를 내저을 것이다. 언제 병을 얻을지 모른 채 그들이 먹는 물을 마셔야 하고, 그들이 입을 댄 숟가락을 만져야 했다. 갈 용기도 없었고, 가고 싶지도 않았다. 스님이 자신을 꿰뚫어 보고 있다는 생각에 금택은 얼굴을 들 수 없었다.

스님이 하던 일을 멈추고 먼 산을 바라보았다.

"그러고 보니 내 스승이 생각나는군. 평생을 문둥이촌에서 산 양반이었지. 그들을 돌보고 그들과 잠자리를 하고 썩어가는 살을 보듬었지. 언젠가 스승이 지상에서 가장 높은 곳에 피는 꽃이 무엇인지 아느냐고 내게 묻더군. 가장 높은 곳에 피는 아름다운 꽃. 스승은 그 꽃을 수미화(須彌花)라 불렀다네. 자신은 그 꽃을 가꾸는 사람이고. 어찌 자네가 그럴 수 있겠는가. 천만의 말씀이야."

그렇게 말하고 스님은 남은 개고기를 모두 포대에 담았다. 그는 포대를 틀어 묶은 뒤 어깨에 메고 암자를 나섰다. 금택은 입을 꾹 다문 채 멀어지는 스님의 뒷모습을 바라보았다. 따라나서지 못하는 자신이 그렇게 미울 수가 없었다.

가슴에 뜨거운 바람이 일었다.

눈을 질끈 감자 눈물이 볼을 타고 흘러내렸다.

의혹의 박난주

무엇일까 싶었다. 그동안 무엇을 해왔던가 싶었다. 자신이 배운 유가의 그 모든 것이 모두 헛것이라는 생각이 들었다. 이치로 따질 수 없는 세계, 그 세계를 알지 않고는 소동골에 결코 다가갈 수 없을 것 같았다.

주역, 주역이 그 세계로 들여보내줄 것인가? 아무리 질문해도 대답은 오지 않았다. 공맹사상? 천만의 말씀이었다. 그들이 보지 못한 세계가 있다는 생각이 들었다. 이치로 분별할 수 없는 사상, 혀로 피고름을 핥을 수 있는 사상, 사람들의 아픔을 자신의 아픔으로 껴안을 수 있는 사상, 그런 사상이 뭐란 말인가?

집에 돌아온 금택은 소동골에서 혹시 문둥병을 얻었을지 모른다는 생각에 손과 발을 씻다가 부끄러움에 고개를 떨어뜨렸다.

지금쯤 스님은 그들과 하나가 되어 있을 터인데. 그런 생각이 들자 가슴이 미어질 듯 아팠다. 소동골에 가지 못한다 하더라도 스님을 꼭 다시 만나야겠다는 생각이 들었다.

그가 암자를 다시 찾았을 때 다행히 스님은 그곳에 머물고 있었다. 스님은 금택을 보자마자 고개부터 내저었다.

"내치지만 말아주십시오."

금택이 애원조로 말했다.

스님이 눈을 지그시 감았다. 그는 잠시 후 하늘을 쳐다보았다.

"내가 어렸을 때지. 아버지는 그때 등에 난 큰 부스럼으로 죽어가고 있었다네. 그 아픔을 어린 내가 어찌 알았겠는가. 어느 날 참다못한 아버지가 울부짖었지. '누가 내 등창을 낫게 해줄 것인가?'"

거기까지 말하고 스님은 나직이 한숨을 쉬었다.

"절에 있을 때 등창으로 고통스러워하는 제자를 보았더랬지. 나는 제자의 고름을 입으로 빨아낼 수 없었다. 결국 등창의 고름을 입으로 빨아낸 이는 내 스승이었어. 하나 물어보자구나. 네 부모가 등창으로 죽어간다면 너는 그렇게 할 수 있겠느냐?"

금택은 아무 말 못하고 시선을 떨어뜨렸다. 스님의 입가에 희미한 미소가 스쳤다.

"진정한 학문은 실천에 그 뜻이 있는 법. 그 경지에 이르지 못한 너를 내가 어찌 나무랄 수 있겠느냐. 그러자면 분별없는 세계로 발을 들여야 혀.”

“그래서 이렇게 다시 온 게 아닙니까.”

금택의 말에 스님이 눈을 감았다. 그는 잠시 생각에 잠겼다가 눈을 떴다.

“좋다. 될성부른 나무는 떡잎부터 알아보는 법. 네 신심이 그러하니 기회를 주마. 여기서 나랑 일주일만 같이 살아보자.”

금택이 그 자리에 무릎을 꿇고 앉자 스님이 머리를 내저었다.

“어서 일어나. 아직은 아니니라.”

스님이 손을 내밀었고, 금택은 그 손을 잡고 몸을 일으켰다. 그리하여 금택의 암자 생활이 시작되었다.

스님은 금택을 데리고 약초를 캐러 다니기도 하고 뱀을 잡으러 다니기도 했다. 언제든 돌아가고 싶으면 산을 내려가라며 정을 주지 않았다.

하지만 금택은 문둥이촌에서 일생을 보낸 스승의 전설 같은 이야기를 들을 수 있었다.

“스승이 모습을 감춘 후에 그분을 찾을 수가 없었느니라. 하루는 소식을 듣고 그분이 계시다는 암자로 찾아갔지. 벌써 오래전에 입적한 뒤더구나. 홀로 앉아서 돌아가신 어른을 동네 사람들이 거둬 산에 묻었다고 해. 파묘를 해보니 백골만 남았더구나. 그 뼈를 태워 바람에 날려 보냈지. 나중에 그분이 머문 암자로 다시 가보니 바로 네가 본 임종게가 벽에 휘갈겨 있더구나. 거기에는 다른 이름이 씌어 있었느니라. 나는 눈물을 삼키며 임종게를 칼끝으로 오려냈지. 그것이 바로 저것이니라."

"그분이 박난주 스님이란 말이군요?"

"그렇지."

"본래 이름을 버리고 저 이름으로 살다간 까닭이 뭡니까?"

"다 버린 게지."

이렇게 말하고 스님은 입을 다물었다. 금택은 오래전부터 마음에 담아둔 질문을 던졌다.

"그런데 왜 스님은 자신의 함자를 가르쳐주지 않으십니까?"

"불가에서는 이름이라고 하지 않아. 법호라고 하지. 나 또한 그걸 버렸기 때문이다. 내 스승이 자신의 모든 것을 버리고 박난주로 살았듯, 나 또한 그렇게 살아갈 뿐이지."

그와 약속한 한 주가 지났다. 결국 금택은 스님의 성도 법호도 모른 채 헤어졌다. 그는 소동골에 같이 갈 용기를 내지 못했고, 그 길로 산을 내려갔다.

보름 후 금택이 다시 암자를 찾았을 때 암자는 비어 있었다. 금택은 스님이 소동골을 떠났음을 직감했다. 아쉬운 마음에 주막을 찾으니 주모가 울먹이며 말했다.

"떠났당게요. 나도 몰라라, 그 양반이 누구인지. 늘 바람 타고 왔다가 바람 타고 가는 이라고 했은게. 한 달을 같이 살았지만 그런 양반은 처음 봤소. 그렇게 욕심이 없는 양반은 처음이었지라. 여자를 옆에 두고도 손끝 하나 건들지 않았응께. 늘 소동골 생각만 하고 있었소. 그곳 사람들이 울고 있다고. 스승이 날마다 찾아와 자신을 매질헌다고. 그래 탁발을 해 개를 잡아 먹이고 쌀을 져 나르고 약초를 캐서 살에다 발라주고……. 그것도 모자라 아예 그리로 들어가버렸소."

주막을 나와 막 모퉁이를 돌아서려는데 헐레벌떡 주모가 따라오며 금택을 불렀다. 그가 돌아서자 주모는 숨을 고르는 둥 마는 둥 하고 입을 열었다.

"댁이 오면 전하라는 말을 깜박했구먼."

금택의 눈이 커졌다.

"박남주라든가, 박난주라든가 그 스님을 만나는 날 자신을 거기서 볼 수 있을 거라며 그때 보자고 하더구먼. 기다리고 있겠다고."

그게 무슨 소리요?

금택은 턱밑까지 차오른 말을 도로 삼켰다.

무슨 말인가 싶었다. 자신이 찾아올 줄 스님이 어떻게 알고 있었으며, 또 박난주라는 승은 이미 죽었다고 하지 않았는가. 그런데 그를 만나게 된다니? 박난주가 살아 있기라도 한단 말인가. 모든 게 의문투성이였다.

집으로 돌아온 금택은 모든 학문을 놓아버렸다. 그런 것들이 무슨 소용인가 싶었다. 소동골에 주역이 필요할 것인가? 아니었다. 아픔을 낫게 할 한 잎의 약초와 몸을 보양할 고기가 더 절실했다. 금택은 스님이 뱀을 잡으러 다닐 때 한 말을 기억해냈다.

"진리는 체험이요, 체험은 실천에 그 의의가 있지."

그것이 승이 진실로 구해야 하는 선(禪)이라고 했다. 다시 말해 선은 곧 체험이요 실천이었다. 금택은 그 선이 자신을 구하리라는 예감을 느꼈다.

박난주가 마지막에 남기고 간 임종게가 뒤이어 떠올랐다. 그 생각만 하면 가슴이 벅차올랐다. 언젠가 그를 만나는 날 거기에 있겠다는 스님은 누구이고, 또 박난주는 누구인가?

스승의 임종게를 칼로 파서 품에 안고 울었다는 스님이 이제 와서 자신에게 그런 말을 남긴 까닭을 알 수 없었다. 박난주를 만나면 그 스님의 존재가 밝혀진다는 말인데, 그 말이 맞다면 당장에라도 불가에 입문해야겠다는 생각이 들었다.

그렇게 추론하다가도 스승의 뼈를 바람에 날려버렸다고 한 말이 떠올라 자기도 모르게 고개를 내저었다. 어떻게 죽은 사람을 다시 볼 수 있다는 말인지, 도무지 이해가 되지 않았다.

나를 제도할 이 저기 있으니

어느 날 금택은 한 벗으로부터 《인생패궐(人生敗闕)》이라는 책을 빌려보게 되었다. 처음에는 별 기대를 하지 않았으나, 읽어나갈수록 무릎을 치게 되었다. 이것이다 싶었다. 그는 글을 쓴 인물에게 매료되었고, 그럴 때마다 책장을 넘겨 글쓴이의 이름을 확인했다.

방한암(方漢岩)이라는 스님이 쓴 글이었다.

스님이 쓴 글임을 알면서도 조금은 엉뚱하다는 생각을 지울 수 없었다. 그는 지금껏 금택이 만난 사람들과 영 딴판이었다. 사가의 유학자도 아니요, 주역에 정통한 이도 아니었다. 그렇다고 부처님의 말씀에 따라 교(敎)를 신봉하는 학승(學僧)도 아니었다. 그는 부처님의 뜻을 따르는 선승(禪僧)이었다.

방한암스님이 사는 절은 오대산에 있었다. 그는 오대산 상원사의 조실이었다.

박난주와 이름 모를 스님에게 미쳐 있던 금택은 한 스님이 도를 깨닫는 과정을 그린 자전적인 글에 큰 충격을 받았다. 벗이 어떻게 책을 손에 넣었는지 모르지만, 금택은 인생패궐이 암시하는 바가 크다고 여겼다. 유가의 가풍에 젖어 있는 그에게 교와 선의 문제가 큰 고민을 안겨준 게 사실이었다. 책에는 한 인간이 어떻게 교에서 선으로 전향하게 되었는지, 그 동기와 구도 과정이 자세하게 묘사되어 있었다. 네 차례에 걸쳐 깨달음에 이르는 과정이 간결한 필치로 가식 없이 담박하게 기술되어 있었다. 불교에 관심을 가지면서 선사들의 글을 읽었지만 대부분 자신의 구도 과정과 깨달음을 사실보다 과장되게 부풀린 탓에 식상한 면이 없지 않았다. 인생패궐은 그런 기록들과 달리 진솔했다.

특히 자신이 탐구하고 있는 세계, 자신이 걸어가고 있는 길에 대해 되풀이해서 던지는 질문을 통해 스스로를 점검하고, 그 점검을 통해 깨달음에 이르는 철저한 자기 수련 과정이 마음에 들었다. 또 법담을 나눌 수 있는 지음자(知音者)이자 스승이었던 경허 선사라는 이에 대한 동경과 그리움이 눈물겨웠다. 여기에는 금택이 홀로 공부하면서 서로 뜻이 맞는 스승을 만나지 못한 외로움이 조금은 담겨 있었다. 금택은 글을 쓴 한암이라는 승의 경지가 놀라웠다. 특히 화두를 두고 스승인 경허 선사에게 던진 질문이 가슴에 와 닿았다.

"화두가 진실이 아님을 알게 되면 어떻게 해야 합니까?"

한암이 묻자 스승인 경허 선사가 이렇게 대답했다.

"화두가 진실이 아니라니? 그렇다면 그 화두는 잘못인 게지. 그 즉시 앉은자리에서 무자화두(無子話頭)를 참구해야 할 것이야."

무자화두?

금택은 거기에 얽힌 이야기를 알게 되었다. 《벽암록》에 전하는 일화 중, 그 옛날 조주스님이 남긴 것이었다.

어떤 승이 조사에게 물었다.

"스님, 개에게도 불성이 있다고 할 수 있는지요?"

그러자 조사가 대답했다.

"없다."

"아니 스님, 부처님은 개에게도 불성이 있다고 했는데, 스님은 어찌 없다고 하십니까?"

부처님도 깨친 이였고 조주스님도 깨친 이였다. 그렇다면 그 대답은 같아야 할 터인데, 한 사람은 있다고 했고 한 사람은 없다고 한 데서 나온 화두였다. 그러니 누구 말이 옳으냐는 것이었다. 참으로 깨치지 않고는 대답하기 힘든 역설적인 물음이었다.

그런데 한암이 오랜 세월을 정진해 그 의단(疑端)을 풀어냈다. 《인생패궐》은 어떻게 그 의문을 풀었나갔는지, 그 과정을 보여주는 기록인 셈이었다.

금택은 깨달음을 얻기까지 걸린 시간을 햇수를 헤아려보았다. 한암이 입산하고 2년이 지난 스물네 살 때, 그러니까 1889년부터 마흔일곱이 되던 1912년까지를 다루고 있었다. 그렇다면 약 23년간의 구도 과정을 담고 있었다. 한 수행승이 스승으로부터 화두를 받아 23년 동안 '깨달음이란 무엇인가?'라는 주제에 끈질기게 매달렸다는 말이었다. 그리하여 선승의 최고 이상인 일대사(一大事) 인연을 마쳤다는 말이었다.

금택은 책을 준 벗에게서 오대산 한암 선사의 주소를 알아낸 뒤 밤을 새워 편지를 썼다.

금택이 한암스님에게

　속생(俗生) 글 올리나이다. 거룩하신 모습을 뵙지 못하고 당돌하게 글을 올리게 되어 참으로 황공하여 몸 둘 바를 모르겠나이다. 제가 오래도록 우러러 생각하옴은 마음과 꿈이 늘 향하면서도 따를 길이 없기 때문이옵니다. 엎드려 생각하기를 존후께서 만복하심에 도를 닦아 이루시니, 언제나 조용하고 정숙하여 바다보다 넓고 하늘보다 높은 기상을 어찌 얻지 못하겠나이까. 흠모하고 부러워하여 무척 거룩하게 생각하나이다.

　속생은 본디 정읍에 태어나 천한 출신으로 호서에 흘러온 지 4년이 되었고, 나이는 올해 스물로 근기가 엷고 배움이 낮아서 도를 들어도 믿지 아니하고 도를 믿는 것도 돈독하지 못하여 구슬을 가지고도 구슬을 잃어버리거나 나귀를 타고서 나귀를 찾는 허물이 많고, 쇠를 은으로 여기고 벽돌을 갈아 거울을 만들려는 병폐가 있사오니 참으로 한심하옵나이다. (하략)

　1932년 8월 14일에 첫 편지를 보낸 지 한 달이나 되었을까,
　편지를 받아본 한암에게서 회신이 왔다.

금택에게

보내온 글을 자세히 읽어보니 도에 이르려는 정성을 넉넉히 보겠노라. 장년의 호걸스러운 기운이 넘쳐 업을 지음에 좋은 일인지 나쁜 일인지도 모를 때에 능히 장부의 뜻을 세워 위없는 도를 배우고자 하니 숙세(宿世)에 심은 선근(善根)이 깊지 않으면 어찌 능히 이와 같으리오. 축하하고 축하하노라.

허나 도가 본래 천진하면 방향이 없으니 실로 배울 게 없도다. 만일 도를 배운다는 생각이 있다면 문득 도에 미혹되게 되나니, 다만 그 사람의 한 생각이 진실됨이 있을 뿐이라. 또한 누가 도를 모르리오만은 알면서도 실천을 하지 않아 스스로 멀어지게 되나니.

(중략)

시끄럽다고 반드시 고요한 곳을 구한다거나 참되지 않다 하여 속됨을 버리지 말지어다. 고요함은 항상 시끄러운 데서 구해야 하고 참된 것은 속됨 속에서 찾으라.

한암 선사에게 회신을 받은 금택은 뛸 듯이 기뻤다. 그는 그날 이후 나이 스물둘에 입산하기까지 무려 3년 동안 이십여 통의 서신을 주고받았다. 그동안에도 소동골에서 만난 이름 모를 스님을 추억하였고, 그 스님의 스승이었다는 박난주라는 이름을 떠올리곤 했다. 금택은 같이 공부하는 도반들에게 그 사실을 알렸고, 출가에 대한 생각을 은근히 내비쳤다.

금택의 관심은 이제 완전히 불가쪽으로 기울었다.

그는 불교에 관한 서적들을 접하거나 때로는 도반들과 절에 올라 스님들을 만나곤 했다. 출가 쪽으로 의견이 모아지긴 했지만 친한 도반들이 완전히 결심을 굳힌 것은 아니었다. 금택은 그 마음을 이해했다. 금택이 그동안 겪은 일들을 자세히 들려줬고, 그들 또한 출가를 발심했지만, 스스로 체험한 일이 아니고 보면 금택만 한 신심이 있을 리 없었다. 이는 새로운 세계에 대한 기대와 설렘, 열망만으로는 채울 수 없는 것이었다. 출가에 대한 회의가 들 때마다 격렬한 논쟁을 벌였고, 먼저 불교를 알아보자는 선에서 의견을 모으곤 했다.

이별

　1934년 9월 5일 금택은 두 친구와 함께 한암스님이 있는 오대산 상원사로 길을 떠나면서 피붙이들과 맺은 인연을 모두 끊었다.

　아내와 헤어지던 날 새벽, 두 사내가 밖에서 그를 기다리고 있었다. 아내는 새벽이 오기 전에 조용히 일어나 남편이 입고 갈 속옷과 겉옷을 내놓은 터였다. 입산을 하겠다는 남편의 말에 들고 있던 자리끼를 놓아버리던 아내가 아니었다. 소를 팔아 주역을 살 때만 해도 이렇게까지 물길이 바뀔 줄은 몰랐다.

　금택은 그런 아내를 말없이 지켜보기만 했다. 차라리 앞을 막고 칼을 물고 죽겠다고 앙탈이라도 부렸으면 싶었다. 두 남매를 데리고 어떻게 살란 말이냐고 푸념이라도 늘어놓았으면 싶었다. 이게 마지막임을 알면서도 아내는 말이 없었다.

평소처럼 밥상을 물리고 숭늉으로 입 안을 헹궜다. 속옷을 갈아입고 겉옷을 걸치는 사이 아내는 아무 일 없다는 듯이 상을 내갔고, 다시 들어와 자는 애를 안고 돌아앉았다. 금택은 같이 입산할 사내들의 기침소리를 들으며 멀거니 아내를 내려다보았다. 아무일 없다는 듯이 행동하고 있었지만 얼굴에 근심과 슬픔이 가득했다.

무슨 말을 할 것인가.

금택은 말없이 뒤에서 아내를 안았다. 어린 아들이 눈을 크게 뜨고 쳐다보고 있었다. 눈물이 앞을 가렸다. 아내의 어깨가 가늘게 떨렸다.

금택은 서둘러 일어나 문을 열고 나섰다. 마당으로 나온 그는 먼저 고향집을 향해, 다음으로 장인 이용구의 방을 향해, 마지막으로 스승이 있는 곳을 향해 큰절을 올렸다. 눈물이 볼을 타고 흘렀다. 장인의 방에는 불이 켜져 있었지만, 끝내 문이 열리지 않았다.

사내 둘이 대문 밖에서 그를 맞았다.

"가세."

세 사람이 개울을 건너 신작로로 나섰다. 새벽바람이 옷깃을 파고들었다.

"이제는 이곳도 마지막인가?"

사내 하나가 처연한 목소리로 말했다. 권중백이란 이였다. 기골이 장대하여 새벽 그림자가 유난히 커 보였다.

"출가한다고 하니 마누라가 딴살림을 차려 도망가는 게 아니냐고... 막상 대문 앞에 선 걸 보니 눈앞이 침침한 게 할 말이 떠오르지 않더이다."

이에 차도빈이란 이도 한마디 거들었다. 그는 큰 덩치답지 않게 마음이 여린 데가 있었다.

"아들 녀석이 '아버지 언제 오냐?'며 보채는데 발길이 떨어져야 말이지. 후딱 돌아서서 내달리는 수밖에."

두 사내가 말하는 사이 금택은 뒤를 돌아보았다. 박명의 어둠 속에 애를 등에 업은 여인이 머리카락을 휘날리며 대문 앞에 서 있었다. 아이 울음소리가 희미하게 들려왔다.

금택은 알싸한 코를 손등으로 훔친 뒤 걸음을 재촉했다. 이 길이 이름 모를 스님과 박난주라는 이를 만나게 해줄지 모른다는 생각으로 마음을 다잡았다.

세 남자는 수행의 길이 얼마나 힘든지 모르고 있었다. 이제껏 본 세상과 전혀 다른 세계. 그들은 그렇게 부처를 만나면 부처를 죽이고 조사를 만나면 조사를 죽여야 하는 살불살조(殺佛殺祖), 비정의 산실을 향해 나아갔다.

3장

내게 와 묻고
절하지 말라

한암 중원

　그들을 기다리고 있는 사람이 누구인가. 원선화 한암 중원은 승가에서는 전설적인 인물이었다.

　방한암은 1876년 강원도 화천에서 태어났다. 그는 어릴 때부터 우주에 대한 끝없는 의문에 사로잡혔다. 또 영특하고 총기가 뛰어나 의심이 풀릴 때까지 캐묻기를 주저하지 않았다.

　그는 아홉 살 때 서당에서 《사략(史略)》을 읽다가 '태고에 천황씨가 있었다'라는 구절을 보고는 스승에게 이렇게 물었다.

　"천황씨 이전에는 누가 있었습니까?"

　그러자 훈장이 말했다.

　"반고씨가 있었다."

　한암이 고개를 끄덕이고는 또 물었다.

"반고씨 이전에는 누가 있었습니까?"

당황한 훈장은 말을 얼버무리며 대답하지 못했다.

그는 그 후로도 경전과 역사서를 두루 섭렵하였고, 때때로 반고씨 이전의 면면에 의심을 품곤 하였으나, 끝내 해결을 보지 못하였다.

한암은 스물두 살이 되던 1897년 정유년에 금강산 장안사에 들어가 행름(行凛) 노사를 의지하여 삭발하였다. 이에 스스로 맹세하기를, 이미 삭발하여 염의(染衣)를 입고 산중에 들었으면 참 성품을 깨달아 부모님 은혜를 갚고 극락에 가리라고 하였다.

어느 날 신계사에서 하안거를 마친 한암이 도반 함해 선사와 함께 짐을 꾸려 행각에 올랐다. 남쪽으로 내려가 성주 청암사 수도암에 이르니 그곳에 당대의 선승인 경허 화상이 머물고 있었다.

경허 성우(鏡虛 惺牛).

그는 전주에서 태어났고, 속명은 송동욱(宋東旭)이었다. 아홉 살 때 과천의 청계사(淸溪寺)로 출가하였는데 그의 스승은 계허(桂虛)라는 이었다. 그 밑에서 5년을 보냈는데 그때 받은 법호가 경허였다.

그는 영운 선사라는 이가 던진 화두에 사로잡혀 있었다.

한 스님이 와서 '불교의 대의가 무엇입니까?' 하고 물었고, 여기에 영운 선사는 '여사미거 마사도래(驢事未去 馬事到來)'라는 말로 화답했다. 이는 '털빛이 검은 말, 즉 나귀의 일도 가지 않았는데 말의 일이 닥쳐왔다'는 뜻이었다.

도대체 이게 무슨 뜻인가?

의문은 그때부터 시작되었다. 경허는 이 의문을 풀지 않고는 우주의 이치를 결코 깨닫지 못할 것 같았다. 그는 앉으나 서나 이 글귀에만 매달렸다. 화두를 풀지 못해 고뇌하다가 한동안 스승 밑을 떠나 편력하기도 했다. 그러다가 스승이 있던 청계사로 돌아가는 길에 역병이 든 마을을 지나게 되었다. 병자들을 본 그는 그냥 지나치지 못했다. 그는 환자들을 돌보다 자신도 병에 걸렸다. 그는 죽음을 목전에 두고도 그 화두만 생각했다.

절로 돌아와서도 문을 안으로 닫아걸고 모든 걸 버렸다. 강원(講院)도 찾지 않고 화두만 잡았다. 먹고 자는 일도 신경 쓰지 않았다. 스님들이 걱정이 되어 문밖에서 발을 동동 굴렀지만 기척도 내지 않았다. 잠이 쏟아지면 송곳으로 머리를 찔렀다. 열병은 가시지 않았고, 문구멍으로 넣어주는 물만 마셨다. 한 달이 지나자 엉덩이가 헐었고 날이 갈수록 그의 몸에서 송장 썩는 냄새가 났다. 화두는 깨어지지 않고 절망만 쌓여가던 어느 날, 문밖에서 이런 목소리가 들려왔다.

"공부한다 해놓고 혹시 소처럼 누워 있는 거 아니여?"

그러자 곁에 있던 사람이 말했다.

"설마 그럴 리가요. 문을 걸어 잠그고 들어앉은 지가 언젠데요."

"지칠 만도 한데 말이여. 힘들면 소처럼 드러눕는 것이 인간이여. 그럼 말짱 헛것이제. 죽어서 소가 되는 이치가 거기 있거든."

순간 '무비공(無鼻空)'이라는 말이 뇌리를 스쳤다. 콧구멍이 없는 소! 모든 동물은 콧구멍으로 숨을 쉰다. 콧구멍이 없다면 생명이 없다는 말이 된다. 생명이 없다면 무엇이 있겠는가. 생명의 실상을 노래하는 무섭고 난해한 화두였다.

드디어 경허의 정수리가 터졌다. 햇살이 폭포수처럼 방 안으로 쏟아졌다.

그는 벌떡 일어나 문을 열어젖혔다. 자기도 모르게 춤을 추었다. 그는 벌써부터 자신의 법을 전할 이를 찾았다. 사방을 둘러보며 소리쳤다.

"사람이 없구나. 사람이 없어. 아, 누구에게 이 법을 전한단 말인가. 의발(衣鉢)을 전한단 말인가."

참으로 기가 막힐 노릇이었다. 그는 덩실덩실 춤을 추며 외치다가 드디어 오도송을 터뜨렸다.

콧구멍이 없다는 사람들의 말을 홀연히 듣고

몰록 깨치고 보니 온 우주가 내 집이로구나

유월의 연암산 아랫길에서

농부들이 일없이 태평가를 부르네

기연으로 깨친 것이었다. 문득 깨친 것이었다. 콧구멍이 없는 소를 찾아내자 비로소 육체의 고삐에서 벗어난 것이었다. 조선 선불교의 중흥조인 경허가 태어나는 순간이었다.

새벽 비가 내리는데 멀리서 닭 우는 소리가 들려왔다. 그는 그 소리와 하나가 되었다. 늘 자연인으로서 자유를 만끽했다. 배가 고프면 먹고 잠이 오면 잤다. 씻고 싶으면 씻고 씻기 싫으면 석 달 동안 얼굴에 물을 묻히지 않았다. 한 번 선정에 들면 그는 사람이 아니었다. 우주와 일체가 되어 흘렀다.

소나무가 되고 참나무가 되고, 갈대가 되고 꽃이 되었다. 더러움과 깨끗함의 구분도 사라졌다. 머리에 이가 득실거렸고 옷에서 썩은 냄새가 진동했다. 그래도 그는 꼼짝하지 않았다. 그의 마음은 그 어디에도 흔들리지 않았다. 이가 물어도 긁지 않았고 벌레가 물어도 통증을 느끼지 못했다. 그렇게 그는 예부터 지어온 번뇌와 습기를 지워버렸다. 삶과 죽음의 굴레를 벗고 새로운 법신으로 태어났다. 제법의 실상을 깨친 뒤에야, 비로소 그는 어머니를 찾았다.

어머니를 위해 법문을 하겠다고 하자 사람들이 구름처럼 몰려

들었다. 어머니가 그 소식을 듣고는 한달음에 달려왔다.

"부처가 된 내 아들이 나를 위해 법문을 한다고?"

경허는 많은 사람들을 앞에 두고 단상에 올라가 옷을 훌렁 벗었다. 그는 맨몸으로 엄숙하게 대중을 내려다보았다. 사람들이 혼비백산하여 도망을 갔다.

어머니는 눈물을 흘렸다.

"아이고 미쳤구나!"

그때 아들 경허는 벗은 몸으로 어머니를 안고 울면서 이렇게 말했다.

"어리석은 중생이여, 나 어릴 때는 옷을 벗겨서 씻기고 진자리 마른자리 골라 앉히더니 어찌하여 이제는 이 모양이요? 내 변한 것이 없거늘, 어리석은 여인의 가슴속에 쌓인 분별이 천진불을 죽이고 있구나."

그는 그 길로 모든 걸 버리고 유랑의 길에 나섰다. 그는 부처의 말씀인 경전을 통해 자신을 구했고 학인들을 구했으며, 이제 강을 건네준 뗏목마저 버리고 자유의 길로 나아갔다. 그는 모든 것을 버리고 홀로 산길을 걸으며 이렇게 중얼거렸다.

무소의 뿔처럼 혼자 가노라
사슬에서 풀려난 사슴과 같이

소리에 놀라지 않는 사자와 같이

그물에 걸리지 않는 바람과 같이

진흙에 더럽혀지지 않는 연꽃과 같이

나 홀로 가노라 무소의 뿔처럼

경허는 어느 날 제자인 관섭을 불러 이렇게 물었다.

"노불용로(爐不鎔爐)요 화불연화(火不燃火)라, 화로는 화로를 녹이지 못하고, 불은 불을 태우지 못하는 법이요. 수불세수(水不洗水)요 지불지촉(指不指觸)이라, 물이 물을 씻을 수 없고, 손가락이 저 스스로 제 손가락을 만질 수 없으니, 이 도리를 알겠느냐?"

관섭은 경허 선사의 꼬맹이 상좌였다. 그의 위로 혜월과 만공이라는 두 사형이 있었다. 관섭은 산에서 나무나 하고 술, 고기 심부름을 다니다 승가 생활에 회의를 품고 있었는데, 느닷없이 스승으로부터 그런 질문을 받았다.

대답을 하지 못한 관섭은 새벽에 초롱을 들고 만공 사형이 있는 개울가로 나갔다. 그러고는 그에게 물었다. 만공은 허공을 쳐다보았다. 본래부터 그런 일이 없거늘, 대답할 필요를 못 느꼈기 때문이었다.

그날 만공이 가져다준 고기에다 관섭은 소금 대신 비상을 뿌렸다. 스님이 하라는 공부는 하지 않고 이상한 질문이나 해 사람을 헷갈리게 하면서 술이나 마시고 고기나 탐하는 게 못마땅했던 것이다. 신심이 시퍼랬던 그는 스승을 죽이기로 마음먹었다. 눈물을 흘리며 비상을 뿌린 제자 관섭이 술상을 들고 들어갔다.

경허가 술상을 받아 고기 맛을 보니 비상이 뿌려져 있었다. 경허는 아무 말 없이 비상을 툭툭 털어내고 모두 들었다. 극은 극으로 다스린다했던가. 때로 비상을 약으로 쓰는 의원이 있고 보면, 큰 해를 주기에는 양이 많지 않았다. 관섭이 이제는 스승이 죽었겠지 하고, 다가가는데 안에서 목소리가 흘러나왔다.

"관섭아, 상 물려라."

관섭이 부들부들 떨면서 방으로 들어갔다. 제자를 본 스승이 입을 열었다.

"오늘 반야탕은 어느 날보다 맛이 좋구나."

술상을 내온 관섭은 너무 무서워 그대로 도망을 쳤다.

마침 만공이 출타해서 돌아오는 길이었는데 관섭이 헐레벌떡 산길을 뛰어내려오자, 왜 그러냐며 팔을 붙잡았다. 관섭은 넋이 나간 얼굴로 스승을 죽이려고 비상을 고기에다 뿌렸다는 말을 얼떨결에 내뱉고 말았다. 만공은 너무 어이가 없어 그를 잡아다 매질을 했는데, 관섭의 비명을 들은 스승이 밖으로 나와 이렇게 말했다.

"그만두어라. 내가 이렇게 살아 있지 않느냐."

관섭은 며칠 뒤에 기어이 산을 내려가고 말았다.

그 후 경허는 해인사로 거처를 옮겼다. 그는 선원의 대중 이십여 명과 함께 하안거를 났다. 그들 가운데 한암이 있었다. 어느 날 차를 마시던 한 수좌가 《선요(禪要)》의 글을 인용했다.

"무엇이 실참실구(實參實究)의 소식입니까?"

어떤 것이 진실로 구하고 진실로 깨닫는 소식인가, 하는 물음에 경허가 대답했다.

"남산에는 구름이 일어나고 북산에는 비가 내리도다."

수좌가 고개를 갸웃하고는 다시 물었다.

"그것이 무슨 뜻입니까?"

"비유를 하자면, 한 자 되는 자벌레가 자신의 몸길이만큼 가고자 한다면 완전히 한 바퀴를 굴러야 한다는 뜻이니라."

경허는 이렇게 말한 뒤 대중들에게 물었다.

"이것이 무슨 도리인고?"

그러자 한암이 입을 열었다.

"창문을 열고 앉으니 담이 앞에 있습니다."

경허가 다음날 법상에 올라 대중들을 돌아보며 말했다.

"원선화의 공부가 개심(開心)을 넘어섰느니라. 비록 경지가 그와 같지만 아직도 무엇이 체(體)고 무엇이 용(用)인지는 모르고 있구나."

하루는 한암이 《전등록》을 보다가 약산 화상이 석두(石頭) 화상에게 설한 법어를 읽던 중에 '한 물건도 작용하지 않는다'는 뜻의 '일물불위(一物不爲)'라는 대목에 이르렀다. 이는 곧 마음속에 한 가지도 생각하는 것이 없다는 뜻이었다.

한암은 문득 심로(心路)가 끊어지는 것이 물통 밑이 확 빠지는 듯한 느낌을 받았다. 이를 안 경허가 한암을 큰 새에 빗대었다. 그의 개오를 분명히 인정한 것이었다.

그때 경허는 산수갑산으로 갈 채비를 하고 있었다. 그런데 한암이 경허의 방문을 열어보고는 해괴한 광경을 목격하게 되었다. 그는 문고리를 잡은 채 얼음처럼 굳었다. 허리뼈를 꼿꼿이 세우고 명상에 들었을 줄 알았는데, 방 안에서 스님이 일곱 여자와 뒹굴며 난교를 하고 있었다. 아침까지만 해도 청정을 논하던 스승이 하나도 아니고 일곱 여자와 같이 누워 맨살을 더듬고 있었다.

때마침 지나가던 수좌 하나가 그 광경을 보고야 말았다. 수좌는 눈을 크게 뜨고 멍하니 서 있다 주지스님의 방으로 부리나케 뛰어갔다.

"무슨 일인데 그러느냐?"

주지가 말을 더듬는 수좌에게 물었다. 가까스로 숨을 돌린 수좌가 말했다.

"경허스님 방에 가보십시오."

"왜?"

"글쎄, 한번 가보시라니까요."

주지스님은 넋나간 모습으로 마루에 주저앉아 있는 한암을 발견했다. 방문을 열어본 주지도 놀라기는 마찬가지였다.

"아니 큰스님, 지금 뭐 하고 계십니까?"

경허는 여자의 무릎을 베고 눈을 지그시 감은 채 열락의 경지를 헤매고 있다가 눈을 뜨고 말했다.

"보면 모르겠느냐? 공불하고 있지 않은가."

"큰스님, 어서 일어나십시오. 부처님 안전에서 어찌 이런 일을 벌이십니까. 누가 볼까 두렵습니다."

"허허, 성가시구나."

경허가 일어날 기색을 보이지 않자 주지스님도 물러나고 말았다. 이내 소문이 퍼졌다. 그때부터 청정 비구승들은 그를 파계승 대하듯 했다.

경허는 아랑곳하지 않았다. 여전히 일곱 선녀들과 함께 지냈다. 말들이 많아지자 주지가 다시 나섰다.

"큰스님, 이제 그만 두시지요. 밖에서 아주 야단입니다."

경허가 빙긋 웃었다.

"너 아직 총각이냐?"

경허의 말에 주지스님이 펄쩍 뛰었다.

"스니임!"

"너 올깨끼냐? 그럼 여자 맛을 한 번도 못 봤겠구나. 아주 이참에 내 방으로 건너오지 그러느냐."

"네에?"

'올깨끼'는 열 살 전후에 절에 들어온 스님을 부르는 말이었다. 파계를 하지 않았으면 동정을 지키고 있을 수밖에 없었다. 주지는 벌어진 입을 다물지 못했다.

"야 이놈아, 내가 총각 딱지를 떼주겠다고 하지 않느냐."

"큰스님, 그만 하시지요!"

주지스님이 역정을 냈다.

"허어, 그놈 참. 싫으믄 말 일이지 왜 소리를 지르고 난리냐!"

"어이구, 내가 못살아."

그러자 곁에 있던 젊은 수좌가 한마디 거들었다.

"정말 노망난 양반일세. 노망이 나지 않고서야 어찌 저럴 수가 있나."

그 말을 들은 경허가 눈을 번쩍 드더니 칼날처럼 날선 목소리로 한마디 했다.

"이놈아, 너는 다시 태어나도 이 경지를 모를 것이다."

경허의 파행이 계속되자 주지스님과 젊은 수좌들이 주축이 되어 몽둥이를 들고 여자들과 큰스님을 쫓아내자고 모의했다.

불시에 들이닥쳤는데 이게 어찌 된 일인가. 방으로 몰려간 사람들은 제 눈을 의심하지 않을 수 없었다.

"이게 무슨 냄새야?"

"어라? 저게 뭐여!"

"뭐가 어찌 된 노릇이여?"

스님들은 놀라 밖으로 뛰쳐나갔다. 그들은 반쯤 넋이 나가 있었다.

그들이 본 것은 선녀같이 아름다운 여자들이 아니라, 문둥이들이었다.

"우리가 뭘 잘못 본 거 아녀?"

"아니랑게 그러네."

"아니라니? 분명히 젊은 여자들이지 않았는가? 귀신이 곡할 노릇이네."

"분명히 문둥이들 맞제?"

"그려."

"그렇다면 사람이 바뀌었다?"

"아니야. 그 여자들이었어."

"그런데 오늘은 문둥이다?"

곰곰이 생각해도 이해가 안 되는지, 다들 고개들을 갸웃거렸다.

"아무리 신심이 깊다 해도 그렇지, 어떻게 문둥이 일곱 여자와 함께 뒹굴 수 있나?"

"잘못 본 것이야. 설마 스님이 문둥이와 그 짓을 했겠나? 우리가 잘못 본 게야."

"맞아. 잘못 본 게 확실해."

"뭐 눈에는 뭐만 보인다더니, 도대체 알 수가 없구먼."

다음날 법상에 오른 경허가 주지스님을 나무랐다.

"그대 아직도 강을 건너지 못했는가?"

"네? 무슨 말씀이신지?"

"이 사람아, 강을 건넜으면 업은 여자를 내려놔야 할 게 아닌가."

주지는 그제야 큰스님의 말을 알아채고 눈에 열기를 모았다.

"큰스님, 저는 여자를 업은 적이 없습니다."

경허가 주지를 불렀다. 주지스님이 단상 밑까지 다가섰다. 큰스님이 주장자로 어깨를 내리쳤다.

"이놈, 네 반쪽이 어딧느냐?"

"반쪽은 제 속에 있습니다."

"그럼 반쪽을 내보일 수 있겠느냐?"

"예?"

"네 속에 있다고 하지 않았느냐?"

"그럼 큰스님은 그걸 제게 보여주실 수 있습니까?"

주지도 당하고 있지만은 않았다.

"허허, 보지 않았느냐?"

"예?"

"나는 늘 내 반쪽과 함께했느니라. 달래고 더듬고 사랑하고, 그리하여 그들을 나로 하였느니라."

주지스님이 그 자리에 무릎을 꿇고 합장했다.

"큰스님, 잘못했습니다."

"그대 눈에는 그 여자들이 문둥이로 보였을지 모르나, 내게는 여자로 보였느니라. 그래서 사랑했느니라. 이 세상에 그렇게 허물어지지 않는 인간이 어디 있겠느냐. 그렇게 허물어지는 게 인간의 본상이다. 나를 바로 보려면 상대를 보라. 그가 부처다. 다 네 속에 있는 것이다. 너를 보듬지 않는 자, 그가 곧 무지한 자요, 너를 보듬어 나를 아는 자, 그가 곧 부처이니라. 부처의 법은 나에게 있지 않고, 너에게 있어. 너를 보듬으면 나를 알 수가 있지. 그것이 곧 진리의 본모습이야."

한암은 무릎을 쳤다.

칠선녀와선(七仙女臥禪)이라. 무섭구나, 무서워!

깨친 자에게는 나와 너라는 분별이 있을 리 없다. 깨끗함도 더러움도 하나다. 행주좌와(行住坐臥)라, 선 수행이 어디 앉아서만 하는 것이겠는가. 가고, 머물고, 앉고, 눕는 그 모든 것이 선 공부가 아니던가.

칠선녀와 누워서 하는 선이라니!

정말 무섭다는 생각이 들었다.

경허가 산수갑산으로 떠나기로 한 날 한암은 한 통의 편지를 받았다. 경허는 한암의 경지를 알고 있었고, 그와 동행을 요청하는 서문과 시를 써서 한암에게 전한 것이었다.

한암은 편지를 펴보았다.

나는 천성이 화광동진(和光同塵)을 좋아하고 더불어 꼬리를 진흙 가운데 끌고 돌아다니기를 좋아하는 사람이요. 다만 스스로 삽살개 뒷다리처럼 너절하게 44년의 세월을 지내다가 우연히 해인정사에서 한암을 보게 되었소. 성행이 순직하고 또 학문이 고명하여 한 해를 같이 지내는 동안에도 평생에 처음 만난 사람같이 생각되는구료. 그러다가 오늘 서로 이별하게 되니 아침저녁으로 끼는 연기와 구름 같고, 산과 바다의 멀고 가까움이 받아들이고 보내는 것과 같아 내 마음속에 품은 생각을 뒤흔들지 않는 게 없다오.

덧없는 인생은 늙기 쉽고 좋은 인연은 다시 만나기 어려우니, 이별의 섭섭한 마음이야 더 말해 무엇 하겠소. 옛 사람들 말처럼 서로 알고 지내는 사람은 천하에 가득하지만, 진실로 내 마음을 알아주는 이가 몇이나 되겠소. 한암이 아니면 내가 누구와 더불어 지음(知音)의 관계를 맺겠소이까.

그러니 여기 시 한 수를 지어 뒷날에 서로 잊지 말자는 부탁을
하는 게요.

먼 하늘로 높이 뜬 새 같은 포부
변변치 않은 데서 홰를 친 지 몇 해던가
이별은 예사라서 어려운 게 아니지만
덧없는 인생 흩어지면 또 볼 기회 있으랴

捲將窮髮垂天翼
謾向憺柳且幾時
分離尙矣非離事
所慮浮生渺後期

경허 선사의 간절한 청에 한암은 고개를 숙이고 눈물을 흘렸다.
그러고는 붓을 들어 이렇게 화답했다.

서리국화 설중매는 겨우 지나갔는데
어찌하여 오랫동안 모실 수가 없습니까
만고에 변치 않고 늘 밝게 비치는 마음의 달

뜬 세상에서 뒷날을 기약해 무엇 하리

霜菊雪梅才過了
如何承侍不多時
萬古光明心月在
更下浮世覓留期

한암은 경허를 따라 함경도 산수갑산 행각에 동행하지 않았다. 그게 그의 사랑법이었다. 비구(比丘)의 사랑법! 한암은 이를 실천했고 경허는 크게 웃으며 그곳을 떠났다.

"내가 너를 바로 보았구나!"

그것이 경허가 한암에게 남긴 마지막 말이었다. 그래서일까. 그 일이 있은 후 경허는 다시 해인사에 모습을 보이지 않았다.

1910년 경술년 봄에 묘향산으로 간 한암은 내원암에서 하안거를 지낸 뒤 가을에 금선대로 가서 겨울과 여름을 났다. 그는 이듬해 가을에 맹산 우두암으로 들어가 그곳에서 겨울을 보냈다.

1912년 봄이 되자 함께 살던 도반은 식량을 구하러 밖으로 나가고 한암 혼자 부엌에 앉아서 아궁이에 불을 붙이다가 홀연히 깨침을 얻었다. 이는 청암사 수도암에서 얻은 깨침과 크게 다르지 않앗다. 이번에도 '아!' 하는 탄성과 함께 게송이 입에서 쏟아져 나왔다.

부엌에서 불붙이다 별안간 눈이 밝으니
이로부터 옛길이 인연 따라 맑구나
누가 내게 달마가 서쪽에서 온 뜻을 묻는다면
바위 아래 샘물소리에 옷 젖는 일 없다 하리

着火廚中眼忽明
從玆古路隨緣淸
若人問我西來意
岩下泉鳴不濕聲

계오(契悟, 더 깊은 깨달음)의 경계를 게송으로 남긴 그는 솟구치는 희열을 감당하지 못하고 다시 게송을 읊었다.

삽살개 짖는 소리에 손님인가 의심하고
산새들 울음소리 나를 조롱하는 듯
만고에 빛나는 마음의 달이
하루아침에 세간의 바람을 쓸어버렸네

村尨亂吠常疑客
山鳥別鳴似嘲人
萬古光明心上月
一朝掃盡世間風

출가

가을이었다. 백두에서 지리산으로 이어지는 국토의 등뼈인 태백산맥에서 갈라져 서쪽으로 길게 뻗어나간 차령산맥의 첫머리에 오대산 상원사가 있었다. 출가를 결심한 세 남자는 지혜의 상징인 문수보살의 품으로 걸어 들어갔다. 손에 칼을 든 문수보살이 사자를 타고 앉아 그들을 맞았다.

밤하늘을 향해 시원하게 뻗은 전나무 숲길을 걷다보니 세속의 욕심과 어리석음이 어느덧 깨끗이 씻기는 느낌이었다. 달빛에 희미하게 드러난 숲길을 따라 걷는 세 남자의 그림자를 물소리가 뒤따랐다.

상원사.

절은 가만히 받아주고 보듬어줄 것 같았다. 세속에 찌든 모든 것을 놓아버리게 할 것 같았다.

그렇지만 어깨를 짓누르는 긴장감을 떨칠 수 없었다. 금택은 오대산을 오르기 전부터 한암에게 부처님의 제자가 되고 싶다는 뜻을 내비친 바 였다. 그때마다 한암은 도를 구하는 바른 지침을 일 러주었고, 그 자상한 답신에 출가의 용기를 낼 수 있었다. 하지만 받들던 교단과 사랑하는 처자식을 뒤로한 채 산문을 지나는 마음 이 편할 리 없었다.

금택은 곧 있으면 만날 스님의 모습을 머릿속에 그리며 절 마당 으로 올라섰다. 세 선비는 풍경 소리를 들으며 이곳저곳을 둘러본 뒤 상원사 초당 쪽으로 걸어갔다. 인기척이 없었다.

"절이 왜 이렇게 조용한가?"

차도빈이 물었다.

"술시가 넘어 그런 모양일세."

금택은 마른 입술에 침을 적셨다.

"사람 그림자라고는 없군."

"그렇다고 빈 절일 리야 있겠는가."

세 사람은 사람을 찾아 두리번거렸다.

그들이 막 본당 쪽으로 돌아설 때 절 살림을 맡고 있던 원주 범 룡스님과 딱 마주쳤다. 낯선 선비 셋이 주위를 두리번거리는 것을 보고 관심을 보였다.

"뉘시오?"

젊은 선비들이 합장을 했다.

"뉘신데 이 야밤에?"

범룡이 두 손을 모은 채 물었다.

"말씀 좀 여쭙겠습니다."

앞장을 섰던 금택이 입을 열었다.

"여기가 상원사가 맞지요?"

"그렇습니다만."

"그렇다면 이곳에 방한암 스님이 계신지요?"

"방한암?"

범룡은 자기도 모르게 이름을 되풀이했다. 내뱉고 보니 스승의 존함이었다.

"한암스님은 이 절의 조실이외다. 뉘신데 이 늦은 시간에 그분을 찾는 게요?"

그제야 젊은 선비는 자신의 신분을 밝혔다.

"소생은 충청도 보령에서 올라온 금자 택자 쓰는 김금택이라고 합니다."

"아, 그러시오? 한데 무슨 일로?"

"스님이 계시면 만나게 해주십시오. 그럼 알게 될 것입니다."

범룡이 행색을 살피니 양반 자제들이 분명했다. 선비풍이라 함부로 대할 수 없었다.

"그럼 잠시 기다리십시오. 초당에 계신 조실스님께 여쭙고 오겠습니다."

범룡은 곧장 초당으로 달려갔다.

"세 선비가 찾아와 큰스님 뵙자고 합니다."

한암이 들으니 범룡 수좌의 목소리였다.

"누가 찾아와?"

"충청도 보령에 사는 김금택이라는 분이 찾아와 큰스님을 뵙겠다고 하는데, 어찌 하면 좋겠습니까?"

"보령에 사는 김금택?"

이름을 되뇌는 한암의 머리에 오랫동안 서신을 주고받은 한 선비가 떠올랐다.

방문이 열렸다.

"어서 이리로 모셔라."

범룡이 얼떨떨한 얼굴로 스승을 쳐다보았다.

"무엇 하고 섰느냐? 어서 안으로 들이래두."

범룡은 그제야 몸을 돌려 세 선비에게 돌아갔다.

손님을 보자 한암의 입가에 웃음이 번졌다. 한암은 김금택을 한눈에 알아보았다. 생각했던 대로였다.

세 사람이 돌아가며 소개를 마치자 한암이 입을 열었다.

"산을 오를 줄은 알고 있었네만 너무 갑작스럽구만. 한데 어찌 세 사람이요? 같이 유람이라도 온 게요?"

그럴 리 없다는 걸 알면서도, 한암은 넌지시 그렇게 물었다.

"아닙니다. 스님의 편지를 받고 세 사람이 발심했습니다."

금택이 말했다.

"머리를 깎겠단 말이오?"

"그렇습니다. 받아주십시오."

"어허, 이런 낭패가 있나."

기대와 달리 한암이 마뜩찮은 표정을 짓자 금택이 흠칫했다.

"스님, 저희들은 밤낮을 함께하며 유학과 도학을 공부했습니다."

"그러잖아도 한학이 깊다는 걸 알고 있소이다."

"이렇게 찾아온 저희들을 내치지 말아주십시오. 스님 밑에서 배우고 싶습니다."

"내 밑에서?"

"그렇습니다."

"어허, 이것 참!"

"왜 그러십니까, 스님?"

한암이 잠시 고개를 숙였다가 들었다.

"그대에게 회신을 한 것은 마음의 평온을 얻게 할 목적이었소. 내가 언제 중이 되라고 한 적이 있소이까?"

"그건 아니지만……."

"애초에 약속한 바가 없었다면 잘못 찾아온 게 아니겠소?"

"스님!"

금택은 뜻밖의 거절에 놀라 머리를 더 깊이 조아렸다. 한암은 싸늘하게 머리를 내저었다.

"그대들이 이곳에 머물 수 없는 까닭을 내 꼭 두 가지만 대리다. 첫째, 그대들 머릿속에는 세속의 지식이 너무 많이 들어 있소. 그대들이 자랑으로 삼는 학문이야 여기서는 필요가 없다는 말이외다. 절은 부처 공부를 하는 곳이지 서당이 아니라는 말이오. 중이 되려면 그 지식을 모두 비워야 할게요. 둘째, 그대들을 받아들일 만한 여력이 없소. 무슨 말이냐 하면 먹을 게 없다는 소리요. 지금 있는 식구들도 겨우 목숨만 지탱하고 있을 정도요. 장골 셋을 더 받아들이면 다같이 죽자는 것밖에 더 되겠소? 그러니 날이 밝는 대로 돌아들 가시오."

머리를 조아린 금택은 놀랐다. 편지로 자신의 학문을 칭찬하던 이가 누구였던가. 그런데 이제 와 그것들을 모두 버리고 오라니. 하기야 도라는 게 비우는 작업이었다. 마음을 비우는 일. 그 속에 알음알이가 꽉 차 있다면 그게 앞을 막아서는 마군(魔軍)이 아니고 무엇이겠는가.

금택은 할 말이 없었다.

세 사람은 하는 수 없이 한암스님 곁을 물러나야 했다. 셋은 하룻밤을 그곳에서 묵기로 하고 대중 방에 잠자리를 잡았으나, 잠이 올 리 없었다.

"왜 저 양반이 선승이라는 말을 하지 않았나?"

권중백이 금택을 향해 원망하듯 말했다.

"누가 그런 줄 알았나. 선교일치를 부르짖는 양반으로 알았지. 이제 보니 편협한 선승 나부랭이가 아닌가."

금택이 말했다.

"우리가 배운 모든 학문을 버리고 오라니! 뜻밖이야. 무섭기도 하고. 집으로 돌아가세. 이곳에서 그동안 쌓은 지식들을 다 비우려면 살아온 세월만큼 비워야 할 것이 아닌가."

차도빈이 투덜댔다.

"아아, 무섭다 무서워."

금택이 신음하듯 읊조렸다.

이때 한암은 달빛을 밟으며 그들의 말을 엿듣고 있었다. 범룡이 스승을 쫓아가보니 한암이 뒷짐을 지고 목련나무 곁에서 생각에 잠겼다.

"스님, 그만 방으로 드시지요. 시간이 늦었습니다."

"밤공기가 선선하니 좋구나."

그렇게 말하더니 한암은 범룡을 한쪽으로 끌었다.

"너는 어떻게 생각하느냐?"

"예?"

"김금택이란 자 말이다. 네가 보기에는 어떻더냐?"

범룡이 잠시 망설였다.

"괜찮다. 느낀 대로 말해보거라."

그제야 범룡이 입을 열었다.

"범상치 않아 보였습니다."

"그렇지?"

"눈빛이 살아 있었습니다."

한암이 고개를 주억거렸다. 그러고는 한숨처럼 다음 말을 내뱉었다.

"아깝구나. 때를 잘못 만나 아까운 인재를 놓치게 되다니."

범룡이 스승의 마음을 읽었다.

"너무 상심하지 마십시오. 내려보내지 않으면 될 것이 아닙니까."

"뭣이?"

"강냉이 열 알로 버틸 것 같으면 일곱 알씩만 먹지요. 나머지는 저들을 먹이면 되지 않겠습니까."

절 살림을 범룡이 도맡고 있었다. 한암은 범룡의 손을 덥석 잡았다.

"정말 그럴 수 있겠느냐?"

"걱정 마십시오."

아침에 일어난 금택이 내려갈 채비를 하다 나뭇가지를 안고 공양간으로 가는 범룡을 보았다.

"스님, 절 살림이 참으로 말이 아닌가 봅니다."

범룡이 웃었다.

"부처님의 보살핌으로 굶진 않는다오."

"이리 주십시오. 제가 들고 가겠습니다."

"아니, 그럴 수야 없지요."

"아닙니다. 이리 주십시오. 대신 제가 부탁을 하나 드려도 되겠습니까?"

"부탁?"

"우리 셋이 스님들이 하는 일을 돕겠습니다. 대신 스님들이 드시는 음식물을 조금만 떼어주십시오."

"나눠 먹자는 말이오?"

"강냉이 죽이면 알맹이를 드시고 껍질을 우리에게 주십시오."

범룡이 젊은이의 눈을 바라보았다. 눈에 무서운 신심이 가득했다.

"정 그렇다면 큰스님에게 청을 넣어보리다. 하지만 한 번 내린 결정을 번복하지 않는 분이라 쉽진 않을게요."

말은 그렇게 했지만 속으로 생각하니 우스웠다. 범룡은 이미 스승과 말을 맞춘 뒤였다.

스승에게 그 말을 했더니 한암이 무릎을 쳤다.

"내가 사람을 잘못 보지 않았구나!"

"보통내기가 아닙니다."

1934년 9월 6일, 금택의 나이 스물둘의 일이었다.

세 사람은 행자 생활에 들어갔다. 그러고 나서 얼마 지나지 않아 금택은 눈을 의심할 만한 광경을 보게 되었다. 조사들의 진영이 모셔진 조사실에 들렀다가 언젠가 꿈에 본 수염이 긴 사내를 본 것이었다.

꿈속에서 문둥이들을 치료하던 바로 그 스님은 아니었다. 그가 주장자를 안듯이 하고는 금택을 내려다보고 있었다. 나이가 쉰쯤 됐을까, 민머리에 수염이 길었고 꿈에 본 모습대로 기골이 장대했다. 눈은 부리부리했고 코는 오뚝했다.

때마침 안으로 들어온 범룡스님에게 금택이 물었다.

"이 스님이 누굽니까?"

범룡이 그것도 모르냐는 표정으로 금택을 바라보았다.

"경허스님 아닙니까."

"경허스님?"

어디선가 들어본 듯한 이름이었다. 한암스님이 쓴《인생패궐》에 나온 바로 그 스님?

"근대 불교의 중흥조지요. 한암 큰스님의 스승이기도 하고."

무슨 인연이 이런가 싶었다. 한국 불교의 중흥조인 경허스님이 자신의 꿈에 나타난 까닭을 알 수 없었다. 하지만 새롭게 바뀐 환경에 적응하느라 이 문제를 깊이 돌아볼 틈이 없었다.

금택은 무슨 일이든 마다하지 않았다. 정녕 인연이 있어 여기까지 오게 되었다면 철저하게 부딪쳐 알아낼 참이었다. 그는 나무를 해오라면 나무를 해왔고, 도량을 쓸라면 도량을 쓸었다. 해우소 청소도 거리낌 없이 해냈다. 손에는 언제나 낫이나 호미, 빗자루나 걸레가 들려 있었다. 나무를 져나르다 넘어지기도 했고, 감기에 걸려 몸살을 앓기도 했다.

금택을 따라 산을 올랐던 권중백과 차도빈은 결국 견디지 못하고 환속을 결심하기에 이르렀다.

며칠을 두고 보던 한암이 금택을 불렀다. 한암스님은 그에게 '탄허(呑虛)'라는 법호를 내리고 구족계를 내렸다. 법명은 '택성(宅成)'이었다. 그의 이름자 중에서 방울 탁(鐸)자를 살려 풍경 소리를 내는 이가 되라는 뜻으로 '택성(鐸聲)'이라 부르는 이도 있었다.

탄허 택성.

이제 그의 본격적인 수도 생활이 시작되었다. 수행은 치열했다. 불문에 귀의해 도를 깨치는 데 짧으면 3년, 길어야 5년이라는 생각을 하고 있었는데 막상 부닥쳐보니 만만치가 않았다.

그는 선방으로 들었다. 초발 비구로서는 어림없는 일이었다. 행자 생활 겨우 열흘이었다. 입산한 지 열흘 만에 계를 받고 선방에 들었으니 그야말로 파격이었다. 그것만 해도 사람들 입방아에 오를 만했다. 그런데도 한암은 한 술을 더 떠 아예 선방 하나를 탄허에게 내주었다.

시월이 되자 상원사에서 한 철을 나려는 선객들이 하나둘 모여들기 시작했다.

탄허는 처음으로 안거를 곁에서 살펴볼 수 있다는 생각에 마음이 들떴다. 그 유명하다는 상원사 선방(禪房). 막연히 동경하던 그곳에 자신이 있었다.

그러던 어느 날 탄허는 이상한 영상이 눈앞을 스치는 것을 보았다. 아주 짧은 순간이었는데 불이 보였다. 상원사에서 30리나 떨어져 있는 월정사에 불길이 이는 영상이었다.

탄허는 이상한 예감에 사로잡혀 본사인 월정사로 뛰어갔다. 그는 이곳저곳 도량을 둘러보았다.

일주문, 성황각, 천왕문, 해행당, 청류다원, 금강루, 설선당, 용금루, 적광전, 팔각구층석탑, 석조보살좌상, 범종루, 불유각, 서당, 수광전(무량수전), 삼성각, 조사당, 진영당, 대법륜전, 심검당, 방산굴…….

둘러보아도 아무런 기미를 느낄 수 없었다. 왜 불타는 모습을 본 것일까.

상원사로 돌아간 탄허는 그 길로 스승인 한암을 찾았다.

"큰스님을 뵈려고 합니다."

"들어오너라."

탄허는 한암 앞으로 가 무릎을 꿇고 월정사가 불에 타는 모습을 보았다고 했다. 그러자 한암은 눈을 지그시 감았다.

"무서운 일이로다."

한암이 한탄했다. 탄허가 호기심이 가득한 눈으로 스승을 바라보았다.

"너를 받지 말아야 했어."

"네에?"

"여기 재주가 뛰어난 환쟁이 하나가 있다. 어쩌다 먹고살기 위해 그림을 그려 저잣거리에 내다 팔았지. 나중에는 순수하게 그림을 그리려 해도 이미 기교가 저잣거리의 기법에 물들어버린 터. 아무리 그 흔적을 지우려 해도 지울 수가 없는 게야."

"무슨 말씀이신지요?"

"네놈이 한학을 하면서 도심을 버린 줄 알고 있었다만, 술사의 경지에 들었다는 것을 몰랐구나. 하기야 무엇인들 그 자취가 남기 마련이지. 여기는 그 자취마저 없애는 곳이니라. 네 마누라가 소를 팔아 주역을 사다줬을 때 이미 네놈은 그 길에 들어서버린 것이야.

주역을 몇 번이나 읽었느냐?"

"오백 번은 읽은 것 같습니다."

"그래서 물리가 터지더냐?"

"그런 줄 알았으나 그게 한계였습니다."

"바로 보았다. 도가 어디 따로 있느냐. 자기가 하는 일에 도가
터지면 그것이 곧 개오가 아니겠느냐. 네놈이 저잣거리에서 주역
에 도를 텄다면 이미 주역이 탄허요 탄허가 주역이 아니겠느냐. 도
는 느낌이요, 느낌은 직관이니라. 직관이 본질이고 곧 개오이니라.
주역을 통해 우주의 이치에 다가갈 수 있다 하나, 완전한 세계는
선삼매(禪三昧)에 들지 않고는 결코 잡아낼 수 없어. 완전한 집중
을 얻지 못한다면 그것은 본질적인 느낌이 아니기 때문이지. 오히
려 마군에 불과해. 부디 그 마군을 선(禪)을 통해 잡도록 하여라. 그
래야 네놈 안에 있는 불성을 깨울 수 있어. 생각이 깊어지면 생각
을 넘어선 세계, 생각이 끊어진 세계로 들어갈 수 있느니라. 그 세
계에 들면 집중마저도 끊어져버린 세계를 비로소 보게 될 것이야."

완전한 집중을 위해 노력하다보면 어느덧 완전한 집중마저 사
라져버린 세계로 들어간다?

한암은 탄허의 경계를 나무라면서 그 세계로 갈 수 있는 화두를
던지고 있었다. 탄허는 저잣거리에서 얻은 지식을 모두 버려야 한
다는 말을 조금은 알 것 같았다

동안거

    동안거를 앞두고 선객들의 방문이 줄을 이었다. 큰방 앞에 객(客)스님이 도착하면 지객(知客)스님이 뛰어나가 친절히 방으로 모셨다. 대처승들의 살림집이나 다름없는 절을 돌아다니다가 온 수좌들은 비로소 자신이 머물 곳을 찾은 듯한 표정이었다. 다들 안온해 보이는 얼굴이었다.

    먼저 온 스님들은 아는 체도 하지 않았다. 무관심하게 다들 제일에만 열중하고 있었다. 탄허는 그 모습을 보면서 부모 형제도 버리고 온 사람들이 낯선 이들과 섞여 한 철을 나는데 정을 붙일 까닭이 있을까, 하는 생각이 들었다.

    법계에 따라 자리가 정해지고 나자 선방 내의 기강을 맡는 입승스님이 공사(公事)를 발의했다. 이제 그들만의 생활이 시작되었다.

모든 일은 다수결로 정해졌다. 한 번 결정된 사항은 어떤 일이 있어도 반드시 지켜지고 실행되어야 한다고 입승스님이 힘주어 말했다.

"이제부터 주객이 따로 있을 수 없습니다. 모두가 주인이요 모두가 객이올시다. 오로지 질서와 법도가 있을 뿐이외다."

입승스님의 말대로 함께하는 일이 있고 혼자 하는 일이 있었다. 울력이라고 해서 함께하는 일이 있는가 하면, 해우소 청소 같은 것은 소임이 맡겨지면 혼자서도 해야 했다. 겨울을 나기 위해 김치를 담는 일은 울력에 들었다.

상원사에 거주하는 스님을 뺀 객승은 모두 스물여섯이었다. 범룡스님이 스님 몇을 데리고 양념을 사러 간 사이 다른 스님들은 텃밭에서 배추를 뽑아 물로 씻은 뒤 소금에 절였다.

한암도 가만히 보고만 있지 않았다. 그는 배추 뿌리를 씹으며 시래기로 쓸 것을 주웠다. 탄허가 말려도 듣지 않았다.

"예전에 한 수좌가 저 금강산에 큰스님이 한 분 수도하고 있다기에 기를 쓰고 찾아간 적이 있지."

한암이 배춧잎을 한쪽에 내려놓고 말을 이었다.

"개울을 따라 한참을 올라가다보니 콩나물 하나가 동동 떠내려오고 있는 게야. 젊은 수좌가 그걸 보고는 에이그 잘못 찾아왔다, 하고는 발길을 돌렸지. 도심이 깊다더니 콩나물 하나 아까운 줄 모르는 땡땡이중이라고 생각한 게야. 중생은 배고파 죽겠다고 아우성인데 먹을거릴 우습게 아는 중이라면 배울 게 없다는 뜻이었지. 그리고 걸어 내려가는데 뒤에서 이보소, 하고 부르는 소리가 났다고 해. 젊은 수좌가 돌아보니 늙은 중이 달려오며 방금 콩나물을 씻다가 한 개를 놓쳤는데 혹시 못 보았느냐고 하는 게야. 수좌가 방금 떠내려갔습니다, 하고 대답하니 그럼 그대가 젊으니 어서 달려가 그걸 건져줄 수 있겠느냐고 하더라는 게야. 그제야 정신이 번쩍 든 수좌가 그러겠습니다, 하고 비호같이 달렸지. 그런데 콩나물이 보이지 않는 것이야. 계속 달리다보니 어느새 강가에 이르렀는데, 강은 넓고 그 강은 바다로 이어져 있지 않는가. 이제 어떡하나, 하고 있는데 좀 전의 늙은 중이 나타났어. 콩나물을 건졌는가? 웬걸요, 놓치고 말았습니다. 그러자 늙은 중이 화를 내면서 들고 있던 지팡이로 수좌의 면상을 탁 치는 것이야. 왜 그랬는지 이 도리를 알겠는가?"

한암의 말이 끝나자 스님들은 서로의 얼굴을 멀뚱멀뚱 바라보기만 했다. 분명히 잘못한 쪽은 늙은 중이었다. 콩나물을 놓쳤기 때문이다. 젊은 중은 그걸 찾으려고 땀을 뻘뻘 흘리며 강가까지 내달리지 않았던가. 그런데 콩나물을 건지지 못했다며 늙은 중이 도리어 역성이었다. 왜? 무엇 때문에?

"그 까닭을 아는 분이 계신가?"

한암의 말에 배추를 절이던 수좌 하나가 나섰다.

"큰스님, 그것은 법이 오면 재빨리 알아채야 한다는 뜻입니다. 조금이라도 지체하면 사구(死句)가 되어 버리니까요. 밥이 끓으면 얼른 알아채고 불길을 줄이든지 솥뚜껑을 열어야지, 조금만 지체하면 넘쳐버리지요. 그 순간에 젊은 수좌가 콩나물을 건지지 않았으니 잘못은 수좌에게도 있는 것입니다."

대답을 듣고 있던 한암이 배추 뿌리를 쥔 손으로 수좌를 불렀다.

"너 이놈, 이리 오너라."

수좌가 손을 불면서 다가왔다. 한암이 곁에 놓인 주장자를 들더니 딱 소리가 나도록 수좌의 머리를 내리쳤다.

"아얏."

"요놈이 입만 살았구나. 너 무슨 공부를 했냐?"

"서울서 상대를 나왔습니다."

"그러니 계산이 밝은 게야. 그럼 콩나물은 어디 있느냐?"

"강물 속에 있겠지요."

한암이 주장자로 수좌의 머리를 다시 때렸다.

"어리석은 중생아, 어찌하여 네놈 속에 있는 콩나물은 보지 못하느냐?"

"예?"

"가거라. 가서 일이나 해."

수좌가 가고 나자 한암스님이 배추 뿌리를 한입 베어물며 중얼거렸다.

"올 삼동에는 콩나물 화두나 한번 풀어볼까."

오대산의 시월은 해가 짧았다. 김장을 하던 자리에서 한암이 혼자 앉아 무언가를 엮고 있었다. 턴허가 다가갔다.

"큰스님, 뭐 하십니까?"

"보면 모르냐?"

탄허가 보니 스님들이 버린 배춧잎 중에서 먹을 수 있는 것들을 골라 엮고 있었다. 탄허도 한암을 도와 배춧잎을 가려냈다. 한암이 곁에 온 탄허를 넌지시 보다가 불렀다.

"탄허야."

"예?"

"넌 어떻게 생각하느냐?"

"어떻게 생각하다니요?"

낮에 들은 콩나물 이야기가 생각났지만 탄허는 모른 체하고 그렇게 되물었다.

"콩나물 화두 말이다."

"그거 시래기 이야기가 아닌지요?"

"그래, 시래기를 콩나물로 바꿔 말했지."

한암이 탄허를 향해 얼굴을 돌렸다.

"시래기가 콩나물이요 콩나물이 시래기지요."

탄허가 말했다. 제법 도인 흉내를 내는 탄허를 보며 한암이 허허 웃었다. 그는 잠시 웃다가 이렇게 응대했다.

"내가 부처요 부처가 나니라."

"콩나물이 연꽃이 되어 벙글벙글 웃습니다."

탄허의 말에 한암이 입을 크게 벌리고 소리 내어 웃었다.

"그놈 제법일세. 네놈이 도가의 흉내를 제대로 내는구나."

"스님, 잘못했습니다."

"이번 삼동에는 콩나물 도사가 나오겠구나. 우하하하…… 할!"

탄허가 일어나 옷깃을 모으고 공손하게 삼배를 올렸다.

"동안거에 들고 싶으냐?"

한암이 물었다.

"해보고 싶습니다."

"서두르지 말거라. 먼저 선리(禪理)의 묘리를 터득해야 할 것이니라. 차차 선방 체험을 통해 그것을 터득하게 되겠지만, 먼저 선(禪)이 무엇인지 알아야 할 것이 아니더냐."

"스님, 이곳에 오기 전에 문둥이촌에서 한 스님을 뵌 적이 있습니다. 그분은 자신의 이름도 알리지 않고 문둥이촌에서 그들을 구완하고 있었습니다. 그분이 말씀하시더군요. 선은 체험이며 곧 실천의 경지라고."

"그래서?"

"지금 생각해보면 저 자신이 한없이 나약하다는 생각입니다. 사실 저는 도망쳐 내려왔으니까요."

한암이 웃었다. 탄허의 입에도 웃음기가 돌았다.

"누구인지는 모르겠으나 그러하니라. 그게 선이니라. 직접 먹어보아야 아는 것이지. 내가 여기 있는 무를 베어 먹었는데, 네놈이 그 맛을 알려고 한다. 스님, 맛이 어떻습니까? 내가 설명한다. 맛이 달구나. 맛이 시구나. 내가 아무리 설명해도 네가 그 맛을 알 수 있겠느냐? 이해를 할지는 몰라도 그 맛은 모르는 것이다. 내가 설명하는 것이 바로 교(敎)이니라. 부처의 말씀이지. 네놈이 직접 무를 베어 먹는 것이 선(禪)이니라. 그것이 체험이 아니더냐. 선이 실천의 경지에 이르려면 체험이 뒤따라야 한다. 분별이 사라진 경지까지 나아가야 하느니라."

"스님, 그때 그분의 암자에서 이상한 게송을 보았습니다. 자신의 스승이 거처하던 방에서 나온 것이라고 하더군요."

"그래? 그걸 가지고 있느냐?"

"외우고 있습니다만 행여 잊을까 싶어 적어놓은 것이 있습니다."

"그래?"

탄허는 얼른 방으로 가서 그것을 들고 나왔다. 한문으로 된 것이니 글을 직접 보여야 할 것 같았다.

한암이 받아서 읽어보더니 팔을 부들부들 떨었다. 그의 눈에 금세 눈물이 고였다.

"이럴 수가!"

한암이 탄식했다.

"스님 왜 그러십니까?"

한암이 젖은 눈으로 탄허를 바라보았다.

"어째 이런 일이!"

"스님!"

"이 게송을 간직한 이는 바로 혜월(慧月)스님이니라. 바로 석가세존으로부터 내려온 불맥을 이은 분이지. 석가세존 하 76세, 임제하 38세, 태고 하 19세, 청허 하 13세 손이니라. 그분의 도반이 바로 만공 선사요, 두 분의 스승이 곧 경허 선사이니라."

탄허는 잠시 생각에 잠겼다. 인도에서 일어난 불교가 중국을 거쳐 우리에게 왔다면 석가모니 부처로부터 시작된 불맥은 그에 이르러 76대째가 되고, 중국 임제 선사로부터는 38대 손이 되고, 우리나라의 태고 선사부터는 19대 손이 되고, 청허 선사로부터는 13대 손이 된다는 말이었다.

탄허는 그분의 스승이 경허 선사라는 말을 떠올렸다.

"그럼 그 글을 경허 선사께서 쓰셨다는 말씀입니까?"

한암이 고개를 끄덕였다.

"그러하니라. 경허 스승은 행각의 마지막 목적지인 삼수갑산으로 가실 적에 토굴에서 참선하고 있는 혜월스님에게 짚단을 던지며 짚신 한 켤레를 삼아달라고 하셨지. 혜월스님은 토굴 속에서 수행하다 삼매경에 빠져 얼어 죽을 뻔했을 정도로 도심이 깊은 양반이었는데, 짚신을 잘 삼았느니라. 그런데 스승이 갑자기 그런 부탁을 하니 얼마나 놀랐겠느냐. 스승과 마지막이란 것도 모르고 그 길로 스승의 짚신을 삼았느니라. 일을 끝내고 마지막 손질을 하느라 나무망치로 짚신을 두드리는데 그만 천지가 깨어지는 소리를 듣지 않았겠느냐."

"깨달았단 말입니까?"

한암이 고개를 주억거렸다.

"기연이란 그렇게 오는 것. 너무나 감격하여 스승에게 달려가니 스승이 물었느니라. '다 삼았느냐?' '못에는 물고기가 뛰고 있습니다.' '그러면 자네는 지금 어디에 있는고?' '산꼭대기에 바람이 지나갑니다.' 스승은 그 자리에서 그분이 한 소식을 얻었음을 알고 전법 게송을 내렸느니라.

혜월 혜명에게 부치노니 일체를 깨달아 알면 자성에는 있는 바가 없는 것. 이 같은 법성을 깨쳐 알면 곧 노사나불(수행으로 부처가 된 보신불)을 보리라. 세상 법에 의지해서 그릇 제창하여 문자 없는 도리를 청산을 새기니, 고정된 진리의 상에 풀을 바름이로다 [付 慧月慧明 了知一切法 自省無所有 如是解法性 即見盧舍那 依世諦 倒提唱 無文印青山脚 一關以相塗湖]. 이렇게 전법 게송을 내리고 그 길로 경허 스승은 그 양반이 삼아준 짚신을 신고 길을 떠나면서 내게 동행을 권했느니라.

나는 거절했지. 그게 지금껏 나를 괴롭히고 있어. 그분은 자신의 열반을 알고 계셨으니까. 그게 마지막이었지. 경허 스승은 홀로 삼수갑산으로 가서 옹이방이란 촌락에서 기거하다 그곳에서 입적하셨느니라. 사람들이 소식이 없어 문을 부수고 들어가보니 앉은 채로 열반에 들어 있었지. 그걸 좌탈입망이라고 하는데, 바로 이 게송이 그 움막 벽에 씌어 있었느니라. 그분은 자신을 알리지 않으려고 박난주라는 이름을 남긴 것이야. 다 벗어버린 것이지."

"어떻게 박난주가 경허 선사라는 걸 알 수 있었습니까?"

"옹이방으로 떠나기 전에 박난주라는 이름을 쓴 일이 있었느니라."

"왜 하필이면 박난주라고 하셨는지?"

"그걸 누가 알겠느냐? 사계절 고고하게 지지 않는 것이 난이라면……. 아무튼 스승은 경허라는 이름까지도 훌훌 벗어던진 것이야. 경허 스승이 떠난 후 평생 짚신을 삼으며 죽장을 짚고 전국을 헤매던 혜월스님은 만공 선사와 함께 스승의 유골을 파내어 바람에 날려버리고 이 게송을 칼로 오려 종적을 감추었지. 소문에 들으니 구름처럼 떠돌며 천지를 유람한다고 하더니, 스승이 그러했듯 문둥이를 보살피다가 너와 인연을 맺었구나. 네놈이 승이 될 것을 그때 알아본 모양이야."

탄허는 멍하니 서 있었다.

"탄허야, 깊이 새겨듣거라. 문자를 멀리하는 선승이 왜 문자를 통해 자신의 깨달음을 이렇게 표현하겠느냐. 문자 없는 게송을 본 적이 있느냐? 우리는 이 모순을 깊이 들여다보아야 한다. 이 모순 속에서 격렬하게 허구를 칼질하고 진리를 파고들어야 해. 문자를 보내면서 문자를 가져오는 경지, 그 경지에 가 있지 않고서는 선교 일치의 세계가 열리지 않느니라. 나는 너에게 교를 버리라고 하지만, 어느 경지에 교와 선이 종(宗)에 이르러 하나로 통한다는 걸 알게 될 것이다. 이 게송이 그것을 증명하고 있지 않느냐. 종은 근본이다. 그 근본으로부터 교와 선이 갈라지지. 이는 수행의 방편이다. 그 방편의 끝에 본질인 진리가 있느니라. 어느 길로 가나 두 길은 진리로 귀결되지. 그 종착지가 바로 종이다. 그러니 이제부터 부지런히 선을 닦아야 한다."

말을 끝낸 뒤 한암은 합장했다. 그는 스승 경허의 게송을 가슴 깊이 안았다.

탄허가 묵기로 한 곳은 동안거를 나는 방 바로 곁이었다. 방 구조가 특이했다. 선객들의 선방을 곁에 하고, 뒤로는 지대방이 있었다. 탄허의 방과 선방 사이에는 미닫이문 하나가 있을 뿐이었다.

한암의 배려였다. 그 방에 머물며 동안거에 임하는 선객들에게 배우라는 뜻이었다.

가끔 한암이 들러 참선하는 법을 가르치곤 했다. 탄허는 우선 자세부터 배웠다. 결가부좌, 일명 책상다리라고 하는 것이었다. 처음에는 잘되지 않았다.

한암은 먼저 탄허를 바로 앉게 했다. 오른발을 왼다리 위에 걸쳐놓고 눈을 반쯤 뜨게 했다. 탄허는 시키는 대로 했다. 그는 혀를 입천장에 붙이고 눈을 반쯤 감았다. 정신을 집중하고 천천히 코로 숨을 들이마셨다. 배꼽 아래까지 쭉 들이마신 뒤 입으로 소리 없이 내뱉었다. 처음에는 이렇게 호흡을 계속하고, 차츰 호흡이 잊혀지면 '이 뭐꼬'를 물으라고 했다. 오로지 그것만 생각하라고 했다.

입방을 허락하지 않은 한암의 심중을 이해할 수 있을 것 같았다. 이제 머리를 깎은 지 며칠이었다. 행자 생활을 제대로 겪지 않은 초발 비구였다. 속세에서 유가 공부나 하던 문외한이었다. 한암은 탄허의 상근기(上根機)만 믿고 입방을 허락하는 어리석은 짓을 하지 않았다. 오히려 상근기를 망치는 결과를 낳을지 모른다고 생각했던 것이다. 한암은 선이 무엇인지 차근차근 가르치기 시작했고, 마침 동안거가 시작되는 무렵이라 선방 체험이 큰 도움이 되리라 여겼던 것이다.

탄허는 가부좌를 하고 명상에 들었다. 온갖 생각들로 정신을 한곳에 모으기가 쉽지 않았다. 이런저런 생각들이 꼬리에 꼬리를 물고 이어졌다.

탄허는 눈을 뜨고 한암을 쳐다보았다.

"정신을 집중할 수가 없습니다."

"그럴 것이다. 처음엔 무엇이나 어려운 법이지. 그대로 두어라. 생각이 나면 생각을 하고, 그냥 흐르는 대로 놔두어라. 몸을 좌우로 슬슬 흔들면서 마음을 잡다보면 얽매임에서 풀려날 것이니라."

탄허는 눈을 감고 생각이 나면 그 생각을 따라갔다. 어머니가 생각나면 어머니를 생각했다. 어머니의 품에 안겨 잠이 든 모습이 떠올랐다. 아버지와 처자식, 장인과 스승의 모습이 잇달아 떠올랐다. 그는 몸을 흔들었고, 그러다 보니 조금씩 정신이 맑아졌다.

한암은 계속해서 선을 가르쳤다. 탄허는 참선의 개념과 종류, 화두의 중요성, 선종의 역사에 대해 알아나갔다.

"너는 세속에서 유가 공부를 많이 해서 이 뭐꼬, 하고 물으면 먼저 이론이 앞설 것이다. 뒤이어 추론이 따르겠지. 선이란 이론도 아니요 추론도 아니다. 오로지 체험이니라. 체험이란 네가 직접 맛보는 것이다. 맛을 보면서 수박인지, 사과인지, 배인지 스스로 알아내는 것이야. 맛을 알려면 이론이나 추론은 필요치 않아. 먹어보면 되느니라. 아무리 그 맛을 잘 설명한 경전이 있다고 한들 네가 먹어보지 않고는 그 맛을 알 수가 없어. 이것이 선이니라. 느낌, 즉 직관이지. 그것이 존재의 본질이니라."

그런데 막막했다. 이것이 무엇인가?

이렇게 물으면 어김없이 이론이 앞섰다. 한암의 말대로 뒤이어 추론이 따랐다. 다시 제자리였다. 의심이 시작되었고, 이론에 사로잡히는가 싶으면 추론이 뒤따랐다. 다시 제자리였다.

이제는 망상에 온 정신을 빼앗겨버렸다. 잡념에 사로잡히지 않으려 했지만 쉽지 않았다. 아뿔싸! 정신을 차려보면 한암의 매서운 눈이 자신을 지켜보고 있었다. 코를 골며 자고 있었던 것이다. 꿈속에서 아내를 본 듯도 했다. 노란 금침과 아내의 미끈한 몸, 서로 살을 맞대고 뒹굴 때 오감을 흔들던 쾌감…….

한암의 장군죽비가 기다렸다는 듯 어깨에 떨어졌다.

어느 날 결가부좌하고 명상에 들었는데 아내가 보였다. 아내가 눈을 시퍼렇게 뜬 채 화를 냈다.

"당신 이럴라고 여기 왔소?"

"여긴 웬일이요?"

"왜 사서 이 고생이오?"

"어서 돌아가시오."

"중생을 제도하려고 이 고생이라면 그럴 것 없소."

아내의 말에 탄허가 눈을 찌푸렸다.

"그게 무슨 소린가?"

"내가 중생 아니오. 나부터 구해주시오. 가만히 앉아 있는 것보다 나랑 부대끼며 사는 게 낫지 않것소? 그것도 공부요."

"그럴 마음 없다. 사내가 그리우면 재혼이라도 하지그래?"

"에라이 땡추야!"

이 소리와 함께 아내의 버선발이 날아왔다. 탄허는 뒤로 벌렁 넘어졌다. 깜박 존 모양이었다. 후다닥 일어나 앉는데 어느새 죽비가 어깨에 떨어졌다.

다시 배에 힘을 주고 앉았는데, 얼마나 시간이 지났을까, 이번에는 속가의 스승 이극종이 찾아왔다.

"자네 여기서 뭘 하고 있나?"

"보면 모르십니까?"

"이제 보니 자네 순 모순덩어리구만."

"무슨 말씀이십니까?"

"자아를 찾겠다고 탈속을 한 게 아닌가?"

"그렇습니다."

"나도 버리고 마누라와 자식들도 버리고 오로지 자아인가? 에이, 고얀 사람! 자네가 따르는 보살의 사명이 무엇인가?"

탄허는 대답하지 못했다.

"중생이 단 하나라도 지옥에 있는 한 자신이 부처가 되기를 미루더라도 지옥에 가겠다며 서원을 세운 이가 보살일세. 그런데 자네는 도대체 뭔가?"

"중입니다."

"그렇다면 보살이 아직 안 되었단 말인가?"

"그렇습니다."

"보살이 되면 돌아오려는가?"

"모르겠습니다. 그때가 돼봐야 알겠지요."

"에라이 이기주의자!"

이번에는 이극종의 발길이 날아들어 그를 고꾸라뜨렸다. 다시 죽비가 어깨에 떨어졌다.

쉬는 시간에 범룡 사형이 건너왔다.

"자네 괜찮은가?"

탄허는 결린 어깨를 한 손으로 주무르고 있었다.

"처음이라 견디기가 힘들 게야."

"괜찮습니다."

범룡이 먼 산으로 고개를 돌렸다. 바람이 불고 있었다. 잡목 숲에 눈가루가 날리고 있었다.

"생각이 나는군. 나도 처음 선방에 들었을 때 졸다가 죽비를 맞곤 했지. 그때마다 스승은 밥 도둑놈이라고 야단을 쳤다네. 처음부터 너무 무리하지 말게. 신외무물(身外無物)이라, 몸이 있어야 도가 있지. 저들은 산전수전을 다 겪은 이들일세."

초발 비구가 동안거 결전에 임하는 선객들을 따라하다 낭패를 볼 수도 있다는 말이었다.

한날은 악마가 그를 찾아왔다.

"너 계속할 거냐?"

탄허가 보니 잘생긴 사내였다.

"그대는 누구요?"

"나?"

"여기 당신 말고 누가 있소?"

"나는 그대와 함께 사는 사람이지."

"나는 당신 같은 사람을 본 적이 없소이다."

악마가 히죽히죽 웃었다.

"왜 이러시나. 나는 그대와 늘 함께했네. 그대가 이리로 가자고 할 때 저리로 가자고 하던 사람이 바로 날세."

"그런데 왜 나와 닮지 않았소?"

"넌 잘생기긴 해도 나보다 별로지. 날 봐. 이렇게 날씬하잖아. 이목구비도 뚜렷하고."

"꼭 기생오라비 같군."

"그래, 난 언제나 네놈하고는 반대거든. 그러니 내가 싫을 수밖에. 그런데 말이다. 요즘 내 심기가 불편해."

"그게 무슨 말이냐?"

"네가 날 몰아내려고 이 고생을 하고 있으니까. 잘 생각해봐. 지금까지 같이 산 세월이 얼만가? 짐승도 내칠 자리를 보고 쫓아낸다는데 밤잠을 안 자고 날 죽이려고 용을 쓰니, 내 기분이 좋을 리 있겠나?"

"그건 자네 사정이지."

"거참 쌀쌀맞게 구네. 좋았던 시절을 떠올려봐. 여자도 함께 안고 말이야. 넌 내가 시키는 대로 했지. 입을 맞추라면 맞추고, 물건을 훔치라면 훔치고, 욕을 하라면 욕하고……. 함께해서 재미있었잖아. 그런데 이제 와 날 배신해?"

"배신이라도 좋으니 어서 나한테서 물러나시오."

악마가 눈을 째고 노려보았다.

"너 정말 말로 해서는 안 되겠구나. 어째 코피를 쏟아야 정신을 차리겠느냐?"

악마가 사정없이 코를 한 대 쥐어박았다. 코피가 터졌다. 바짓

가랑이로 핏방울이 뚝뚝 떨어졌다. 이를 본 경책스님이 죽비를 들고 건너와 탄허의 머리를 뒤로 젖혔다. 그러고는 소리 없이 일어나라며 손을 까닥였다.

우선 밖으로 데려가 종이로 코를 틀어막고 다시 방으로 들였다.

마음을 가라앉혀 선정에 들자 악마가 그곳에 서 있었다.

"어라? 이게 코를 막고 왔네."

"마음대로 하시오. 난 그만둘 수 없으니."

"정말 죽으려고 환장한 모양일세."

"내가 죽으면 그대도 같이 죽을 게 아닌가."

"자네가 죽는 게 겁이 나서 이러는 게 아니야. 집에서 기다리고 있는 아내와 자식 생각은 안 하는가? 그 어린것이 아비를 애타게 찾는 소리가 들리지 않는단 말여?"

"난 돌아가지 않소. 여기서 죽기를 각오하고 온 사람이오."

"여기가 뭐가 좋다고 지겹지도 않은가?"

"지겨우면 댁이나 어서 가시오."

"정말 죽고 싶은 게냐?"

"내가 죽으면 댁도 죽는다는 걸 아셔야지."

"미치고 팔짝 뛰겠네. 나하고 노는 게 더 재미있다는 거 몰라? 넌 중 되려고 이러잖아. 그거 말짱 헛거여. 생각해봐라. 중이 되면 무슨 재미로 살겨? 여자를 안을 수 있나, 재물이 들어오나. 그렇다고 임금이 될 수 있나. 내 말만 잘 들으면 임금 자리에 오를 수 있게 해주마."

"나는 여자도 싫고 임금도 싫다."

"제발 정신 좀 차리게. 내 곁엔 네가 꼭 필요해. 자네 아내가 어떻게 살고 있는지 아는가? 밤마다 널 못 잊어 향을 피워 허벅지를 태우며 운다네."

"알고 있다."

"니가 뭘 알아. 그 심정을 넌 몰라. 사랑하는 이의 가슴에 대못을 박은 너야말로 죄인이지!"

"듣기 싫으니 썩 물러가라."

"날 그냥 보내고 나중에 후회하지 마라."

"사내대장부는 후회 같은 거 하지 않는다."

그제야 악마가 사라졌고, 어지러웠던 마음에 평안이 찾아들었다.

탄허는 비로소 뭔가를 조금 알 것 같았다. 이원성은 존재하지 않았다. 다원론은 진실일 수 없었다. 그것을 초월하지 않는 한 결코 해탈에 이를 수 없음을 분명히 알게 되었다.

마음이 곧 본질이요 직관적인 지혜였다. 한 마음은 있어도 그것은 존재하지 않는 것이었다. 주어진 이름이 무슨 소용인가 싶었다. 이번 동안거에 어떤 이는 진아(眞我)에 이르렀을 것이다. 또 어떤 이는 자아(自我)에 이르렀을 것이다. 그리하여 이 언덕에서 저 언덕으로 건너갔을 것이다.

지금 자신이 느끼고 있는 평안함을, 저들도 느끼고 있을 것 같았다. 이제 마음은 본연의 상태에 머물러 있었고, 그 마음을 현재 속에서 인식되었다.

다 이룬 것이다. 참다운 자기 마음을 찾은 것이다. 마음은 이제 깨끗하게 비었으며 이원적이지 않고 투명하다는 생각이 들었다. 어떤 것도 섞여 있지 않은, 무색과 무시간의 공간에 머물고 있다는 느낌이었다. 그곳에서는 모든 게 통일되어 있었다. 어떤 흔들림에도 끄덕하지 않으리라는 확신이 있었다.

아, 차별 없는 이 마음! 하나의 마음이 열이요, 열 마음이 하나였다. 그것은 창조된 것이 아니라, 이미 창조된 공성(空性)의 법신이었다. 본래 비어 있는 것이었다. 그 빈 곳에 빛이 가득했다.

텅 빈 충만.

그러나 탄허는 모르고 있었다. 생각, 자신이 깨달았다는 생각. 그 생각이 끊어진 곳에 진실한 상이 있음을 모르고 있다는 것을.

그것은 태양의 본성처럼 실재 속에서 빛나고 있는 것이었다. 아무리 보려고 애를 써도 볼 수 없는 하늘의 바람이었고, 텅 빈 하늘이었다. 명상을 통해 명상을 초월한 세계, 명상할 그 무엇도 없는 세계였다.

또 하나의 나. 그 '나'를 분별하는 또 하나의 '나'. 다른 사유에 물든 또 다른 자아가 거기 있을 뿐이었다. 탄허는 어설픈 명상을 통해 생겨난 단순한 지적인 개념들에 붙잡혀 있었다. 사념 속에서 그는 모든 것을 저마다 다른 방식으로 이해하고 있었고 그러지 말라고 그렇게 일렀는데도 이해하고 있었다.

새벽 2시에 무슨 일이 있는지 지대방이 시끄러웠다. 그러고 보니 벌써 1월 15일이라는 생각이 들었다. 동안거가 끝나는 날이었다.

그들만큼 치열하진 않았지만, 어떻게 흉내는 냈다는 생각에 쌓였던 피곤이 씻은 듯 가셨다. 한암이 다가와 어깨를 두드렸다.

"고생이 많았느니라."

동안거에 들었던 승들이 그동안 알게 모르게 많이 떠난 듯했다. 병이 들어 떠나고 창피하여 떠났다고 범룡 사형이 일러주었다. 그래도 처음치고는 잘 참았다며 등을 토닥였다. 모두가 들떠 있었다. 탄허는 실감이 나지 않았다. 그래도 끝까지 해냈다는 생각에 마음이 뿌듯했다.

도량석을 하는 염불 소리가 무척이나 우렁찼다. 신라 대종이 새벽 공기를 타고 맑은 기운을 퍼뜨렸다.

아침 공양이 끝나고 곧 조실스님의 해제 법문이 있었다.

"이 뭐꼬?"

그러고는 법상에 주장자를 내리쳤다.

"할!"

그것으로 끝이었다. 온갖 미사여구를 끌어와 옛 선사들이 하던 사구를 내뱉을 줄 알았으나 한암은 무서운 사람이었다. 할! 그 한마디에 모든 것이 녹아 있었다. 그 소리가 곧 일즉다 다즉일(一卽多 多卽一)이요, 색즉시공 공즉시색(色卽是空 空卽是色)이요, 중도(中道)였다. 탄허는 중도의 도리를 그처럼 강단 명료하게 표현할 수 있다는 게 신기했다.

무엇을 초월하려고 동안거에 든 게 아니라는 생각이 들었다. 그러나 완성에 가까워질 수 있음을 이번 동안거를 통해 확실히 느낄 수 있었다. 그것만 해도 큰 수확이었다.

헛공부

다음날 아침, 한암이 탄허를 불렀다.

"너를 동안거에 넣지는 않았다만 곁에서 같이하면서 무엇을 느꼈는지 말해보아라."

"모르겠습니다."

솔직한 대답이었다. 어설픈 말을 늘어놓고 싶지 않았다. 저잣거리에서 한학을 공부할 때와 크게 달랐다는 말도 하고 싶지 않았다.

"느낀 게 없단 말이냐?"

"그렇습니다."

"허허 낭패로다. 헛공사를 했구만. 참으로 부끄러운 일이 아닌가."

한암은 안 되겠다는 생각에 경전 하나를 책장에서 뽑아 그에게 내밀었다.

"한번 읽어보겠느냐?"

알음알이를 가까이하지 않는다는 선승이 경전을 내밀자 탄허는 뜨악한 눈으로 한암을 바라보았다.

"읽기 싫으냐?"

"아닙니다."

"그럼 읽어보고 다시 오너라."

탄허는 두 손으로 책을 받아들고 물러났다.

다음날 저녁, 탄허가 경전을 들고 초당으로 건너왔다.

"읽어보았느냐?"

"네."

"그럼 느낀 점을 말해보거라."

탄허는 평소 유가에서 공부할 때처럼 뜻을 따져가며 읽은 탓에 글의 뜻과 논리를 습관처럼 주절거렸다. 그러자 한암이 듣는 둥 마는 둥 하더니 실실 웃기 시작했다.

"이력이 났구만그려."

말이 끝나지도 않았는데 한암이 끼어들었다.

"무슨 말씀이신지?"

탄허가 묻자 한암은 아무 말도 하지 않았다. 그때 탄허는 한암의 속마음을 모르고 있었다. 유가에서 공부하던 시절로 돌아간 탄허를 탓하는 말이었는데, 그것을 눈치채지 못했던 것이다.

"일찍이 너의 상근기를 알아보긴 했다만, 이제부터 내가 하는 말을 똑똑히 새겨듣거라."

한암은 나직한 목소리로 엄중하게 말했다.

"나는 너에게 세속의 모든 지식을 버리고 오라고 했다. 너는 이번 결제에서 그 때를 지우기 위해 노력했겠지. 허나 오히려 의혹만 깊어졌구나. 그게 무엇 때문인지 알겠느냐?"

"모르겠습니다."

"어허. 너는 이번에 결가부좌하고 선정에 들어 모든 것을 유가식으로 생각했느니라. 따지고 추론하고, 습관처럼 그렇게 상을 지었던 게야."

그 말을 듣자 탄허는 대꾸할 말이 떠오르지 않았다. 잠시 자신이 깨달았다고 여긴 생각들이 얼마나 허무맹랑한 것이었나, 하는 뉘우침이 칼날이 되어 가슴을 찔렀다.

사실이었다. '이 뭐꼬?' 하고 화두를 들면 먼저 분별이 앞섰다. 분별이 앞서면 이성적이 되고, 그 뒤에 추리가 따라와 이를 합리화했다. 그러느라 시간을 허비한 셈이었다.

그럼 도대체 무엇을 했단 말인가?

"내 그럴 줄 알면서도 너의 선정을 도운 것은 세속의 지식을 모두 버리고 오라는 내 말을 이해는 하나, 체험을 못했기에 이곳에 와서도 그런 습관이 저절로 나온다고 봤기 때문이다."

탄허는 고개만 숙이고 있었다. 사실 스승으로부터 선방에 들 허락을 받았으나, 어느 누구도 갓 머리를 깎은 초발 비구가 동안거 기간을 채우리라 생각지 않았다.

영문도 모르는 한 사내의 도전은 그렇게 시작되었고, 스승인 한암도 마침 삼동 결제가 눈앞이라 이제 갓 들어온 동량에게 선방 풍경을 몸소 겪게 해서 불교의 겉모습이라도 눈에 익히게 할 요량이었다. 그런 스승이 이제 와 경전을 던져주고는 느낀 점을 말해보라 했고, 탄허의 대답을 듣더니 아주 이골이 났다며 냉소했다. 한학을 공부해서 유가풍으로 따지고 든다는 말이었다.

"가서 다시 읽고 오너라."

"예?"

"명심할 것은 불교는 유교와 다르다는 것이다. 유교는 중국에서 온 사상이니 한문 문맥 그대로 해석할 수 있다지만, 불교가 어디 중국에서 왔다더냐? 천축에서 건너왔으니 산스크리트어를 한자로 번역한 것인데, 두 나라의 문화와 풍토가 다르고 느끼는 감정도 서로 다르지 않겠느냐. 이번에는 유교의 습관을 버리고 불교의 관점에서 생각하며 다시 읽어보라는 말이다."

탄허는 입을 꾹 다문 채 경전을 들고 물러났다.

다음날 다시 찾아갔더니 이번에도 머리를 흔들었다.

"참으로 어쩔 수가 없구나. 소승의 아집을 버리라고 경전을 주었더니 이제는 대승의 아집을 배워오지 않았는가."

"네에?"

아집을 버리려고 노력하면서 경전을 읽었는데, 아니 그렇게 읽었다고 칭찬을 받을 줄 알았는데 오히려 대승의 아집을 배웠다고 하니, 그게 무슨 말인가 싶었다.

한암이 탄허의 속마음을 꿰뚫고 다시 물었다.

"그 경전을 읽으면서 여래의 경지를 살펴보려 열망했느냐?"

"솔직히 그랬습니다."

"그게 아집이 아니더냐?"

"그럼 어떻게 열망하지 않고 여래의 경지를 살필 수 있겠습니까?"

"그래서 수보리(須菩提)는 물었느니라. 여래는 여래이기를 원하지 않습니까? 원한다면 아상(我相)에 떨어지고 원하지 않는다면 무엇으로 중생을 건지나이까?"

탄허는 무서운 질문이라는 생각이 들었다.

한암이 빙그레 웃었다.

"생활선(生活禪)이란 말을 들어보았느냐?"

"생활선이요?"

"탄허야."

"네."

한암이 문을 활짝 열더니 손끝으로 산 아래를 가리켰다. 산과 길의 풍경이 한 점 수묵화처럼 눈에 들어왔다.

"아름답지?"

"예."

"저기 나무숲 너머에 저잣거리가 있지. 나는 이 오대산에서 한 발짝도 나가지 않으면서 날마다 산 아래를 내려다보았느니라. 저렇게 아름다운 곳을 내가 왜 버렸던가? 그것이 나의 의단이었다. 그러면서 깨달았느니라. 내가 있는 이곳이 수도장이라면 저 아래 중생의 수도장은 사나운 저잣거리가 아닌가 하고. 그렇다면 행주좌와, 앉고 눕고 자고 먹고 그 모든 것이 수행일지 모른다는 생각이 들었느니라.

누가 내게 와 이런 말을 하더구나. '여기 선사(禪師)가 있어 그 향기로 중생은 구제를 받습니다.' 나는 솔직히 그를 죽이고 싶었느니라. 세상에 그런 무작스런 놈이 어디 있겠느냐. 저기 꽃이 있고, 저 사나운 저잣거리를 헤매는 중생 하나하나가 모두 꽃인 것을. 너와 나를 분별하는 관념이 무지라면 그것을 없애버리면 선이 어디 있으며 교가 어디 있겠느냐. 왜 보조지눌이 선교일치를 부르짖었겠느냐.

그래서 하는 말이다. 나는 이번에 너에게서 알음알이, 즉 교를 털어내려 애쓰는 모습을 보았느니라. 그렇기에 너는 더 힘이 들었을 것이다. 의단이 생기면 날카로운 이성이 가로막고, 다시 의단이 생기면 네가 지금까지 배워온 학문이 끼어들고……. 그러하니 삼매에 들기가 얼마나 힘들었겠느냐."

탄허는 할 말을 잃고 고개를 숙였다.

"내 이제 말하나니 너의 출가를 받은 것은 스스로 네 길을 가라는 뜻에서였다."

"무슨 말씀입니까?"

"너는 저잣거리에서 한학을 배웠으니 그것을 살려 열심히 경전 공부를 한다면 어려운 부처님의 말씀들을 중생에게 들려줄 수 있지 않겠느냐?"

"네에?"

탄허는 얼떨떨했다. 교승을 지해종도라 나무라던 대선승이 이제 제자를 앞에 두고 교학을 하라고 주문하고 있었다. 너는 아무리 해도 저잣거리에서 닦은 교의 때가 많아 선승의 묵기가 아니니 차라리 선승을 포기하라는 말이 아니고 무엇인가.

"큰스님, 저는 참선 수행을 해서 속세의 때를 씻고 견성성불하고 싶습니다."

"탄허야, 오해하지 말아라. 부처님도 제자들을 가르칠 때 그 근기를 봐가며 제도했느니라. 못 배운 주리반특 같은 이에게는 비를 주어 뜰을 쓸게 했지. 한평생 그는 뜰을 쓸었고 나중에는 그 뜰이 곧 마음임을 깨달아 부처가 된 것이니라. 참선 수행을 교학과 다르다고 생각지 말거라. 그것이 곧 무지요 분별이다."

"그렇다면 스승이시여, 저는 교승이 되어 떠돌 것입니다."

한암이 머리를 내저었다.

"너를 받아들이기 전에 성관이라는 수좌가 내 시중을 들고 있었느니라. 그놈은 기가 너무 승해 결국 오대산을 떠나고 말았다. 나중에 보니 강원에 들어가 교승이 되어 훗날 학교를 세우고 불교 진흥을 도모하려는 꿈을 세웠더구나. 그러고 보면 참으로 인생이란 것이 알다가도 모를 일이 아니냐. 그놈은 알음알이에 미쳐 그것을 받아들이지 못해 안달하고, 너는 교승이 될까 두려워하고 있으니 말이다. 바로 그 지점이니라. 너희들은 두 갈래 길 앞에 서 있어. 한 사람은 그 길로 가려 하고, 그 길을 걸어온 너는 이 길로 가려 하니…… 탄허야, 부처님의 말씀만이 교가 아니다. 네가 살아온 저 잣거리의 알음알이가 바로 교이다. 너는 그 강을 건너왔으니 이제 분별하지 말아야 하느니라."

"그렇다면 왜 제가 이곳으로 왔을 때 세속의 지식은 무용하다 하셨습니까?"

"앎의 쓰임을 경계한 말이었느니라. 때로 세속에서 몇 자 배운 지식으로 무장하고 오는 이들이 있느니라. 그러고는 분별을 일삼아 해탈을 막는 무리가 있지. 부처님이 왜 가르침을 폈겠느냐? 그

가르침을 올바로 받아들여 자기 것으로 취할 수 있는 경지에 있다면 그게 무슨 소용이 있겠느냐. 오히려 그 앎이 너를 빛나게 하지 않겠느냐. 부처님이 왜 선정을 통해 해탈했는데도 중생을 가르치려 했겠느냐. 선승은 알음알이를 부정하나 우리의 불교를 돌아보면 겉은 선이요 속은 학이니, 어찌 학을 무시하고 선을 논할 수 있을 것인가. 사다리도 한 단씩 올라가야 하는 법이라는 걸 알면서도 아니라고 고집하고 분별하는 무리가 딱한 것일세. 금강경 한 줄 제대로 못 읽으면서 선승입네, 하고 가부좌만 틀고 있으니 이 또한 딱하지 아니하냐.

이제 너는 출가하여 법에 들었으니 분별을 버릴 때가 되었다는 말이다. 선교일치란 말을 너는 잊어서는 안 될 것이니라. 너는 선과 교를 합일할 수 있는 경계에 있다는 말이다. 지금은 네 지식이 월등히 높으나 선을 열심히 하여 교와 같은 위치에 놓는다면 중생 제도가 참으로 쉬워질 것이다. 교에도 능하고 선에도 능하다면 이 얼마나 멋진 일이냐. 교를 통해 알기 쉽게 부처님 말씀을 전하고, 선을 통해 도의 궁극으로 나아간다. 바로 그것이 너의 길이라면 그 길로 나아가 세상에 진 빚을 갚아야 할 것이 아니겠느냐.

어느 날 스승 위산이 앙산에게 경(經)을 보게 했느니라. 그러자 앙산은 이렇게 말했지. '수좌들에게 일체 경을 못 보게 하면서 왜 제게 경을 보라고 하십니까?' 그러자 위산은 이렇게 말했느니라.

'다른 수좌들은 자기 일도 못한다. 그런 처지에 어찌 남의 일까지 하라고 할 수 있겠느냐.'"

"그렇다고는 하나 저를 두고 저잣거리의 때가 묻는 환쟁이라고 나무라지 않으셨습니까?"

"진실로 깨쳐 세상으로 나아가는 이에겐 세상의 때가 묻지 않는 법이다. 중생을 위해 세상의 때를 묻히러 가는 이도 있고, 중생을 위해 씻으러 오는 이도 있느니라. 그러니 너는 부처님 말씀을 열심히 익혀 세상의 때를 선을 통해 씻거라. 그리하여 중생에게 부처님의 말씀을 전하여라. 다만 앞으로 내 허락 없이는 경전을 읽지 말도록 해야 한다."

"부처님의 말씀을 전하라 하시면서 경전을 읽지 말라니요?"

"우선 대승의 경지를 얻어야 한다. 그 경지를 얻을 수만 있다면 부처님의 말씀인 경전을 읽어도 그 언구에 사로잡히지 않을 수 있을 게야. 그리하면 훗날 네가 부처님의 말씀을 중생에게 올바르게 전할 수 있을 것이다. 그러면 어떡해야 하겠느냐?"

"어떡하다니요?"

"아직도 내 말을 이해하지 못하고 있구나. 화두를 받은 이들이 때로 막막하면 옛 선사들이 화두를 어떻게 풀었는가, 하고 경전을 들여다볼 때가 있지. 아하, 이 양반은 이렇게 풀었구나. 대단하네 그려. 그러면 이미 그 화두는 죽어버린 화두가 된다. '이 뭐꼬?' 하고 물으면 이미 한물간 다른 사람의 해답이 바로 떠오른다 그 말씀이야. 왜 아난존자가 그렇게 머리가 명석한데도 가장 늦게 해탈했는지 아느냐? 부처님의 시자여서 오는 이들에게 해준 부처님의 설법을 듣다보니 자기 공부는 없어져버렸고 남의 해답만 가져 다문제일(多聞第一)이 되어 버렸기 때문이니라. '도는?' 하고 물으면 하도 들은 게 많아 바로 뭐다 하고, 대답이 나오는데 그게 바로 망조지.

그게 어디 도라더냐? 사구, 즉 죽은 말이지. 선사가 첫째로 경계해야 하는 것이 바로 그것이다. 그래서 선사들이 경전을 멀리하는 게야. 하지만 소승은 끝없이 경전에만 매달리지. 언구에 목을 맨다는 말이다. 다행히 너는 아직 중이 된 지 얼마 되지 않았고, 경전을 많이 섭렵하지 않았으니 유가풍만 고치면 대승의 자질이 보여서 하는 말이다. 이 얼마나 고마운 일이냐. 열심히 수행하여 유가의 습관을 버린다면 너의 불법은 소승에 머물지 않고 대승의 경지에 이를 것이니라."

"무슨 말인지 알 것 같습니다."

그제야 탄허는 스승의 말을 이해했다.

부처님이 글을 읽어 성불한 것이 아니라는 것은 만고의 사실이다. 선, 즉 체험을 통해 성불한 것은 세상이 다 아는 일이다. 허나, 문자를 통하지 않고 어떻게 불교를 알 것인가? 그러니 교는 팔이 되고 선은 다리가 되어야 한다는 말이었다. 문자를 가까이하되 그것을 사다리로 삼아야 한다 그 말이었다. 네가 유가의 방식대로 글귀에만 매달린다면 어찌 되겠느냐? 이번에 네가 읽은 대승의 핵심 경전도 소승 경전이 될 밖에 없었던 것도 그 때문이다 그 말이었다. 입은 대승인데 속은 소승이다 그 말이었다. 글귀를 좇아 유가적으로 해석하지 말고 하나가 되도록 노력해야 한다 그 말 이었다. 그러지 않고서 앞으로 어떻게 수많은 경전을 중생의 것으로 할 수 있겠느냐. 중생의 것으로 하려면 유가가 아니라 불교식으로 해석해야 할 것이다. 그래야만 번역상의 여러 가지 모순과 오류에서 벗어날 수 있으니. 부처님의 큰 뜻을 알기 쉽게 풀어 대승의 경지를 알려야 할 것이다 그 말 이었다. 그러자면 작은 마음으로는 안 될 것이므로 먼저 대승법을 깨쳐야 한다 그 말이었다.

그랬다. 한암은 탄허에게 경전이나 던져주어 그를 대승으로 이끌고 싶지 않았다. 경전 대신 그 법을 현실적으로 가르치고 싶었다. 이해하는 것과 체험하는 것의 차이를 깨우쳐주고 싶었다.

한암은 탄허의 천재성이 사구에 묻히길 바라지 않았다. 대승 경전을 천만 번 읽게 할 수 있다고는 하나, 그가 유가적으로 접근한다면 그 뜻만 이해될 뿐이었다. 그것은 체험이 아니었다. 스승은 직접 제자를 제도함으로써 몸에 잔뜩 밴 유가의 전통에서 벗어나 대승의 모든 법에 통달한 이로 변모시키려 했다.

하지만 한암의 뜻과 달리 탄허는 스승의 뜻을 이해하면서도 눈 앞이 캄캄했다. 스승 한암이 어떻게 자신을 유가의 세계에서 끌어 내 경서와 논리에 젖어 있는 습관을 벗게 할지 모르는 일이고 보면, 그저 막막할 따름이었다.

고정관념

　그때부터 탄허는 완전히 선에 미쳤다. 조용한 곳을 찾아다니며 어디든 가부좌를 틀고 명상에 들었다. 하루는 한암이 지나가다가 그를 보고 대뜸 이렇게 물었다.

　"왜 여기 있는 것이냐?"

　탄허가 눈을 떠보니 한암이었다. 그는 무슨 말씀이냐는 얼굴로 스승을 쳐다보았다. 한암은 기가 막힌다는 듯이 허공을 향해 허, 하고 내뱉었다.

　"스님!"

　한암의 행동이 이상해 탄허가 목소리를 높였다.

　"왜 그러십니까? 선방에 들었으나 지대방에서 들려오는 도반들의 말소리가 성가셔서 조용한 나무 그늘로 온 것입니다."

　"새소리가 시끄럽지 않느냐?"

　"그럴 리가 있겠습니까."

"바람소리는?"

"네?"

"넌 저잣거리에서 유가 공부를 하면서 늘 조용한 곳만 찾아다녔느냐?"

"물론입니다. 공부를 하려면 누구나 조용한 곳을 찾는 게 상식 아닙니까?"

갑자기 한암이 흐흐흐, 하고 묘한 웃음을 보였다.

"그렇겠지. 공부는 조용한 곳에서 해야지. 그런데 왜 이 모양 이 꼴이냐?"

"네?"

"아직도 무슨 말인지 모르겠단 말이냐?"

"무슨 말씀이신지요?"

"어허, 이런 멍청한 놈을 보았나! 그렇게도 일렀거늘 고요함은 시끄런운 곳에서 찾아야 한다는 사실을 벌써 잊었더란 말이냐? 타성! 타성에 젖어 무심코 끌려다니는 어리석은 중생아!"

한암의 말이 갈수록 이상했다. 눈길도 이상하고 행동거지도 이상했다. 인자하던 얼굴에 야비하기까지 한 기운이 감돌았다. 입 꼬리가 찢어진 데다 눈매가 가늘어 심술이 가득한 노파를 보는 듯했다.

탄허는 이해가 되지 않았다. 게다가 한암은 자꾸만 엉뚱한 질문을 던졌다.

"왜 수행을 하느냐?"

'몰라서 물으십니까?' 하는 말이 턱 밑까지 차오르는 걸 탄허는 가까스로 참았다.

한암이 다시 야비하게 웃었다.

"이놈아, 네 얼굴을 보니 깨달으려고 수행을 합니다, 하고 말하고 있구나."

"그, 그렇습니다."

"흐흐흐, 솔직해서 좋구나. 그런데 네놈은 지금 무슨 생각을 하고 있는 것이냐?"

"스님 왜 그러십니까?"

"왜 그러다니?"

"무슨 생각이라도 하고 있으니 그런 말을 하는 게 아니더냐."

"깨닫는다는 생각을 했습니다."

"깨닫겠다는 생각이 머릿속에 들어앉아 있는 한 삼매는 오지 않는다는 걸 몰라서 하는 소리냐?"

"네?"

"고행은 고행이라고 의식하지 못할 때 그것이 진짜 고행이다. 그렇다면 깨닫겠다는 생각도 없을 때 진짜 수행이 이루어지는 법이 아니더냐."

"무슨 말씀인지는 알겠는데 그 뜻을 확실히 해주십시오."

탄허도 지지 않겠다는 듯이 턱을 꼿꼿이 들었다.

"이런 멍청한 놈을 보았나."

한암이 발을 들어 가부좌를 틀고 있는 탄허를 걷어찼다. 시건방지게 턱을 꼿꼿이 드는 것부터가 거슬리던 참이었다. 탄허는 뒤로 벌렁 자빠졌다.

그는 허우적거리다 일어났다.

"스님, 왜 이러십니까?"

한암의 눈에 불꽃이 일었다. 확실히 어제와 다른 모습이었다. 스승이 밤사이에 어디가 잘못되었나 싶었다.

"이놈, 내가 뭐라고 하더냐?"

"예?"

"대승의 법을 어떻게 얻을 것인가를 참구하라고 했더니, 겨우 한다는 짓이 조용한 곳을 찾아다녀? 그래, 좋구나. 새소리, 바람 소리가 얼마나 좋아. 정말 절로 공부가 되겠구나. 너란 놈은 어쩔 수가 없나보다. 속가에서 확실히 따지는 걸 배웠으니 어찌 그렇지 않겠느냐."

"조용함은 시끄러운 것에서 찾는 것임을 모르는 바 아니오나 그것은 관념의 저쪽 세대이지 현실적 세계는 아니지 않습니까. 그걸 아시는 스님이 왜 갑자기 이러시는지, 저는 이해할 수가 없습니다.”

“이런 불목하니를 보았나. 이놈아, 그래도 모르겠단 말이냐?”

“모르겠습니다.”

“몰라? 정말 몰라? 좋다. 내 너 같은 멍청이에게 할 말이 없다만, 내게도 너를 받아들인 죄가 있으니 말해주마.”

탄허는 어금니를 악물었다.

“내 말은 우리가 왜 여기에 있느냐는 것이다.”

“그야 당연하지 않습니까?”

이제 탄허의 눈에도 핏발이 섰다.

“역시 깨닫기 위해서?”

한암이 빈정거리듯 물었다.

“그게 아니란 말씀입니까?”

한암이 허허허 웃었다.

“바로 생각하는 그놈!”

“네?”

“생각이라는 그놈을 쳐 죽이기 위해 여기 있는 것이 아니고?”

한암의 말에 탄허는 순간 얼어붙었다. 뒤이어 한암의 목소리가 얼음송곳처럼 귓속을 파고들었다.

“이 썩을 놈아, 그놈을 몰아내지 않는 한 우리는 영원히 자유롭지 못하다는 걸 알아야지.”

더는 참지 못한 탄허가 벌떡 일어났다.

"그러니까 결국 생각을 없애는 일이라는 말씀을 하고 계시는 겁니까?"

"그 말은 아무리 일러도 모자란 법이다. 그만큼 중요하다는 뜻이다. 모든 존재는 생각에서 일어난다. 생각을 지워버리지 않는 한 윤회는 결코 사라지지 않는다는 사실을 왜 몰라. 도를 통한 이에게는 모든 것이 그대로이나, 그렇지 못한 중생에게는 그대로일 수 없어. 모든 것이 실제로 존재한다고 생각하기 때문이다. 생각은 저 산을 넘을 수 있고 벽을 뚫을 수 있어도 여인의 자궁 속과 부처의 금강좌만은 침범할 수가 없으니, 한곳은 존재의 산실이요 한곳은 존재의 본바탕이니라. 그럼 존재의 본 바탕이 무엇이냐. 마음이다. 그 마음이 끊어지는 자리. 그 자리가 어디인가. 어디기에 아직도 그놈의 생각에 사로잡혀 있더란 말이냐? 그것도 아주 더럽고 사나운 고정관념에!"

탄허의 얼굴이 새하얗게 변했다. 한암의 목소리가 다시 커졌다.

"고정관념?"

"이놈아, 지옥이 따로 있는 줄 아느냐? 조용한 곳에서 공부를 해야 된다는 그것이 고정관념이지. 때로는 고요함이 자기를 죽일 때도 있다는 사실을 깨닫지 못한다면 네놈은 영원히 그 지옥에서 헤어나지 못할 것이야. 왜 부처가 자비로운 줄 아느냐? 너 같은 지옥 중생에게 곧 그 자리가 명상 터임을 밝혀주었기에 자비로운 것이다."

"참으로 어렵습니다."

"오호, 천하의 김금택이 이제야 두 손을 드시는구만."

한암은 비웃었다.

"차라리 산을 내려가는 게 어떠하냐? 가라! 더는 배울 것도 가르칠 것도 없을 것 같구나. 명상은 아무 데서나 앉아 하면 되는 것을. 생사의 본질을 여는 방법이 이 세상에 어디 있느냐. 어림없는 소리. 저 지옥에 조용한 곳이 어디 있느냔 말이다. 대답해보아라. 너는 저 지옥 중생을 조용한 곳으로 데려가 공부를 시킬 것이냐? 그래야 극락으로 보내어 보살의 의무를 다할 게 아니더냐."

탄허는 제자리에 얼어붙은 채 천천히 고개를 떨어뜨렸다. 그러자 한암이 다시 비웃었다.

"네놈이 왜 대답을 못하는지 내가 답해보랴? 아직도 그 더러운 고정관념이라는 놈이 네놈을 꼼짝 못하게 하고 있기 때문이지. 진정한 수행승은 바로 그 고정관념에서 벗어난 이를 일컫느니라. 지옥이면 어떻고 장바닥이면 어떤가. 너는 법의를 걸치고 머리를 깎았으니 조용한 절간에서 하는 공부는 수행이고, 머리 기른 사람들이 장바닥에서 고함이나 치고 있는 것은 수행이 아니라고 생각하고 있는 것이다. 도대체 그런 법이 대장경 몇 장에 있는지 내게 좀 가르쳐다오. 행주좌와라, 다니고 머물고 앉고 눕는 그 모든 게 수행일진대 그 수행처가 어디 조용한 곳뿐이더냐? 지옥이면 어떻고 장바닥이면 어떻다는 말인가? 차라리 인생 공부야 장바닥이 낫고, 극락 가는 공부야 지옥이 낫지. 문제는 그 핵심이 무엇이냐는 것이다. 그 핵심을 모르고서는 벼랑 끝에서 한순간도 견디지 못할 게야. 백척간두라, 앞에는 칼바람 부는 절벽이요 뒤에는 칼을 든 마귀가 달려들고 있으니, 이를 어이할꼬? 쯧쯧, 옛 선사들은 창날 끝에 앉아 자신의 본래면목을 보았다는데 이 얼치기가 조용한 곳만 찾아다니며 신선 행세를 하고 있으니. 아서라, 이놈아. 차라리 산을 내려가 신선 공부나 해. 그래 가지고서야 어떻게 생사를 뛰어넘을 수 있을 것인가?

"생이 있어야 해탈도 있을 것 아닙니까?"

한암이 껄껄 웃었다.

"서생께서 이제는 정말 얼치기가 되었네그려. 아직도 무슨 말인지 모르는 것 같으니. 좋다. 생이 있어야 해탈도 있다? 그럼 죽음 뒤에는 무엇이 있느냐?"

"네에?"

"내게는 삶과 죽음이 하나니라. 그걸 모르고서는 결코 명상의 참뜻을 알지 못할 것이야."

"그럼 빙빙 돌리지 말고 바로 말씀해주십시오. 명상이 무엇입니까?"

"어허, 그래도 모르시겠다? 지옥의 불구덩이 속에서 고요함을 얻는 게 명상이지!"

한암이 소리쳤다. 스승의 질타에 탄허는 입을 다물지 못했다. 가슴을 무겁게 짓누르던 쇠뭉치 하나가 툭하고 떨어지는 느낌이었다. '고정관념'이라는 말이 떠올랐다. 수행을 하려면 고요한 곳을 찾아야만 한다는 고정관념.

고정관념을 떨치려면 무엇이 필요한가?

전환(轉換).

탄허는 이 말이 떠오르자 몸을 부르르 떨었다. 그렇다는 생각이 들었다. 지옥을 천상으로 전환한다. 장바닥을 도량으로 전환한다. 방금 전 핵심이 중요하다던 스승의 말이 떠올랐다.

탄허는 눈시울을 붉혔다. 한암의 경계가 정말 개심을 뛰어넘었다는 생각이 들었다. 한암이 눈치를 챘는지 돌아서서 휘적휘적 걸어갔다. 탄허는 스승의 뒷모습을 눈이 부신 듯 바라보았다.

아침에 일어난 탄허가 한암스님의 방을 청소하기 위해 들어갔다. 스승은 자리에 없었다. 아침 일찍부터 어딜 가셨나, 하면서 방을 닦았다.

잠시 후 한암이 들어오더니 탄허를 노려보았다.

"내일부터는 이 방 출입을 삼가거라."

쌀쌀맞은 목소리에 탄허는 방을 닦다 말고 멍하니 스승을 쳐다보다가 입을 열었다.

"왜 그러십니까?"

"귀가 먹었느냐? 조선 사람이 조선말도 못 알아들어?"

정이라고는 털끝만큼도 느껴지지 않았다. 한암은 그 말을 남기고 방을 나가버렸다.

뭔가 이상하다는 생각이 들었다. 왜 어제부터 저러시는 것일까?

'실망'이라는 단어가 뇌리를 스쳤다. 어제 스승이 한 말들이 떠올랐다. 한학을 공부했다고 해서 기대를 잔뜩 했는데, 결국은 별볼일이 없는 멍청이로 밝혀지자 사정없이 내치는 것인가?. 그렇지 않고서는 이렇게까지 매정하게 대할 어른이 아니다. 평소의 인자함은 온데간데 없으니.

견디다 못한 탄허가 범룡 사형을 찾아가 물었다.

"큰스님이 왜 저러는지 모르겠습니다. 요즘은 공부할 맛도 나지 않습니다."

탄허의 말에 범룡이 말없이 웃었다.

"왜 웃습니까?"

범룡은 계속 웃기만 했다.

그는 한암 스승의 속마음을 알고 있었다. 엊그제 탄허가 한암의 방에서 나가고 난 뒤 부름이 있었다. 범룡이 달려갔더니 한암은 자신이 어떤 행동을 하더라도 탄허를 두둔하지 말라고 당부했다. 될 수 있으면 차갑게 대하라고 했다.

까닭을 물었더니, 다른 대중들에게도 알려 이제부터는 탄허를 서생 다루듯 하라고 일렀다.

"제 말이 들리지 않습니까?"

범룡이 웃기만 하자 탄허가 이맛살을 찌푸렸다. 범룡은 한암의 당부를 잊지 않고 빈정거리는 투로 말했다.

"갑자기 자네가 싫어지셨대."

"예?"

탄허의 얼굴이 일그러졌다.

"선비 냄새가 너무 나서 싫다셔. 어서 산을 내려갔으면 좋겠대. 사람에게 이렇게 실망해보기는 처음이라면서."

"실망이요?"

"대기인 줄 알았는데 알고 보니 멍청이에다 절밥이나 축내는 식충이를 두었다면서 고개를 절레절레 흔드시더구먼."

"정말 스님이 그런 말을 했습니까?"

"내가 말을 지어내기라도 했단 소린가?"

탄허는 법룡을 노려보았다. 설령 한암이 그랬다고 한들, 그 말을 고스란히 털어놓는 모습을 보니 너무한다 싶었다. 인정이 없기는 사형도 마찬가지였다.

산을 내려가고 싶은 마음이 굴뚝 같았다. 대승법이든 나발이든, 고무신처럼 홀랑 벗겨 멀리 내던지고 싶었다.

그런 마음으로 마지막 가는 길에 한번 따져볼 요량으로 뜰을 가로지르는데, 개 한 마리가 불쑥 눈앞에 나타났다. 신도를 따라 산 밑에서 올라온 것 같았다. 아무튼 누런 개 한 마리가 수각 쪽에서 어슬렁거리더니 본당 쪽으로 나아갔다.

탄허는 화가 난 참이라, 마침 손에 들고 있던 빗자루를 냅다 던졌다.

"저리 가, 이놈의 똥개! 여기가 어디라고 감히……."

그때였다.

"네 이놈!"

한암의 고함이 들렸다. 빗자루를 던진 곳에 개는 사라지고 없고, 한암이 떡하니 버티고 서 있었다.

"이놈, 방금 나더러 뭐라 했느냐?"

"스님, 그것이 아니오라…… 방금 개가 어디서 올라왔는지 지나가기에……."

"나도 보았느니라. 그렇다고 미물에게 자비를 베풀지는 못할망정 해코지를 해서 쓰겠느냐!"

"저는 개가 도량을 더럽히기라도 할까 싶어……."

"저런 고얀 놈을 보았나. 여기가 어디 네놈 도량이더냐. 온갖 생명을 가진 존재들이 머물러가는 곳인 것을. 부처님은 생명이 없는 존재에도 불성이 있다 했거늘."

탄허가 고개를 숙였다.

"이놈아, 정신 좀 차려라. 왜 갈수록 어중이가 되어가는 것이야. 개가 네놈이요 네놈이 개라는 것을 알아야지. 부처님도 오백 생을 환생하면서 개도 되고 물고기도 되고 노루도 되면서 불성을 살찌웠거늘, 어찌 글깨나 읽었다는 놈이 그럴 수 있단 말이냐. 그러니 서생이라는 소리를 듣는 게야."

탄허는 서생이라는 말에 고개를 들어 한암을 똑바로 보았다. 속에서 화가 치밀었다.

말끝마다 그놈의 '서생'이었다. 정말이지 그렇게 야속한 사람이었나 싶었다. 이제 보니 야비하고 편협한 심술쟁이 영감이었다. 절간이 비정의 산실이라고는 하나 자기 또한 인간이거늘, 그동안 쌓인 정을 봐서도 이러면 안 되었다. 될성부르지 않다고 한 번에 돌아서다니! 새끼를 낳은 맹수가 허약한 새끼를 물어 죽이는 것과 뭐가 다르랴 싶었다.

에이 더럽다.

이런 생각을 하고 있는데 한암이 이죽거리며 고함을 질렀다.

"저잣거리에서 몇 자 배운 학문이 그렇게 자랑스러운 것이었더냐. 네놈을 서생이라고 사람들이 손가락질하는데도 네놈이 미련하여 모르는 것이니, 저 개와 무엇이 다를 것인가. 네놈이 그래도 인간이라고 개를 부처님 도량에서 쫓으려는 것은 평소 개에게 가지고 있던 고정관념이 승하기 때문이다. 부처를 봐도 부처로 여기지 말고, 개를 봐도 개로 여기지 말라는 말이 있다. 언제 부처가 개의 업보를 받지 말란 법이 있더냐. 부처도 중생을 잘못 제도하면 개보다 못할 수 있고, 개도 사람을 잘 인도하면 부처가 될 수 있을 터."

"스님, 말이 너무 심한 것 아닙니까? 그럼 스님도 제자를 잘못 제도하면 개가 될 수 있다는 말이 아닙니까?"

탄허의 반격에 한암이 움찔했다.

"뭣이? 방금 뭐라고 했느냐?"

"개 같은 영감이라고 했습니다."

탄허는 물러서지 않았다.

"너 이놈, 뭐라고 했느냐. 개? 개 같은 영감? 이런 고얀 놈을 보았나."

한암이 달려오더니 탄허의 멱을 틀어잡고 본당 쪽으로 끌고 갔다. 탄허는 한암이 이끄는 대로 따라갔다. 탄허는 문수전 계단을 올라 법당 바닥에 털썩 주저앉았다.

탄허는 보았다. 본당 전체가 지옥이었다. 지옥에 빠진 중생이 고통으로 아우성치고 있었다. 탄허는 손으로 눈을 비볐다. 이게 어찌 된 일인가? 죽은 것인가, 지옥에 빠진 것인가? 피를 흘리는 귀신들이 손톱을 세우고 그에게 달려들었다. 탄허는 잔뜩 웅크린 채 비명을 질렀다.

가시로 된 철망이 지옥의 구덩이에 빠진 이들을 사방에서 몰았다.

한 여인이 그를 불렀다.

"여보시오. 스님!"

그러자 그녀를 막아서며 어디선가 무서운 맹수들이 튀어나왔다. 여자가 맹수들을 피해 뛰기 시작했다. 이내 산이 무너져 앞을 막아섰다. 갑자기 바다가 나타나더니 성난 파도가 되어 밀려왔다. 어디서 일어났는지 모를 불길이 휘몰아쳤다. 거센 바람소리가 칠흑 같은 허공을 찢었다.

여인은 겁에 질려 어디로 가는지도 모른 채 도망을 쳤다. 길은 흰 빛과 검은 빛, 붉은 빛이 나는 세 개의 가파른 낭떠러지로 이어졌다.

그녀는 비명을 지르며 낭떠러지에서 물러섰다. 탄허는 함께 비명을 지르다가 자신도 모르게 자비심이 솟아 손을 뻗었다.

"이 손을 잡으시오!"

여자는 그의 손이 보이지 않는 듯했다.

낭떠러지의 바닥이 너무 깊어 아찔했다. 뒤에서 몰아치는 매서운 바람 때문에 그대로 떨어질 것 같았다. 그때였다. 여인을 향해 뻗은 탄허의 손을 누가 차버렸다. 탄허는 그를 올려다보았다. 거기 한암이 서 있었다.

그제야 탄허는 정신을 차리고 사방을 둘러보았다. 문수동자상이 자신을 내려다보고 있었다. 한암의 손에 뭔가가 들려 있었다. 금어들이 공들여 그린 지옥도를 덮었던 흰 천이었다. 그제야 그림이 눈에 들어왔다. 탱화였다. 자신이 잡으려고 한 것은 여인의 손이 아니라, 한암의 법복 자락이었다.

한암의 말이 이어졌다.

"쓸데없는 동정심은 버리는 게 좋을 것이다."

순간 탄허는 자신이 본 세계를 한암이 같이 보고 있었음을 알게 되었다.

"동정심이라니요? 무슨 말씀인지 모르겠습니다."

탄허가 시침을 딱 뗐다. 한암은 어이가 없는지 웃었다.

"그래, 나는 개이니라. 개가 사람 모습을 하고 있는 게 나이기 때문이다. 그럼 너는 뭐냐? 너 또한 아직 사람 축에도 들지 못하는 개가 아니더냐. 그렇다면 너와 나를 이렇게 만든 게 무엇이냐? 업(業)이다. 그럼 그 업에서 벗어나야 할 것이 아닌가? 저 지옥도를 보거라. 저것이 무엇이더냐? 환영이다. 환영은 깨어버리면 그만 아닌가. 그래서 깨었느냐?"

탄허는 아무 말도 못하고 고개를 돌렸다.

"제 마음이 만들어낸 환영조차 깨지 못한다면 이놈아, 그런 자비심이나 동정심은 오히려 네놈을 욕보인다는 걸 왜 몰라."

한암이 탄허 앞에 무릎을 꿇고 앉더니 그의 턱을 잡고 지옥도가 그려진 탱화 쪽으로 돌렸다.

"보아라. 네놈에게 한 번 더 기회를 주마. 내가 어제 말했던 고정관념이란 병! 저기에 그 병의 폐해가 있다. 죽어간 중생이 지옥을 떠돌고 있지. 아직도 네놈이 고정관념을 버리지 못하고 있다면 너 또한 지옥 중생이 아니더냐. 그래서야 저들을 어찌 구할 테냐?"

탄허가 슬픈 눈으로 한암을 바라보았다.

"저 지옥 중생에게 부디 작은 마음을 큰마음으로 전환하는 법을 가르치겠나이다."

한암이 쯧쯧, 혀를 차면서 일어났다. 그는 돌아선 채 중얼거렸다.

"소승을 전환하면 대승이 된다? 그럼 대승이 무엇이냐?"

"소승 너머에 있는 세계가 아니겠습니까."

"그렇다면 저 지옥 중생에게 대승의 법을 설해보거라."

"네?"

"설해보란 말이다. 지옥이 어떻게 천상으로 전환되는지 나도 보아야겠으니."

한암이 탄허 쪽으로 돌아섰다.

탄허가 뭉그적거리며 일어나 지옥도 앞으로 다가갔다. 눈앞이 캄캄했다. 하지만 무슨 말이든 내뱉어야 했다.

탄허는 잠시 주저하다 눈을 꼭 감고 입을 열었다.

"지, 지옥 중생이여, 그대들이 몸담고 있는 지옥은 그대들 마음이 만들어내는 환영이며…… 또…….'

탄허는 그렇게 생각나는 대로 주절거리기 시작했다. 가만히 듣고 있던 한암이 고개를 내저었다.

"지금 무슨 말을 하는 게냐?"

탄허는 입술을 깨문 채 한암을 돌아보았다.

"도대체 무슨 말을 하고 있느냐 말이다!"

탄허가 바닥을 내려다보았다.

한암이 눈을 치떴다.

"내 물음의 뜻을 몰라서 침묵하는 게냐?"

"스님!"

탄허는 그저 막막하여 애원하듯 한암을 불렀다. 스승의 얼굴에 온기라고는 없었다. 얼음장처럼 싸늘해 보였다.

"저 불쌍한 중생이 가엾지도 않느냐? 그렇게 말해서는 안 된다는 것을 모르느냐? 가르침은 올바른 마음으로 사견 없이 그대로 전해야 하는 법. 진리에 사견이 따른다면 어찌 되겠느냐."

탄허는 고개를 들지 못했다.

"네놈의 가르침은 사견으로 가득하지 않은가. 진리에는 내가 없다. 자아란 없는 것이다. 자아가 없기에 욕망의 더러움을 떠나 있는 것이지. 진리에는 수명이 없다. 생사를 떠나 있는 까닭이지. 진리를 설함에 있어 네 사견은 필요 없다. 진리에 사견이 끼어들 자리가 어디 있느냐. 사견 없이 바른대로 전하라. 바른대로!"

말이 끝나기 무섭게 탄허는 풀썩 주저앉았다. 한암이 돌아섰다. 그는 법당을 나서기 전에 이렇게 뇌까렸다.

"산을 내려가거라. 내려가 유가 경전이나 붙잡고 오욕에 물든 세상사를 이해하려고 애쓰려무나. 그것이 유가와 불가의 차이니라. 여기에 이해란 없다. 그저 현상 그 자체, 곧 여여(如如)함만이 있을 뿐이다. 못난 놈!"

탄허의 볼을 타고 눈물이 흘렀다.

고개를 숙이고 눈물을 쏟고 있는데 범룡이 법당으로 들어왔다. 그는 잠시 탄허를 내려다보더니 곁에 쪼그려 앉았다.

"일어나시게. 어디 동생이 미워 그러겠는가."

"산을 내려가렵니다."

"내려갈 땐 가더라도 일단 일어나시게. 사실 그렇지 않은가. 자네는 중생에게 붓다가 가르친 법을 그대로 전하지 않았으니까. 그대 자신의 의견을 건방지게 내뱉지 않았느냔 말일세."

범룡 사형까지 왜 이러나 싶었다. 불난 집에 부채질을 하는 것 같아 속이 쓰렸다. 눈이 마주치자 범룡이 헤벌쭉 웃었고, 탄허는 쓰디쓴 울분을 삼켜야 했다.

탄허가 앙다문 입을 열었다.

"듣고 보니 그런 것도 같긴 합니다만, 그거야 지옥 중생이 알아듣기 쉽게 말하려고⋯⋯."

범룡 사형이 기다렸다는 듯이 고개를 내저었다.

"아직도 모르겠는가. 진리는 해석하여 말로 내뱉을 수 없는 것이라네. 여시아문(如是我聞)이라는 말이 왜 있겠는가. 사견은 필요 없다는 말일세. 부처님의 말씀을 들은 대로 전하겠다는 신심이 그 말 속에 함축되어 있잖은가. 그런데 그대는 그래서는 안 된다는 것을 알면서도 쥐어짜듯 아는 체를 하지 않았느냐는 말일세. 그러니 그대를 용서하려던 스승이 어찌 화를 내지 않을 수 있겠는가."

탄허는 뒤통수를 얻어맞은 듯했다.

"나 또한 글귀에 매달릴 때는 그러했다네. 붓다의 말씀에 사로잡혀 꼼짝도 못하던 시절이 있었지. 그저 그 말씀이 진리인 줄 알았으니까."

범룡의 충고 때문이었을까, 방으로 돌아온 탄허는 바랑을 싸지 않았다. 이대로 내려갈 수는 없었다. 무서운 법이 여기 있으니, 기어이 그것을 자기 것으로 하고 말리라는 오기가 솟구쳤다.

그지없는 한암의 지혜에 머리를 숙여 합장했다. 탄허는 칼끝이 목에 닿아도 결코 물러서지 않을 기세로, 작은 법을 큰 법으로 전환하는 길을 배우고야 말겠다는 다짐을 가슴 깊이 아로새겼다.

탄허가 산을 내려가지 않고 버티자 한암은 아예 눈을 마주치지 않았다. 어떤 엄명을 내렸는지 다른 도반들도 그를 상대하려 들지 않았다.

기이한 인연

어느 날 절 살림을 맡고 있는 원주가 탄허를 찾았다.

"왜 그러십니까?"

원주의 낯빛이 어두웠다.

"아랫사람을 시켜야겠지만 다 출타해서요."

"무슨 일로 저를?"

"세월이 세월인지라, 탁발도 그렇고 시줏물도 그렇고 천생 도반들이 내놓은 돈으로 쌀과 보리를 좀 사와야겠습니다. 짐이 무거워 힘들 터이지만 스님이 수고를 좀 해줘야겠소."

"뭐, 그러지요."

탄허는 원주에게 돈을 받아들고 진부로 향했다. 내려가면서 느낀 것이지만 요즘 들어 일본 사람들을 피해 산으로 숨어든 화전민

들이 부쩍 는 것 같았다. 관대걸이에 못 미처 막 시내를 건너려는
데 어디선가 애들 울음소리가 들려왔다.

탄허는 걸음을 멈추고 소리가 나는 곳으로 돌아섰다. 곧 쓰러질
것 같은 움막에서 소리가 흘러나오고 있었다. 그는 산기슭 밑에 있
는 움막에 올라보기로 했다.

움막은 하나가 아니라 여러 채였다. 뒤에 움푹 파인 평지에 마
을을 이루었다. 탄허는 깜짝 놀랐다. 문득 보령에 있을 때 가본 문
둥이촌이 떠올랐다. 여기저기 사람들이 나자빠져 있었는데 피가
낭자했다. 성한 사람이 거의 없었다. 움막 앞에 사람들이 쓰러져
있었고, 성한 이들은 넋을 놓고 널브러졌다.

우선 애들의 울음이 들리는 곳부터 살폈다. 가마니 몇 장을 포
개어 덮은 움막으로, 실은 움막이 아니라 토굴이었다. 흙을 파 굴
을 만든 뒤 입구 쪽에 나무를 세워 가마니를 덮어두었다. 마른 억
새가 겨우 하늘을 가리고 있었다. 탄허는 길에서 토굴의 지붕을 본
셈이었다.

가마니를 들추고 들어가자 문둥이촌에서 맡았던 바로 그 냄새
가 코를 찔렀다. 두어 평이나 될까, 흙벽 안에 시커멓게 그을린 살
림살이가 여기저기 나뒹굴고 있었고, 솔잎을 깔아놓은 곳에 나이
든 여자가 가슴을 풀어헤친 채 누워 있었다. 발가벗은 어린아이는
시커먼 젖꼭지를 혀로 핥고 있었다. 아이가 핥는 것은 젖꼭지로 흘

러내리다 굳어버린 피였다.

여인의 가슴께를 보니 총에 맞았는지 상흔이 나 있었고, 그곳에서 솟은 피가 옆구리를 타고 흘러 바닥에 시커멓게 말라붙어 있었다. 울음을 터뜨린 아이는 따로 있었다. 바로 곁에 나이가 더 들어보이는 한 아이가 어미를 흔들어대며 울고 있었다.

어찌할 바를 모르고 멍하니 보고 섰는데, 옆에서 누가 옆구리를 쿡 쑤셨다.

"손들어!"

탄허는 무심결에 손을 들었다.

"뭐 하는 놈이냐?"

탄허는 제정신이 아니었다.

"지, 지나가는 사람이오."

사내가 총구를 겨눈 채 탄허 앞에 섰다. 머리를 온통 풀어헤쳤고, 해진 적삼 위에서 흰자위만 번들거렸다. 무덤 속에서 나온 것처럼 흙투성이였다. 갓 서른을 넘긴 듯했고, 험상궂은 인상은 아니었다.

"보아하니 스님 같은데?"

아래위를 훑어보던 사내가 안심이 되는지 권총을 내리며 물었다.

"맞습니다. 요 위 상원사 중이오."

"스님이 왜 여기 온 거요?"

"지나가다가 애 우는 소리가 들리기에……. 뭐가 어찌 된 겁니까?"

사내는 솔가지 위에 앉더니 고개를 푹 숙였다. 그는 잠시 생각에 잠긴 뒤 탄허를 쳐다보았다.

"그렇잖아도 돌림병이 돌고 있었는데, 어제 일본 순사들이 이곳을 급습했소."

"네에?"

"만주에서 돌아와 마누라와 애들이 보고 싶어 동지들과 들르기로 했는데, 아무래도 놈들이 그 정보를 손에 넣은 모양이오. 강냉이죽도 못 먹는다기에 쌀 한 봉지를 겨우 구해서 건네려고 올라왔더니만……."

사내는 말을 잇지 못했다. 그는 팔을 들어 총구를 관자놀이에 대고 방아쇠를 당기려 했다. 탄허가 달려들어 사내의 손목을 잡았다.

"왜 이러시오?"

탄허가 손을 붙들고 늘어지자 사내가 멀뚱히 그를 쳐다보았다. 그러고는 고개를 절레절레 흔들었다.

"당신이 죽으면 이 애들은 어떡하오?"

탄허의 말에 사내는 총을 놓더니 그대로 누워버렸다. 두 사람의 승강이를 지켜보던 작은 아이가 으앙 하고 울음을 터뜨렸다.

탄허는 천천히 토굴을 빠져나갔다. 햇살이 입구를 환히 밝히고 있었다. 어디선가 새소리가 들려왔다.

탄허는 권총을 땅에 내려놓고 움막 앞에 널브러진 사람들을 둘러보았다. 지옥이 따로 없었다. 돌림병으로 쑥대밭이 된 마을을 습격해 총질까지 해댄 모양이었다. 독립군을 잡는다며 이런 몹쓸 짓을 하고는 병에 노출될 게 두려워 그냥 돌아간 것 같았다. 마을 사람들이 다 죽도록 내버려둔 게 확실했다.

죽어 넘어진 이들이 한둘이 아니었다. 죽은 남편의 가슴을 두드리던 노파 하나가 탄허를 보더니 손을 내밀었다. 손을 덜덜 떨었다.

"사, 살려주구려."

멀리서 누군가가 발버둥을 쳤다.

"아이고 나 죽네. 여보, 일어나보랑게."

"물, 물 좀 주오."

목이 타는 모양이었다. 여기저기서 목마름과 배고픔을 호소하고 있었다.

탄허는 웃옷을 벗어 임자 없는 시신에게 덮어주고는 방금 전에 나온 토굴로 들어갔다. 사내는 일어나 앉아 있었다. 눈물 자국이 난 거무튀튀한 얼굴로 탄허를 멀거니 바라보았다.

"물이 어디 있소?"

사내의 눈썹이 꿈틀거렸다. 그가 한쪽 구석을 가리켰다. 거기 독이 있었다.

탄허는 독이 놓인 구석으로 갔다. 처음에 열어본 것은 쌀독이었는데 밑보리 몇 알이 굴러다니고 있었다. 그 옆에 또 다른 독이 있었다. 물독이었다.

그는 바가지 하나를 바닥에 놓고 독을 들어 물을 부었다. 그는 바가지를 들고 밖으로 나가려다 말고 사내를 돌아보았다.

"독립운동을 한다고 했소?"

사내가 매섭게 탄허를 노려보았다.

"동지들과 함께 온 모양인데 모두 죽은 게요?"

사내는 여전히 대답이 없었다.

"그대들 탓에 일이 이렇게 된 모양인데, 그렇다면 사내답게 굴어야 하지 않겠소?"

무슨 소리냐는 얼굴로 사내가 탄허를 바라보았다.

"죽은 사람은 죽은 사람이고, 산 사람만큼은 살려야지요!"

사내가 흥 하고 콧방귀를 꼈다.

"모두 끝났소. 그동안 헛꿈을 꾸고 있었던 거요. 독립? 말은 좋지. 덕분에 나는 동지들과 아내를 잃었소. 싸워서 내가 얻는 게 뭐요?"

탄허는 서둘러 토굴을 빠져나갔다. 우선 손을 내밀던 노파에게 다가가 물을 먹였다. 노파는 손을 떨며 물을 받아마셨다. 물을 달라고 소리치는 사람들에게 차례로 물을 먹였다. 바가지는 금세 바닥을 드러냈다.

그는 토굴마다 찾아다니며 안을 살폈다. 가는 곳마다 시체가 보였다. 바깥 풍경과 다르지 않았다. 물독은 비었다. 어떻게든 목을 축여주고 시체를 한곳으로 모아야겠다는 생각이 들었다. 그런 생각을 하며 소매 끝으로 땀을 훔치는데 방금 전의 사내가 걸어왔다.

"도와주시오. 시신들을 한곳으로 모으고 살아 있는 사람들을 치료해야 하지 않겠소?"

사내의 눈빛은 공허했다.

탄허는 승복 주머니에서 돈을 꺼내어 내밀었다. 찰칵하는 소리가 났다. 사내가 탄허의 왼쪽 가슴에 총구를 겨누었다.

"누구냐, 네놈은? 중을 가장한 첩자지?"

탄허는 어이가 없었다.

"이거 왜 이러시오. 상원사 중이라 하지 않았소."

"그걸 어떻게 믿어. 산을 내려가 신고라도 하면?"

어쩔 수 없다는 생각이 들었다. 탄허는 돈을 쥔 손을 흔들었다.

"내가 여기 있을 테니 그대가 다녀오시오. 어서 가서 사람들에게 먹일 음식과 상처를 치료할 약을 사오시오."

그제야 사내가 흔들렸다. 진부로 나갔다가는 일본인들 손에 잡히게 될지 모른다는 생각을 하는 것 같았다. 탄허는 그 순간을 놓치지 않았다.

"내가 못 미더우면 어디 숨어 있으면 될 게 아니겠소. 이제 더 죽일 사람도 없는 것 같은데, 당신을 잡으러 그들이 다시 오기야 하겠소?"

"그대가 무엇 때문에 우리를 돕겠다는 거요?"

"나는 중이오. 내게 시주하던 이들이 이렇게 죽어가고 있는데, 어찌 그냥 지나칠 수 있겠소."

그 말에 사내가 지그시 눈을 감았다.

"먹을 것과 약을 구해올 수 있겠소?"

"내가 무관지옥에 떨어질 거짓말을 왜 하겠소."

사내가 그제야 총구를 내린 뒤 고개를 끄덕였다.

탄허는 돌아서서 곧장 산기슭을 뛰어 내려갔다. 절 식구들이 생각났다. 한암 스승은 원주스님을 나무랄지 몰랐다. 왜 하필 그놈에게 심부름을 시켰느냐고.

진부에서 보리쌀을 사고 약을 지어왔다. 사내는 탄허가 못 미더운지 연신 주위를 살폈다.

시체들을 옮겨 땅에 묻고, 아파서 신음하는 사람들의 피고름을 짜내고, 정성껏 약을 달여 먹였다. 절간 양식을 사오기로 한 돈이 바닥을 보였다. 스무 구가 넘는 시체를 묻는 데만 꼬박 사흘이 걸렸다.

문제는 산 사람이었다. 토굴 두 곳에 모아놓고 치료를 했는데, 얼마 지나지 않아 약이 떨어졌다. 절에서 쓸 약이라고 의원을 속일 순 있지만, 그나마 돈이 없고 보면 낭패였다. 하는 수 없이 나무를 잘라 목탁을 만들었다. 어설프게 생긴 목탁을 들고 집집마다 돌았다. 목탁을 두들기며 반야심경을 외우고 천수경을 외웠다. 돈이 모이는 대로 약을 사다 날랐다.

사내는 탄허의 손을 잡고 눈물을 흘렸다.

"세상 살면서 스님 같은 분은 처음이오."

애들에게 보리밥이나마 탁발을 해 먹이는 동안 탄허는 행복했다. 절에서는 죽일 놈이라며 난리가 났겠지만, 부처님만은 자신의 심정을 알아줄 것이었다.

그렇게 보름을 보낸 뒤 상원사로 돌아갔다. 진부에 부처님 양식을 사러 나간 사람이 빈손으로 들어서자 행자 하나가 멍하니 섰다가 바람처럼 내달렸다.

"스님, 왔어라! 탄허시님이 왔어라!"

대중들이 무슨 소린가 하고 나왔다가 그를 발견하고는 혀를 끌끌 찼다. 보름 만에 돌아온 탄허를 보자 다들 심기가 불편한 모양이었다.

원주가 법복을 휘날리며 나타났다.

"아니 이 사람아, 어떻게 된 것이여?"

이 말이 끝나기 무섭게 주위가 고요해졌다.

탄허가 고개를 드니 초당 안에 한암이 앉아 그를 매섭게 쏘아보고 있었다. 한암이 원주를 향해 고함쳤다.

"저놈을 이곳에서 당장 내쫓아라!"

그러고는 문을 쾅 닫아버렸다.

탄허는 초당 앞으로 걸어갔다. 스님들이 길을 터주었다. 그는 초당 앞으로 나아가 무릎을 꿇었다.

"스승님, 용서하십시오."

"용서할 것도 없느니라. 대중과 맺은 약속은 곧 승의 생명이다. 그것은 부처와 맺은 약속이요, 이 우주와 맺은 약속이다. 승이 생명 같은 약속을 어겼으니 이곳에 있을 까닭이 없어. 나가거라. 범룡아, 저놈의 바랑을 꺼내어 던지거라."

원주가 방문 앞으로 달려왔다.

"큰스님, 무슨 까닭이 있지 않겠습니까? 자세한 사정이나 한번 들어보시고⋯⋯."

"핑계 따위는 필요 없느니라. 그놈이 그 돈으로 술을 퍼마셨든, 여자를 안았든, 이제는 이곳 사람이 아니니라."

"큰스님, 설마 그럴 리가 있겠습니까. 돈을 잃어버렸을 수도 있고, 양식을 지고 오다……."

"어서 내쳐라. 부처님을 배곯게 하였으니 그 죄는 오역보다 큰 것이니라. 부처의 몸에 피를 내는 것이나 부처를 배곯게 하는 것이나 무엇이 다르겠느냐. 변명은 필요 없다. 그 돈으로 뭘 했든 이제는 이곳 사람이 아니니라."

스님들이 웅성거렸다.

"내 저럴 줄 알았다니까. 많이 배웠다고 나대더니 꼴좋게 되었구면."

"그러면 그렇지, 서생질을 하던 사람이 중질을 하겠다며 들어온 것부터가 어째 이상타 했어."

대중들의 원망이 불꽃처럼 사그라지고 도량에 찬바람이 쌩쌩 불기 시작했다. 비가 오려는지 달무리가 졌다. 자시가 넘어가는데도 조실의 방문은 열리지 않았다.

축시를 넘어서자 빗방울이 듣기 시작했다. 빗속에 꿇어앉은 그를 범룡이 멀거니 바라보았다. 그는 한참을 서 있다 머리를 내저으며 선실로 들어갔다.

탄허는 다리의 감각을 느낄 수 없었다.

퇴출

　다음날 새벽, 예불을 올리기 위해 바삐 움직이는 스님들 눈에 탄허가 밟혔다. 한암은 시자를 앞세우고 본당으로 향할 때에도 탄허를 본체만체했다.

　오시에 상원사에 들른 만공이 초당 앞에 꿇어앉은 탄허를 보고는 허허거리며 웃었다.

　"이놈, 무슨 짓을 저지른 게냐. 산을 내려가 살림이라도 차렸느냐? 오호, 그러다 딱 걸린 게로구나."

　찻상이 들어간 뒤 초당 문이 열렸다. 만공이 연 것이 분명했다. 한암의 싸늘한 눈길이 탄허의 핏기 없는 얼굴에 꽂혔다.

　"그만 하시지 그러나?"

　만공이 차를 들다 말고 한암에게 말했다.

"웬만하면 다시 받아들이게."

한암이 탄허를 흘끗한 뒤 찻잔을 놓았다.

"오만 방자해도 분수가 있지. 여기가 어디 객줏집인가. 들어오고 싶으면 들어오고 나가고 싶으면 나가게."

"저도 뉘우치는 바가 있어 다시 찾아온 게 아니겠는가?"

"내 일찍이 알아보았다네. 본디 속가에서 서생질을 하던 놈이었으니 오죽하겠는가."

"누구나 실수를 하는 법 아닌가. 병가지상사인 것을."

"틀렸네. 저놈은 세상 물이 들어도 너무 들었어. 내가 오죽하면 이러겠나. 처음엔 나도 임자를 만났구나, 했네. 그런데 아무리 가르쳐도 자꾸 엇나가기만 하니……."

만공이 눈을 감았다.

"속가의 하찮은 의문으로 시작하여 불가의 대의문을 혼신으로 끌어안을 줄 알았는데, 도무지 불법에 인연이 없는 것인지 아직도 속가의 의문에만 매달려 있다네."

"허나 사람을 만들어보겠다는 생각으로 그를 받지 않았는가?"

"나도 이젠 지쳤어. 천하기가 이를 데가 없으니. 저잣거리에 내려가 시줏돈이나 챙길 놈이야."

탄허가 멍하니 한암을 올려다보았다. 솟구치는 울분을 안으로 깊이 삭였다. 탄허는 주먹을 짚고 일어나려다 다리가 말을 듣지 않자 포기했다. 숨어서 보고 있던 스님들이 웅성거렸다. 만공이 찻잔을 내려놓고 탄허를 보았다.

탄허는 몸을 일으키다 다리에 힘이 없어 풀썩 주저앉았다. 그는 머리를 꼿꼿이 든 채 한암을 향해 소리쳤다.

"그래서 스님은 깨달았단 말입니까?"

한암은 움찔했다. 우핫핫 하고 만공이 웃었다.

한암은 찻상을 들어 탄허 앞으로 내던졌다. 만공은 한암의 불같은 성미를 아는지라 낭패한 표정을 지으며 눈을 감았다.

"네 이놈, 방금 무어라 했느냐?"

한암이 소리쳤다. 그러자 탄허도 무섭게 쏘아보았다. 쉽게 물러날 기색이 아니었다.

"이놈, 방금 깨달음이란 말을 입에 담았느냐?"

"불교의 본질이란 것이 평등에 있다면 어찌 승으로서 그런 말을 입에 담을 수 있습니까. 내 사상을 인정한다면 남의 사상도 인정해야 하는 법이지요. 어찌 분별을 없애라고 하면서 정작 분별을 일삼고 있는 것입니까?"

"네놈이 그 경지를 얻으려면 네 본래면목을 간파해야 할 것이야. 한 생각이 일어남으로써 꿈이 있고, 꿈이 있어 우주가 일어나게 되는 법. 나는 한 생각이 일어나기 전에 있느니라."

탄허의 입가에 비웃음이 떠올랐다.

"꿈도 우주도 없는, 시공이 끊어진 별천지에 산다는 말입니까?"

"이놈아, 모든 것에서 벗어나 선(禪)의 참모습을 찾고 성불을 이루는 것이 승의 도리다. 게다가 그 행위마저 없애버려야 도에 이를 수 있을진대, 네가 그 이치를 어찌 알 것인가."

"불법이라는 게 무엇입니까? 바로 자기 자신의 본성을 보려는 것이지요. 그것은 스님께서 깔보는 서생들 또한 마찬가지 않습니까. 어찌 불(佛)만 알고, 유(儒)와 선(仙)을 모를 수 있겠습니까. 유불선이 하나가 되어야 도의 참모습이라고 할 수 있을 것입니다."

"승이 한 생각을 타파하는 것은 고해(苦海)의 씨앗을 없애기 위해서다. 한 생각의 씨앗을 물리치는 법은 도를 보지 않고는 찾을 수 없을 터. 범부는 일 분 일 초도 생각이 머물지 않기 때문에 중생이라 하는 것이요, 철인은 도 자리를 보아 원래 생각이 나는 것이 없기 때문에 깨달았다 하는 것이다. 파리가 곳곳에 가서 붙지만 불꽃 위에는 붙지 못하는 것과 같은 이치다. 이놈아, 내가 볼 때 너의 망상은 이제 어디든지 가서 붙어 또 다른 망상을 낳고 있어. 왜인 줄 아느냐? 도를 모르기 때문이다. 도를 모르기에 도 자리에 붙지 못하는 것이다. 도 자리조차 모르는 멍청이에게 포함삼교가 무슨 소용이더냐. 속가에서 몇 자 배운 지식으로 어찌 도의 참모습을 볼 수 있다더냐."

"그래서 도를 닦는 것이 아니겠습니까. 다시 묻겠습니다. 그럼 스님은 분명히 도의 자리를 보아 고통을 던져버렸단 말입니까?"

"허허, 저런 놈을 보았나. 이놈아, 내가 곧 본래면목이니라."

탄허는 저린 기운이 가시자 두 다리에 힘을 주고 일어섰다.

"맞습니다. 여기는 내가 있을 곳이 아닌 것 같습니다. 당신 같은 편협한 영감 밑에서 도를 구하느니 차라리 속가에 들어 서생이 되겠습니다."

탄허는 비틀거리며 돌아섰다. 범룡과 원주스님이 달려가 그를 말리려 했으나 한암의 고함이 이를 가로막았다.

"가게 놔둬라!"

탄허는 경내를 천천히 가로질러 상원사를 빠져나갔다.

만행

산을 내려온 탄허는 곧장 토굴 촌으로 갔다. 미륵불이 왔다고 떠들썩하더니, 탄허가 절에서 쫓겨났다는 말을 듣고는 다들 슬픈 표정을 지었다.

그날부터 탄허는 사내와 함께 지옥 같은 화전민촌을 돌며 중생 구완에 힘을 쏟았다. 탁발을 해 그들을 먹여 살렸고, 병이 든 환자에게 약을 사다 먹이고 뱀을 고아 먹였다. 산에서 캔 약초를 볕에 말린 뒤 달여 먹이기도 했다.

탄허가 떠난 후 한암은 산문에 기대어 산 아래를 굽어보는 일이 잦아졌다. 제자들이 범접을 못하고 있을라치면 한암은 눈치를 채고 슬며시 자리를 뜨곤 했다.

그런 어느 날이었다. 탄허가 떠난 빈 자리를 메우기라도 하듯 한 사내가 상원사로 걸어 들어왔다. 서른쯤 되어 보이는 사내였다.

눈이 부리부리하고 눈빛이 유난히 맑았다. 코가 오뚝하고 입매가 고집깨나 있어 보이고 몸이 다부졌다.

조실 한암을 찾은 그는 고향이 경북 상주라고 했다. 왜 산을 올랐느냐고 묻자 그는 서슴없이 자신의 과거를 털어놓았다.

한 집에 큰며느리와 작은며느리가 살았다. 작은며느리가 먼저 애를 뱄다. 작은며느리는 큰며느리보다 먼저 임신한 것이 미안하고 부끄러웠다. 그런 시절이었다.

그녀는 천으로 배를 칭칭 동여맨 채 임신 사실을 숨겼다. 뒤늦게 큰며느리가 애를 뱄지만 작은며느리는 먼저 낳는 게 미안해 보리밭에 아이를 낳고 버려둔 채 나왔다. 큰며느리가 이를 눈치채고 사흘을 돌아다닌 끝에 밭에서 울고 있는 핏덩이를 찾아냈다. 그러고는 아이를 친정에 맡겨 키우게 했다.

아기는 청년이 되어서야 친모를 만날 수 있었다. 막상 친모를 만나고 보니 나쁜 여자가 아니었다. 그저 가녀리고 순박한 양반집 며느리였다. 왜 핏덩이를 버렸느냐는 말이 입 안에서 맴돌았다. 옷고름으로 눈시울을 꼭꼭 누르던 어머니가 먼저 입을 열었다.

"못난 어미를 용서해달라는 말도 못하겠구나. 어쩔 수 없었단다. 네가 어머니로 알고 따른 형님은 참으로 좋은 분이셨다. 내가 뒤늦게 시집을 와 고생할 때 친모처럼 날 돌봐주었고, 내가 잘못해서 꾸지람을 들을 일이 있으면 나 대신 나설 만큼 정이 많았지.

하지만 형님에게는 애가 없었고 늘 그게 흠이었어. 그 일로 시댁 어른의 원성을 사서 날 첩으로 들였던 게지. 그런데 작은며느리인 내가 먼저 애를 뱄으니, 한편으로는 세상을 다 얻은 것처럼 기쁘다가도 형님 생각에 그럴 수가 없었느니라. 나는 애를 가졌다는 말도 못하고 천으로 배를 동여맸다.

다행인지 불행인지, 마침 형님에게 애가 들어선 게야. 그때 나는 산달이 가까워져 있었느니라. 임신 사실을 속인 채 보리밭을 매다가 너를 낳았지. 낳고 보니 정상이 아니었다. 배를 동여매어서인지 핏덩이는 주먹만 했고 울음을 터뜨리지도 않았으니까. 정말 죽은 줄 알았다. 그래서 버린 것이야. 이를 눈치챈 형님이 사흘 뒤에 너를 찾아냈단다. 죽지 않고 살아 있었던 게지."

청년은 그제야 눈물을 흘리며 친모를 끌어안았다. 친모는 아들 품에 안겨 용서를 빌었다.

"널 버려 미안하구나. 이 어미를 용서해다오."

큰며느리는 말없이 눈물만 흘렸다.

그 후 그는 결혼을 해 두 아들을 두었다. 하지만 상처가 다 아물지 않았던 모양이었다. 그는 처자식을 두고 집을 떠나 방랑길에 올랐다. 그러다 부산에 닿았고, 그곳 항구에서 배에 짐을 싣고 부리는 십장으로 있었다.

일인들의 횡포가 말이 아니었다. 게다가 일인들에게 빌붙어 피를 빨아먹는 기회주의자들이 있었다. 그들은 조선인들이었다. 노무자들의 임금을 착취해 배를 불리는 업자들이었다. 그는 그대로 두어서는 안 되겠다는 생각에 칼을 품고 한 업자를 찾아가 목에 칼을 들이댔다. 그는 벽장 속에 숨겨둔 돈을 빼앗아 자루에 담은 뒤, 그 돈을 일꾼들에게 골고루 나눠주고는 도망을 쳤다.

그는 독립운동에 뛰어들기로 마음먹었다. 만주로 가는 길에 마지막으로 금강산을 둘러볼 작정이었다. 그는 차를 타고 가다 우연히 상원사에 유명한 고승이 있다는 소문을 들었고, 그 길로 발길을 돌려 오대산을 오른 것이었다. 조선 불교의 정신적인 지주인 고승이 누구인지 얼굴이나 보고 가자는 생각이었다. 도대체 어떤 양반이기에 조실 채를 다른 승들에게 내어주고 자기는 비좁은 대중 방에서 수좌들과 함께 수도하고 있는지 만나보고 싶었다.

사내가 상원사에 도착했을 땐 동안거가 막 시작되던 무렵이었다. 그해의 동안거는 여느 때와 다른 면이 있었다. 그때 모인 수좌들은 조실스님을 모시려고 지은 조실 채에 들게 되었으니, 평소처럼 정진해서는 안 된다며 하나같이 목소리를 높였다. 그들은 큰스님의 은혜에 보답하기로 하고 세 가지 결의를 했다.

첫째, 평소보다 더한 가행정진을 하자. 동안거를 나는 90일간 잠을 자지 않는다.

둘째, 만약 중도에 포기하면 다시는 오대산에 발을 붙이지 못한다.

셋째, 이 기간에 죽으면 시신을 눈 속에 묻어두고 장례는 동안거가 끝난 뒤에 치른다.

참으로 살벌한 조건이었다. 그런데도 그해에는 지원자가 서른 명이나 몰렸다.

한암은 한눈에 사내의 됨됨이를 알아보았다. 며칠을 두고 보다가 이내 구족계와 법호를 내렸다.

보문 현로(普門 玄路).

구족계와 법호를 받은 보문에게 입방이 허락되었다. 서른 살이 넘어 갓 출가한 신참이 아랫자리에 앉은 것이다.

한암의 혜안은 정확했다. 그 누구도 선의 선 자도 모르는 신참이 동안거를 이겨내리라 보지 않았다. 그러나 보문은 샛별처럼 반짝이는 눈빛을 잃지 않았다.

그는 눕지도 않고 자지도 않고 좌선에 들었다. 석달 동안의 용맹정진이 시작된 것이다. 안거의 생리라는 것이 그랬다. 처음에는 곁의 도반이 과식이라도 해 숨소리를 씩씩거리기라도 하면 거기에 신경이 쓰이기 마련이지만, 자지도 않고 눕지도 않는 날들이 지나가기 시작하면 우선 자신의 무거운 눈꺼풀부터 주체하기가 힘들어진다. 곁의 도반이 씩씩거려도 그에게 신경 쓸 여유가 없어지는 것이다. 쏟아지는 수마와의 싸움. 조는 도반의 어깨에 떨어지는 죽비소리에 놀라 번쩍 눈을 뜨지만 경책 스님은 이미 등 뒤로 다가오고 있다. 선지식들은 쏟아지는 수마를 이기기 위해 송곳을 앞에 놓거나, 달마 같은 이는 눈꺼풀을 잘라냈다고 하지만 그럴 용기도 없다. 늘어가는 것은 자괴감이요 오로지 잠에 대한 열망뿐이다. 그러다 보니 어떤 이들은 다리를 풀기 위해 눈밭을 거닐면서도 끄덕거린다. 어떤 이들은 눈을 뜨고 코를 고는 이들도 있다.

보문의 신심은 참으로 대단했다. 그는 동안거 내내 졸지도 코를 골지도 않았다. 도저히 신참이라고는 생각할 수 없는 자태를 보여 주었다. 도반들이 훼훼 고개를 내저었다.

동안거가 끝나갈 즈음 그는 휴게 시간을 이용해 해우소로 향했다. 급한 나머지 걸음을 종종거렸는데 그러다 그만 돌부리에 걸려 넘어지고 말았다. 하필이면 넘어지면서 돌부리에 찍힌 곳이 정강이었다.

순간 그는 눈 바닥에 엎어져 일어설 줄을 몰랐다. 비명을 지르는 순간 번쩍 번갯불 같은 것이 자신의 뇌리를 때렸기 때문이었다.

이게 무언가?

이것이구나! 이것이야! 비명을 질렀던 바로 그 놈. 바로 그 그 놈!

선연하게 떠오른 자신의 참모습 앞에서 그는 한동안 꼼짝 않고 누워 있다가 미친 사람처럼 웃기 시작했다. 자신의 성품을 날것 그대로 본 그는 벌떡 일어났다. 그리고는 그 길로 사나운 바람처럼 내달렸다. 정강이에서 흘러내린 피가 점점이 눈밭을 적시고 있는 것도 그는 몰랐다.

그는 눈 쌓인 오대산을 마구 뛰어다니다가 한암의 시험을 단숨에 통과하고는 그길로 산을 내려갔다.

얼마 안 있어 산을 내려간 그가 스님들의 식기인 발우 하나를 들고 다니며 자신의 개오를 지키기 위해 똥지개를 진다는 소문이 돌았다. 그는 똥지게를 지면서 고아나 걸인들을 돌본다고 하였다.

사람들은 그런 그를 똥지게 선사라 불렀다. 지행합일을 실천하는 참도인이라 하여 한암, 만공과 더불어 당대의 3대 명승으로 꼽았으니 신심이란 참으로 무서운 것이었다.

보문이 산을 내려가 똥지게를 지는 동안 탄허는 중생 구완에 열중하고 있었다. 토굴이다 보니 습기가 많아 눅눅했다. 피부와 기관지가 성할 리 없었다. 언젠가부터 숨을 거칠게 몰아쉬던 탄허는 그만 급성폐렴에 걸려 의식을 잃고 쓰러졌다.

탄허의 도움을 받은 이들이 스님이 죽는다며 아우성이었다.

"우리 스님, 어서 일어나게 해주시오!"

사람들이 모여앉아 부처님께 기도를 올렸다. 그들 앞에는 손으로 깎아 만든 부처가 놓여 있었다. 모양은 형편없었다. 겉이 울퉁

불퉁한 목탁을 옆에 내려놓자 제법 그럴싸한 작은 법당이 생겨난 셈이었다. 염불을 할 줄 모르니, 나무아미타불과 관세음보살만 외쳐댈 뿐이었다.

며칠 기도를 드려도 차도가 없자 사내가 일어났다.

"안 되겠구먼. 이대로 두면 죽고 말 것이오."

"뭘 어쩌려고?"

늙은이 하나가 물었다.

"스님이 있던 절에 가봐야겠소. 상원사에 있었다고 한 말을 들은 적이 있소. 스승이 하남이라 했던가, 한암이라 했던가? 아무튼 가보면 알겠지요. 무슨 사정이 있어 절에서 나온 모양인데, 설마 사람이 죽어간다는 말에 모른 체를 할까."

"그럼 같이 갑시다."

여자 몇이 따라나섰다. 그 길로 사내와 여자들은 산을 올랐다.

탄허가 눈을 떴을 때 거기 한암이 있었다. 한암이 손을 꼭 잡고 있었다. 스승의 눈에서 떨어진 눈물이 콧등을 타고 흘렀다.

"이제야 정신이 드느냐?"

참으로 오랜만에 들어보는 따뜻한 목소리였다.

"스승님!"

"그래. 저잣거리에 내려가 서생질이나 하랬더니 겨우 온 것이 여기더냐?"

"서생질도 올바르게만 하면 그가 곧 부처가 아니겠습니까."

"허허허, 여전하구나. 옳다. 부처도 중생을 가르치는 서생인 것을."

그렇게 말하고 한암은 서툴게 깎아 모신 목불을 바라보았다.

"네가 깎았느냐?"

"제 속의 부처가 영 못생겼나 봅니다."

"으하하하, 네가 날 웃기는구나. 나는 저렇게 잘 다듬은 부처를 본 적이 없느니라."

한암은 같이 온 스님들을 상원사로 돌려보내고 탄허와 함께 그곳에 머물렀다. 탄허가 몸을 추스를 때까지 같이 있겠다며 고집을 꺾지 않았다.

어느 날 밤 스승이 보이지 않아 밖으로 나가보니, 한암이 달빛을 받으며 뒷짐을 진 채 먼 산등성이를 바라보고 있었다. 탄허가 다가가자 인기척에 한암이 돌아보았다.

"날이 찬데 왜 나왔느냐?"

"이제 괜찮습니다."

한암이 고개를 주억거렸다.

"오늘도 네가 깎은 목불 앞에 앉아 있었느니라. 생각나느냐, 상원사 부처님들이?"

"생각나고 말구요."

"언젠가 어떤 젊은 승이 와 물었느니라. '언제 부처가 몸에다 금칠을 해달라고 했습니까?' 나는 대답할 가치를 느끼지 못했느니라. 왜 금불일꼬? 그래, 내가 물었느니라. '어젯밤 부처가 용광로 불 속으로 들어가 소식이 없다. 이게 어찌 된 일인고?' 그 승이 대답했느니라. '어떻게 되긴요. 다 타고 없어졌겠지요.' 나는 그를 내쫓았느니라. 부처가 다음날 금불이 되어 용광로 속을 나온 이치를 너는 알겠느냐?"

탄허는 대답을 찾지 못해 망설였다. 한암이 말을 이어갔다.

"선은 체험이요, 실천에 그 근본 목적이 있다고 했다. 실천이 따르지 않는 수행은 헛공부일 뿐. 너 자신이 곧 목불이요 실천이 용광로이니라. 실천이 깊어지면 목불이 금불이 되는 법. 더 익을 수 없는 경지가 온다는 말이다. 바로 그것이 금불이 아니겠느냐."

탄허가 그 자리에 무릎을 꿇고 절을 올린 뒤 합장했다.

"스승님, 저를 이끌어주십시오."

"이제 이곳도 웬만큼 돌보았으니 내려가자꾸나. 목불이 금불이 되는 수행을 해야 하지 않겠느냐."

스승 한암과의 지옥 구제 사업은 이렇게 시작되었다. 어디에나 지옥이 있었다. 일제의 마수가 뻗친 곳에 신음하는 동포가 있었다. 두 사람은 그들에게 밥과 약을 먹이고, 옷을 입히고, 아픈 마음을 어루만졌다. 배고픈 아이에게 자기 몫으로 받은 한 종지의 죽이나마 먹이려 드는 스승을 보면서 탄허는 울었다.

그러던 어느 날 똥지게를 진다는 보문 선사의 소식을 듣게 되었다. 대정 근처를 지나다 어느 집에 들러 꽁보리밥으로 빈속을 채우다 들은 말이었다.

어스름한 초저녁, 똥지게를 부리다 말고 한암을 발견한 보문의 눈이 화등잔만 해졌다.

"아니 큰스님!"

두 사람은 보문이 잠깐 머물고 있는 움막에 들어 이야기꽃을 피웠다. 출가는 탄허가 먼저 했으니 어디까지나 사형이었지만, 초면에 말을 놓을 수는 없었다. 만행 중에 상원사를 다녀간 보문을 탄허가 알 리 없었다. 똥지게를 지며 자신의 개오를 지키는 스님이 있다는 말을 언뜻 들었지만, 이렇게 만나게 될 줄은 몰랐다.

보문은 개성으로 가다 이곳 사람들 사는 모습을 보고는 그냥 지나칠 수 없어 머물기로 한 모양이었다. 보문에게 동네 사정을 들어보니 그가 머문 까닭을 알 것 같았다. 일인들이 들어와 토지를 빼앗고 난 후로는 물 한 모금 제대로 마실 수 없는 형편이었다. 더욱이 가뭄이 들어 개울물까지 바싹 마르자 사람들은 일손을 놓고 하늘만 쳐다보았다.

일본인들은 척식사업(拓殖事業)이라는 명목으로 수리조합을 운영하기 시작했는데, 다께하라라는 이가 그곳 수리조합장을 맡고 있었다. 그에게는 스물여섯 살 난 아들이 있었다. 나이만 많았지 정신 연령은 대여섯 살밖에 되지 않았다. 공출 바람이 불어 그나마 밀기울조차 먹기 힘든 판에 물길이 끊겨버리자 사람들은 살길이 막막했다.

늙은이 손바닥처럼 갈라 터진 논밭에서 곡식들이 말라가고 있었다. 보문은 사람들을 산기슭으로 데려가 화전을 일구고 거기에다 똥오줌을 져다 부었다. 고구마를 심고 감자를 심고, 탁발을 해와 그들을 먹여 살렸다.

"그러니까 수리조합장인가 뭔가 하는 놈이 물길을 막고 있다 그 말이냐?"

한암이 물었다.

"물을 쓰려면 돈을 내라는 겁니다. 입에 겨우 풀칠하는 것조차 털어먹자는 심보지요. 죽으라는 말이 아니고 뭐겠습니까."

"거참, 기가 찰 노릇이구나."

보문은 독이 올라 피부가 심하게 상해 있었다. 탄허는 그 옛날 아버지와 월명암에 있을 때 알아둔 비약 만드는 법을 기억해내고는 걸망을 메고 산을 올라 풀뿌리를 캐왔다. 보문의 피부병을 치료하면서 두 사람은 화전을 개간하고 똥을 져다 부어 옥토로 바꾸는 일을 도왔다. 양식이 떨어지면 시주를 해와 배고픈 자들에게 나누어주었다.

다께하라가 가만있지 않았다. 마을을 통째로 삼키려고 작정을 했는지, 세 스님을 잡아다 놓고는 제 집 똥을 푸라고 윽박질렀다. 보문이 똥을 푸느니 차라리 칼을 베고 눕겠다며 눈을 부라리자 한암이 그를 말렸다.

"똥을 푸겠으니 물길을 열어주시지요."

한암이 점잖게 말했다. 다께하라는 피식 웃었다.

한암은 다음날 똥을 푸러오겠다는 말을 하고는 그 집을 나오면서 보문더러 일렀다.

"보문아, 내일 똥지게에다 이 집 아들놈 신발 한 짝만 숨겨서 가져오너라."

"신발은 왜요?"

"이유는 묻지 말고. 아무튼 딱 한 짝이니라."

보문은 한암의 지시대로 똥지게에다 다께하라 아들의 신발을 숨겨 나왔다.

다음날 한암은 신발 한 짝을 들고 밖으로 나갔고, 저녁이 되자 끊어졌던 물길이 트였다. 논밭으로 물이 들어오고 있었다.

"어찌 된 일입니까?"

탄허의 물음에 한암은 그저 웃기만 했다.

"내가 겁을 좀 주었느니라."

탄허는 참 별일도 다 있다 싶었다. 하지만 두 스님은 한암의 경지를 알 수가 없었다.

한암은 신발을 들고 촌장이나 다름없는 마을의 연장자를 찾아갔다. 그는 이참봉으로, 그에게는 열여덟 살 난 손녀가 있었다. 인물이 고운 처녀였다. 다께하라의 아들이 이 처자를 보고는 한눈에 반해 제 아비더러 장가를 보내달라고 졸랐다.

다께하라는 물을 대주겠으니 딸을 달라고 제안했다. 이참봉은 농사를 그만두는 한이 있더라도 그리는 못하겠다고 맞섰다. 그러자 다께하라는 처자의 약혼자 되는 청년을 잡아다가 치도곤을 놓았다. 한암이 그 사실을 알고는 신발 한 짝을 들고는 그 집을 찾아간 것이다.

잠시 후 한암과 이참봉, 그의 손녀가 다께하라의 집으로 몰려갔다. 다께하라가 대청에 나타났다.

한암이 신발 한 짝을 들고 일인을 쳐다보았다.

"이게 이 집 아들 신발이 맞소이까?"

"아니 저놈의 중놈이 지금 무슨 소리를 하고 있는 게야?"

"이 신발이 댁의 아들 것이냐고 방금 물었소이다."

아랫사람이 한암 앞으로 다가와 신발을 확인하고는 다께하라에게 고갯짓을 했다.

"그래서?"

다께하라가 의혹에 찬 눈초리로 물었다. 한암이 고개를 숙인 채 울고 있는 처자를 돌려세웠다.

"무슨 말이냐 하면, 댁의 아들이 이 처자 방으로 숨어들어 겁탈을 하려다가 주인장에게 들켜 도망을 했는데, 그만 신발 한 짝을 꿰차지 못했다, 그 말이외다."

다께하라의 눈이 뒤집혔다.

"지금 무슨 말을 하는 것이야? 내 아들은 오늘 한 발자국도 밖으로 나간 일이 없어."

"그럼 아들에게 물어보시구랴."

"스즈모를 데려와라."

다께하라는 부들부들 몸을 떨며 방에서 나오는 아들을 보았다.

"스즈모, 너는 오늘 집을 나간 적이 없지 않느냐?"

그러자 뜻밖에도 스즈모가 고개를 저었다. 다께하라의 얼굴이 붉게 달아오르더니 일그러졌다.

"그, 그럼?"

"나갔다."

스즈모가 헤헤 웃었다.

"뭐야?"

스즈모는 울고 있는 처녀 곁으로 다가갔다.

"울지 마. 울지 마."

"지금 뭘 하고 있는 게야?"

다께하라가 소리쳤다.

"스즈모, 바른 대로 말해라. 오늘 양순이와 만난 일이 있느냐?"

한암이 침착하게 물었다. 스즈모는 선뜻 고개를 끄덕였다.

"어떻게 만났느냐?"

"헤헤, 나 양순이와 뽀뽀했다."

"네 이놈, 어디서 모략질이냐!"

한암은 다께하라를 쳐다보며 그는 들고 있던 신발을 높이 쳐들었다.

"우리는 이제 관청으로 갈 것이외다. 그렇잖아도 댁이 요즘 들어 눈 밖에 나 있다는 것을 모르는 바 아니오. 상부에서는 조선 사람들의 정서를 생각해 자중하라고 당부했을 터인데, 그대는 도리어 조선 사람의 물길을 끊고 겨자씨마저 걷어가 곳간에 숨겨두기에 급급하니 이 마을에서만 공출이 유독 적다고 의심하고 있는 걸 잘 알고 있소이다. 황군들이 전쟁터에서 먹어야 할 식량을 도적질했으니 그 죄가 만만치 않겠소이다. 자, 이게 뭔지 아시겠소?"

한암은 품속에서 종이 뭉치를 꺼냈다.

"그대가 걷어간 물세와 토지세를 낱낱이 적은 장부외다. 그대가 빼앗다시피 한 땅에서 나온 수확량과 일꾼들의 품삯이 모두 허위로 적혀 있으니 바로 이게 그 증거요. 이걸 보면 그대 나라 사람이라 해도 가만있지 않을 것이오. 실은 내가 잘 아는 사람 중에 경무총감으로 있는 이가 있소. 안 되면 그리로 갈 생각이외다."

다께하라는 말이 떨어지기 무섭게 툇마루에 주저앉았다.

바랑을 진 한암의 손을 이참봉은 오래도록 붙잡았다. 마을 사람들이 허리를 숙여 인사했다. 그들은 삼거리에서 헤어졌다.

세 사람은 달빛 속을 걸었다. 한참을 걷자 다시 두 갈래 길이 나왔다.

"어디로 가실 껩니까?"

보문이 한암에게 물었다.

"이제는 돌아가야 될 것 같구나. 더 큰 사업이 있느니라."

보문은 더 묻지 않았다. 그는 말없이 탄허를 바라보다 잠시 후에 이렇게 말했다.

"부처님께 안부나 전해주십시오."

"어디 절에만 부처가 있다더냐."

한암이 미소를 지으며 말했다.

"어디로 가실 껩니까?"

이번에는 탄허가 보문더러 물었다.

"발길 닿는 대로 가야지요."

"이제 똥지게는 지지 마십시오."

"으하하, 내가 안쓰러웠던 모양이구만. 업이라. 아직 내 깨달음이 부족하여 그리 할 수밖에 없으니 이 또한 업이지요. 부디 나 같은 독각 승은 되지 말고 스승님을 도와 대승 사업에 매진하십시오. 저도 이 보임이 끝나면 그때 돌아가리다."

"언제 뵐 수 있을까요?"

탄허가 물었다.

"이 생에 보지 못하면 다음 생에서라도 보지 않겠소이까."

탄허는 눈길을 떨어뜨렸다.

보문이 억지로 웃으며 한암을 보았다.

"그나저나 그 반푼이는 어찌 된 겁니까?"

"내가 다리를 놓았느니라. 신발을 가져오기 전에 행랑어멈이 몰래 일인의 집으로 들어가 처자가 보고 싶어한다고 꿰어낸 것이지. 처자는 제 할아비가 시킨 대로 그놈을 꼬드겨놓았고."

"참으로 지혜로운 처자였습니다. 곁에 있던 신랑 될 사람도 좋아 보이더군요. 참으로 잘하셨습니다."

"다 두 사람의 사랑이 일궈낸 게 아니겠소. 자, 이쯤에서 헤어집시다."

합장하는 세 스님을 달빛이 환히 비추고 있었다.

묵언수행

만행을 끝내고 돌아온 후 탄허는 청량선원에서 묵언수행에 들 결심을 했다. 말 한마디 내뱉을 수 없는 고된 수행이었다. 때로 그는 적멸보궁을 올라 수행하고는 했는데 적멸보궁에 앉아 정신을 집중하고 있으면 그 대답이나 되는 듯 이상한 영상이 떠오르기 시작했다. 그는 영상 속으로 걸어 들어갔다. 그 와중에 탄허는 문득 이런 생각을 했다.

지금 나는 완전한 삼매에 든 것인가? 아니, 혼침(昏沈)에 빠진 것은 아닌가? 완전한 집중에 들기 전의 몽롱한 상태를 혼침이라 하지 않던가? 도대체 그 둘은 차이는 뭔가? 그렇다면 지금 내가 보고 있는 저것들은 무엇이란 말인가? 모르겠다는 생각이 들었다. 그는 어디인지 모르는 낯선 곳에 발을 들여놓은 느낌이었다.

도대체 여기가 어디란 말인가? 탄허는 안개가 자욱한 벌판에 홀로 서 있었다. 그는 선지식을 찾아 어디든 헤매고 다녔다.

코피가 터졌다. 저러다 죽겠다고 도반들이 고개를 내저었다. 졸음이 쏟아지자 촛대를 빙 둘러쳤다. 어디로 쓰러지든 뾰족한 촛대에 찔릴 판이었다. 그래도 잠이 쏟아졌다. 개도 보이고 소도 보이고 부처도 보이고 여자도 보이고…… 그렇게 혼침이 계속되었다. 가슴에서 불덩이가 튀어나올 것 같고 정수리가 터질 것 같더니, 어느 날부터 마음이 착 가라앉으며 편안해졌다. 그러자 집중해야 된다는 생각도 집중하고 있다는 생각도 사라져버렸다.

그제야 서늘한 깨달음이 뇌리를 스쳐갔다.

무엇인가 혼침 상태와 다르다는 생각이 들었다. 비로소 완전한 집중에 이르렀다. 집중의 의식마저도 사라진 집중. 집중을 의식한다면 그것이 혼침이요, 그 의식마저도 없다면 그것이 완전한 집중일 터였다. 그는 그 속에서 어디든 헤매고 다녔다. 그러다 문득 오대산을 지키고 있는 문수의 화신과 만났다.

문수가 누구인가. 지혜의 화신이요, 세속을 초월하여 진리의 원천인 견고부동한 공의 세계를 증득(證得)한 보살이다. 탄허는 그를 통해 소승법에서 전환되어 일어나는 대승의 큰 법인 명상의 묘리를 깨달았다. 가난한 이에게 베푸는 보시의 복덕이 헤아릴 수 없이 큼을 깨달았고, 대승의 세계로 나아가는 것이 진정한 출가임을 깨달았다. 그는 대승의 여래(如來)가 곧 진리임을, 대승의 자각이 곧 깨달음이라는 큰 법에 이르렀다. 남을 이롭게 하는 대승의 마음이 우주의 근원이었다. 그는 부처의 중생 사랑을 깨달았고, 대승의 정법에 귀의하는 것이 곧 법시임을 알게 되었다.

탄허는 그 법을 받으면서 너무나 감개무량했고 자신에게 주어진 숙명에 감사했다. 한암 스승이 그가 속세에 있었다면 결코 알 수 없는 대승의 법을 주었듯, 문수 또한 대승의 법을 그렇게 가르치고 있었다. 위아래 없이 높고 깊은 미묘한 법이었다. 한암이 궁극적에 그렇게 가르치려 했던 대승사상의 근간인 평등성 그 자체였다.

명상에서 깨어났을 때 한암이 앞에 서 있었다.

드디어 탄허의 묵언수행 결사가 끝난 것이다.

"묵언수행 중 네 의식이 어디까지 미치더냐?"

한암이 물었다.

"삼천 대천세계에 이르지 않는 곳이 없더이다."

"미망의 극이로다. 허나 때로는 그 미망이, 부처가 되겠다는 아집이 기연을 가져오는 법이니라. 무엇을 보았느냐?"

"저를 대승으로 이끌 분을 친견했나이다."

"쳐 죽여야 할 헛것을 보았구나."

"그러나 그는 대승을 설하고 있었나이다."

"네 무의식이 만들어낸 환영이니라. 이제 대승의 핵심을 말해보아라."

탄허는 침묵했다.

"아직도 묵언정진 중이신가?"

침묵.

한암이 손벽을 딱 쳤다.

"옳거니! 이제야 유가풍이 깨어졌구나. 허나 침묵은 보았으나 부처의 침묵은 보지 못했다."

탄허가 무서운 눈길로 스승을 쳐다보았다. 한암의 눈에서 불길이 일었다.

두 오대산 호랑이가 포효하기 시작했다.

"부처의 침묵을 어떡할 것이냐?"

한암이 소리쳤다.

"살불살조!"

탄허가 소리쳤다.

"일다원융이로다."

한암이 소리쳤다.

'일다원융(一多圓融)'은 일체의 여러 법이 구별 없이 널리 통한다는 뜻이었다. 다 부서졌으니 버릴 것도 없었다. 이제는 모든 것이 하나로 뭉뚱그려져 조화롭게 일어서야 할 때였다. 선교일치의 이치가 여기 있었다. 유가풍도 버리지 말고 교학도, 선도 버리지 말고 오히려 이것들을 고루 받아들여 장바닥으로 나가 중생을 구제하라는 소리였다. 그 말을 듣는 순간 탄허는 벼락을 맞은 듯이 비명을 질렀다.

"어이쿠!"

유가의 가풍을 버리기 위해 얼마나 노력했던가. 글귀에 매달리지 않고 불교의 사유로 전체를 보기 위해 얼마나 애를 썼던가. 그런데 이제 그 속으로 들어가란다. 부처가 중생을 자비심으로 돌보고 보호하듯 조화롭게 하여 하나가 되란다.

그러나 그때까지도 탄허는 한암의 무서운 경계를 모르고 있었다. 한암은 곧 이렇게 물었다.

"부처의 목을 베면 무엇이 남겠는가?"

"그 피가 온 우주를 덮고도 남겠구나."

부처의 침묵 너머에 진리가 있다는 말이었다. 탄허의 대답에 한암이 다시 소리쳤다.

"마지막 일분(一分)은 어이 할꼬?"

이 말에 탄허는 그만 대답을 못하고 한암을 바라보다가 눈길을 돌렸다.

일분. 부처와 보살 사이에 넘어야 할 일분이 있다. 그래서 보살은 보살이요, 부처는 부처인 것이다. 보살의 도가 아무리 높아도 부처가 되려면 넘어야 할 일분이 남아 있다. 그 일분이 무엇인가?

탄허로서는 기가 막힐 노릇이었다.

그가 대답을 못하자 한암이 칼날 같은 목소리로 나지막이 뇌까렸다.

"멍청한 놈."

발갛게 충혈된 탄허의 눈에서 눈물이 뚝 떨어졌다.

"나가렸다!"

탄허는 아무 말 못하고 방을 나갔다.

다음날 한암은 탄허를 다시 불렀다. 전날에는 아무 일 없었다는 듯한 말투였다.

"잘 잤느냐?"

"예."

"잠이 오더냐?"

"예."

거짓말이었다.

"오매일여(寤寐一如) 몽중일여(夢中一如)라, 잠 속에 도가 있느니라."

"예."

흥미가 없다는 듯 탄허가 만사를 놓은 목소리로 시들하게 대답했다.

한암이 웃고는 부드럽게 말했다.

"너무 절망하지 말거라."

"알겠습니다."

"넘어지면 다시 일어나 심기일전하는 게 수좌의 본분이거늘."

"알고 있습니다."

"탄허야. 내가 왜 너의 법호를 탄허라 지었는지 아느냐?"

탄허는 스승을 바라보았다.

"허공을 다 삼켜버리면 무엇이 남겠느냐?"

탄허는 대답을 하지 못했다.

"그것이 존재의 실상이다. 그 실상을 보라는 말이다."

"어렵습니다."

"허공을 삼켜 실상을 보고 나면 거기 허공이 있을 것이다. 그것이 이 우주의 본모습이요 우리가 찾으려 하는 궁극이니라."

그 순간 탄허는 몸을 떨며 소리쳤다.

"할!"

가슴속의 빗장이 우지끈 소리를 내며 부러졌다. 허공이 한순간에 입 속으로 들어왔다. 천지의 실상이 드디어 모습을 드러냈다. 모든 것이 보였다. 훤히 보였다.

한암은 탄허의 변화를 느끼면서도 내색하지 않았다. 그의 목소리는 여전히 차분했다.

"나와 십오 년 동안만 선방에서 지내자꾸나. 그 마지막 일분을 위해 열심히 경을 읽고 열심히 선을 닦아보자꾸나."

탄허의 눈시울이 붉어졌다. 눈물 한 줄기가 볼을 타고 흘렀다. 그러나 입은 소리 내어 웃고 있었다.

"껄껄 껄껄껄껄……."

한암과 탄허는 그 후로도 한 몸처럼 선원에서 생활했다. 이제 불교의 사유로 대승법을 터득한 탄허는 그 무엇도 가리지 않았다. 노자의 《도덕경》을 다시 읽었고, 노장학에 밝은 한암과 논쟁을 벌일 정도가 되었다.

대승의 경지에서 보는 노장학의 세계는 또 달랐다. 속세에 있을 때 이해되지 않던 유교 경전의 구절이 비로소 이해가 되었다. 그는 불교 경전에 미쳐 진수(眞髓)를 체득하다가 그것들을 모두 걷어차고는 선원에 틀어박히기도 했다.

또 어느 날은 법상에 올라 법문을 하기도 했다. 될 수 있으면 중생의 근기에 맞춰 알아듣기 쉽게 법문을 하려고 노력했다. 대승의 법을 설하면서 '무엇에도 집착하지 말라, 한 생각을 놓으라' 같은 말을 되풀이하는 자신이 안타까울 때가 한두 번이 아니었다. 그것이 이 나라가 중생을 제도하는 방법이요 한계라는 생각이 들었다. 그 옛날 부처님은 중생의 근기를 보면서 하나하나 제도하셨다는데, 지금은 이렇게 해라, 저렇게 해라며 뭉뚱그려 제도하다보니 중생은 도무지 그 말을 받아들이지 못했다.

선승은 학승을 지해종도(知解宗徒)라 하고, 학승은 선승을 못 배운 중이라 부르며 싸워대니 중생은 그 사이에서 배움을 잃은 지 오래였다. 그러다 보니 불교는 돈을 놓고 소원이나 비는 기복신앙으로 받아들여지게 되었다.

그게 누구 때문인가? 선승은 산중에 앉아 도인인 양 입에 발린 말만 하고 있고, 교승은 안 그래도 어려운 불경을 알아듣지도 못하는 말로 중얼거리기만 하니 부처님의 말과 뜻이 제대로 설 리 없었다. 그 누가 지금이라도 나서서 부처님의 말씀을 제대로 전해야 한다고 탄허는 생각했다. 불교를 바로 알아야 생각을 끊든, 그 생각 속에서 견성을 하든 할 게 아닌가.

탄허는 경전을 읽고 생각하고 또 생각하여 진여심(眞如心)을 얻으라고 하고 싶었다. 그러나 현실은 너무나 틀에 박혀 있고 주어진 틀마저 너무나 조악했다. 함부로 행할 수 없고 함부로 말할 수 없는 세계가 이 세계의 불문율이기도 했다. 더러 그런 이들이 있어 엇나가면 땡추 취급을 받거나 따돌림을 당했다. 그래서 더욱 경전을 번역하고 후학을 양성하는 일에 몰두하게 되었는지도 몰랐다.

명상에 들면 이제는 부처님과 함께 열반적정(涅槃寂靜)의 세계를 볼 수 있었다. 오로지 진여심의 생각에 이른 그의 경지는 이미 생각을 넘어선 곳에 있었다. 도가 극하면 물리가 터지게 되어 있는 법이었다. 마음을 닦아 천지자연과 만물의 이치를 알게 되면 영통한 사람이 되어 미래를 훤히 내다본다는 말이 바로 그것이었다.

탄허의 예지는 몰라보게 좋아졌다. 예지력이 날카로워져 어떤 현상만 보아도 결과를 알 수 있을 정도가 되었다.

나중에는 그런 자기 자신이 무섭기도 했다. 누가 걸어 들어오는 모습이 보여 시자에게 다음날 손이 올 것이다, 하면 정말 손이 왔다. 편지가 올 것이다 하면 편지가 왔고, 누군가 죽을 것이다 하면 부음이 날아왔다.

그때마다 탄허는 허허거리며 웃었다. 이제 깨달은 자는 자신을 드러내지 않는 법이라거나, 진실로 아는 자는 침묵하는 법이라거나, 부처에게는 초점이 있을 수 없다는 생각마저 사라지고 없었다. 자신이 파고들어 속속들이 들여다보려고 한 것은 직관의 세계였다. 직관, 즉 느낌의 세계가 본질이라면 예지력은 점복이 아닌 도의 경지를 향하고 있었다.

그렇게 그는 도심을 키워나가고 있었다. 예지력은 계속 깊어졌다. 천지의 기운을 살피다가 홍수가 난 모습이 눈앞에 보이기라도 하면 바로 그해에 홍수가 났다. 가뭄이 들겠다는 생각이 들면 그해에는 가뭄이 들었다. 그렇게 예지력은 깊어만 갔다.

내게 와 묻고 절하지 말라

어느 날, 작은 공장을 운영하던 한 신도가 상원사를 찾았다. 부도를 맞고 채권자들을 피해 떠돌다 절로 흘러든 것이었다. 며칠을 절에 머물다 가더니 얼마 후 다시 나타났다.

탄허에게 그만의 개성이랄까 신념이 드러나기 시작한 것은 그즈음이었다. 그는 배우겠다는 사람을 물리치지 않았고, 아무에게도 절을 받지 않았다. 그래서 천하의 도와 겸양의 미덕을 알려면 탄허를 찾아가 배우라는 말이 떠돌았다.

그날도 탄허를 찾은 남자는 스님의 도움으로 살아났다며 이마를 바닥에 대고 일어날 줄 몰랐다.

"내가 무엇을 도왔다는 겁니까?"

탄허가 물었다.

"한 번도 스님의 말씀을 잊어본 적이 없습니다."

"나는 그대에게 어떤 말도 한 게 없소이다."

"그랬지요. 언제나 스님은 저를 앞에 두고도 그냥 앉아만 계셨지요. 말없이 앉아 있는 그 시간만큼 마음이 편했던 적이 없습니다. 잘난 걸 뽐낼 필요도 없고 못난 걸 숨길 필요도 없는 세상을 스님이 보여주셨지요. 침묵 속의 말, 그게 바로 진리였습니다. 속세에 가서도 저는 그렇게 살았지요. 진리는 통하는 것이었습니다."

"일어나시오. 나는 그대에게 복을 빼앗길 마음이 없다오."

"무슨 말씀이십니까?"

"절을 그렇게 자주하면 내 복이 나가기 때문이오. 사내대장부가 자꾸 머리를 숙여서야 되겠소."

남의 절을 받지 않겠다는 말은 겸손의 표현이었다. 또 머리를 조아리지 말라는 것은 곧 당신 자신이 부처임을 알라는 암묵적인 가르침이었다.

나중에 어떤 제자가 이를 두고 물었다.

"스님, 왜 절을 못하게 하십니까? 사문은 누구에게나 절을 할 수 있지 않습니까?"

"부처님에게 절을 하는가, 하지 않는가?"

탄허가 되물었다.

"마땅히 절을 하지요. 부처님은 깨달으신 분이 아닙니까?"

"옳다. 법의 본체이므로 잃을 것도 얻을 것도 없지. 그러니 범부의 절을 받을 만해. 하지만 범부가 범부의 절을 받을 수는 없다. 왜냐하면 범부의 본질은 사실 대승이기 때문이지."

하늘의 도는 비어 있다고 했던가. 가득 찬 달은 언젠가 이지러지기 마련이었다. 그래서 마음을 비운 자는 겸손한 것이다. 누구든 공부하고 싶어하는 이에게 기회를 줘야 한다는 게 그의 원칙이었다.

그에게 배우겠다고 찾아온 이들이 한둘이 아니었다. 웃지 못할 일은 공양주들이었다. 절에서 밥을 짓는 공양주들이 그 사실을 알고는 저들도 공부를 하겠다고 나섰다. 스님들이 그럴 줄 알았다며 수군거렸다. 배움 앞에서는 한없이 너그러웠던 탄허가 이들을 받아들였다. 그 바람에 스님들의 점심 공양은 그때부터 찬밥이었다. 단호한 탄허 앞에서 입을 여는 이가 없었다.

어느 날 벙어리 냉가슴 앓듯 하던 이가 부처님에게 찬밥을 올릴 수야 없지 않느냐며 입을 열었다. 그러자 탄허는 불같이 화를 냈다. 네 손으로 공양을 지어 올리라는 말에 그이는 절을 내려갔다. 탄허는 부처가 더운밥 찬밥을 가린다면 내가 칼을 들고 일어날 것이라고 소리쳤다. 부처가 밥투정을 한다면 오히려 부처를 죽이겠다는 것이었다. 그 바람에 스님들은 한두 달도 아니고 무려 3년 동안 찬밥을 들어야 했다.

탄허는 눈도 깜박하지 않았다. 그 뜻을 알기에 한암도 말없이 찬밥을 들었다. 대중들이 투덜거리기라도 하면 한암은 허허거리며 '아 이 사람들아, 배우겠다는 이들을 방해한다면 부처도 죽이겠다는데 나보고 일찍 죽으란 말이냐!' 하고는 돌아앉았다. 불교가 세상의 고통과 허위, 기만에 상처받기 쉬운 사람들을 위한 가르침이라면 그 가르침을 알지 않고 어떻게 윤회의 업에서 벗어날 수 있겠느냐는 말에 한암도 입을 다물었다.

한암은 그를 더 제도할 수 없을 것 같다는 생각에 대강백인 석전 박한영(石顚 朴漢永)을 떠올렸다. 석전스님은 한국 근대 불교사에서 가장 뚜렷한 발자취를 남긴 인물로, 만해 한용운과 더불어 일제 강점기의 독립운동과 불교 발전에 큰 공헌을 한 대학승이었다. 승려 교육과 도제 양성, 대중 교화에 있어 지행일치로 헌신한 이가 바로 석전이었다. 한암은 탄허를 제도할 사람은 석전밖에 없다고 보았다. 한암은 그에게 편지를 썼고, 편지를 받아본 석전은 펄쩍 뛰었다.

석전은 젊은 승을 만나보고 싶지만 그럴 수 없다며 답신을 보내왔다. 천하의 한암이 제도 못할 이가 어디 있으며, 만약 그런 이가 있다면 자신 또한 할 수 없다는 말이었다. 그런데도 한암은 그를 가르칠 이는 석전뿐이라며 정성껏 준비를 해주었다. 손수 탄허의 여장을 챙기고 여비도 넉넉히 손에 쥐어주었다.

"참으로 큰 분이니라. 너를 제도할 분이니 물리쳐도 그냥 물러나서는 안 될 것이야."

"스승님, 저는 여기서 스승님께 배우고 싶습니다."

"어허, 너를 제도할 이는 그밖에 없다고 하지 않았느냐. 그분에게 모든 것을 배우고 오너라. 그때 같이 공부하자꾸나."

막상 길을 떠나려는데 강원도 지사인 손영목이 산을 올라와 강원도 삼본산 승려연구소를 이곳, 오대산 월정사 말사인 상원사에 열기로 결정을 보았다고 했다.

손 지사는 비록 일제시대 도지사를 지내기는 했지만 꼿꼿한 선비였다. 창씨개명을 하라고 하자 지사직을 팽개치고 제 이름을 지킨 이였다.

탄허는 바랑을 지다 말고 눈을 멀뚱거렸다.

"수련소를 개설하려면 중강이 필요할 터인데 강론을 맡아주실 분이 있겠습니까?"

손 지사의 물음에 한암이 가만히 생각해보니 그 일을 해낼 인물이 언뜻 떠오르지 않았다.

잠시 후 탄허의 얼굴에 한암의 눈길이 꽂혔다.

"탄허야, 네가 맡아라."

한암은 잘됐다 싶었다. 그렇잖아도 석전스님은 탄허를 보내겠다는 말에 은근히 거절의 뜻을 밝힌 상태였다.

청천벽력 같은 소리에 탄허가 말했다.

"아니 제가 무엇을 안다고 강론을 맡는단 말입니까?"

"해낼 수 있을 게야."

"네에?"

"넌 이미 웬만한 경전은 읽지 않았느냐."

"하지만 어찌 그 큰 대의를 제가 가르칠 수 있겠습니까?"

"오전에는 내가 너에게 대의를 가르치고, 오후에는 네가 강론을 펼치면 되지 않겠느냐."

"말도 안 되는 소립니다."

"이놈, 웬 말이 그리도 많으냐."

탄허는 아무 말도 하지 못했다.

한암의 예감이 맞았다. 오전에 탄허를 가르치면 탄허는 어떻게 된 판인지 경전을 모두 외워버렸다. 강론에 나선 탄허는 한암이 가르친 경을 펼쳐보는 법이 없었다. 어느새 그의 머릿속에 모두 들어가 실타래처럼 풀려나왔다.

더 놀라운 것은 그의 이해력이었다. 불교 경전을 녹여내는 솜씨가 여간하지 않았는데, 장자가 나오는가 싶으면 공맹이 튀어나오고, 다시 제자리로 돌아오는가 하면 훌쩍 유교나 도가로 넘어갔다. 한암은 자신이 가르쳐놓고도 탄복하지 않을 수 없었다.

손 지사와 중추원 참의 몇 사람이 연구소 개소식에 참석했고,

수련생은 삼십여 명이었다. 탄허가 한암의 증명 하에 중강으로서 금강경, 기신론, 법망경 들을 강의하기 시작하자 전국 불교계가 발칵 뒤집어졌다. 참으로 파격이 아닐 수 없었다.

1939년. 탄허의 나이 스물일곱에 고참 선객이요 훗날 종정의 자리에까지 오르게 되는 고암과 탄옹스님 등이 화엄경재설을 요청했다. 화엄산림이라고 해서 탄허는 화엄경과 화엄론을 재설했다. 탄허의 사형 되는 범룡과 한암의 시자였던 희찬도 여기에 끼어 있었다. 사실 범룡은 탄허보다 한 살 아래였다. 하지만 법랍이 앞섰기 때문에 사형 행세를 똑똑히 하고 있었다. 불가에서는 모든 것이 법랍 순으로 위계질서가 잡히기 마련이다. 그렇지만 법룡은 탄허를 아랫사람으로 여기지 않고 깍듯이 선생으로 모셨다.

또 탄허의 속가 동생인 인허스님도 있었다. 그는 1916년 전북 정읍에서 태어나 탄허가 출가한 2년 뒤인 1936년에 상원사로 들어와 3년 후에 한암스님을 계사로 사미계를 받은 참이었다. 그때 선방 내 기강을 맡고 있던 입승이 탄옹이었고, 인허는 상원사 선방인 청량선원에서 묵언정진을 하다가 가끔 죽비를 맞고는 하였다.

탄허는 사집(四集)을 독학으로 떼었지만, 그 밖의 경전인 《전등록》이나 《선문염송》, 《금강경》과 《법망경》을 한암에게 다시 배워 가르쳤다. 한암이 대의의 감로(甘露)를 가르쳐주고 있었으니 물 만난 고기가 따로 없었다.

수련소의 정규 과정은 금강경과 법망경이었지만, 《화엄경》에 이르자 의견이 둘로 갈렸다. 화엄경은 석존이 오도한 후 최초 21일 간 한 설법이었다. 부처님이 체득한 도리를 여실히 기록한 것이었다. 그렇기에 《영가집》이나 《기신론》, 《능엄경》 들은 화엄경을 가르치기 위한 기초 과정으로 볼 수 있었다. 그만큼 화엄경은 어려운 경전이었다. 어떤 도리를 말해도 알아듣지 못하기에 석존은 산에서 내려와 어린아이들을 달래듯 그 많은 설법을 했다. 49년 동안 그가 행한 설법은 결국 화엄의 도리를 말하기 위한 방편이었던 것이다.

화엄경을 강론하기로 결정하자 청량국사가 세 가지 순서를 세워서 설명한 청량소(淸凉疏)로 할 것이냐, 통현장자가 설명한 통현론(通玄論)으로 할 것이냐를 놓고 논쟁이 벌어졌다. 재미는 통현론이 앞섰다. 한 장만 읽어도 통현장자의 자유자재한 경지에 혼이 쏙 빠질 만했다.

탄허는 이통현의 경지를 높이 사 1969년 기유년에 게송을 짓기도 했다.

이통현의 높은 경지는
인간의 경지가 아니로다
도안에는 물이 없으니

눈 가득 청산이로다

通玄峰頂
不是人間
道眼無物
滿目靑山

반면에 청량소는 지루한 편이었다. 기초가 되어 있어도 무슨 소리인지 갈피를 잡을 수 없었다. 하지만 자구를 꼼꼼히 살펴나가는 공부에는 청량소만 한 것이 없었다. 화엄의 정신을 밝히는 데는 통현론이지만 자구에서는 청량소를 빼놓을 수 없으므로, 결국 통현론과 청량소를 곁들여 강론하기로 했다.

부처님의 49년 설법이 집약된 경전을 다루기가 어디 쉬운 일인가. 아무리 팔만대장경을 다 읽었다 해도 화엄의 도리를 모른다면 단편적인 앎에 지나지 않았다. 그리하여 탄허가 배운 것을 되새기고 한암이 이를 감정한 뒤에 강의를 하는 식으로 수업을 진행해갔다.

지금 화엄론을 듣지 않으면 다시는 들을 기회가 없다며 자리를 뜨지 않던 허몽성이라는 대처승이 있었다. 경전이 귀할 때였다. 교재가 정해지자 몽성의 부인이 시주한 교재 열 질을 놓고 대중들이 둘러앉아 보면서 경문을 새겨나가게 되었다. 화엄경 한 질에 10원할 때였다. 당시로는 적은 돈이 아니었다. 탄허는 주역 책이 귀해 소를 팔지 않으면 안 되었던 아내를 떠올렸다. 그래서인지 더 열심히 배우고 더 열심히 가르쳤다.

훗날 한암이 이런 말을 했다.

"장하구나, 정말 장해. 너는 나의 아난이다."

가르쳐준 것이 엊그제 같은데 이미 제자는 그 경전을 몽땅 외웠으니 그럴 만도 했다. 더욱이 나름대로 해석하고 있는 경지가 놀라울 따름이었다. 강론을 들으면서도 한암은 저 사람을 내가 가르쳤던가, 하고 의아해했다. 믿기지 않았던 것이다. 강의를 듣다보면 한순간에 유불선이 마구 뒤섞여 나왔다. 그것이 오히려 듣는 이의 마음을 잡아끌고 있으니 참으로 신기했다.

"도를 어떻게 봐야 하느냐? 유불선 삼교를 비교해보면 재미가 있습니다. 도의 자리는 같다고 봅니다. 왜냐? 도란 근본이기 때문입니다. 하지만 용법은 다르지요. 불교는 공간을 놓고 볼 때 현실 세계에만 기준한 것이 아닙니다. 무한한 허공 속에서 무한한 세계를 예로 들었고, 시간으로 보면 과거 현재 미래 삼세를 포괄하기 때문에 그 쓰임이 현재에 국한된 것이 아니지요.

사람들 스스로 자기의 인품을 완성하여 미래제(未來際)가 다하도록 일체중생을 자기와 같은 성인으로 만드는 것이 불교의 도입니다. 불교는 쓰임이 넓고 커 현실 정치에 국한된 것이 아닌데 반하여, 선교는 현실 정치를 위해 존재하는 것입니다. 한마디로 유교와 선교는 자가(自家)의 덕을 완성하여 정치로서 실현하는 것입니다. 말이 좀 어렵습니까? 세상 사람들은 정치를 제일 큰 것으로 보지만 기실 몇 푼어치도 안 되는 것이지요. 그렇기에 허유의 귀 씻은 사연이 우리 후학에 끼치는 수천 권의 저서보다 위대하다고 보는 것입니다……."

유점사, 건봉사, 월정사에서 온 스님들 중에는 공맹이 판을 쳐 강의를 듣기가 싫다며 피하는 이도 있었지만, 사실은 공부가 하기 싫어서였지 탄허의 강의가 마음에 들지 않아서는 아니었다.

한날은 만해가 와서 보고는 탄허를 '만근을 달아 올리는 저울추'라고 하며 머리를 설레설레 흔들기도 했다. 탄허는 그렇게 한암에게 배우며 이십대의 나이로 당대의 거승들을 가르쳤다.

그런 그에게 한암이 이런 말을 했다.

"네가 꼭 이 화엄경에 토를 달아서 책을 냈으면 좋겠구나."

그 한마디가 탄허의 신심을 부채질했다. 강론을 하고 있었지만 그는 언젠가 책을 펴내는 일을 꼭 이뤄야겠다는 생각을 운명처럼 받아들이고 있었다.

두 노인

가는 눈발이 날리던 날이었다. 월정사를 지나 상원사로 오르는 한 노인이 있었다. 그는 솜을 넣어 누빈 두루마기에 갓을 쓴 채 힘겹게 산을 올랐다. 산을 내려오는 사람들과 마주치면 상원사가 아직 멀었느냐고 묻고는 하였다.

그러다 상원사에서 수도하는 한 스님을 만났다.

"어르신, 누굴 찾아가십니까?"

"방한암 도인의 아비 되는 사람이외다."

"아이고, 어르신을 몰라 뵈어 죄송합니다. 저는 한암 큰스님 밑에서 수행하는 승입니다. 제가 모시겠습니다."

"거참 고맙구려."

한암이 마침 문을 열어보니 아버지 방기순이 마당을 들어서고 있다. 한암은 버선발로 뛰어나가 아버지 앞에 엎어졌다.

"내가 바로 찾아오긴 했구나."

한암은 그 자리에서 절을 올렸다.

두 사람은 이내 방으로 들어 마주앉았다. 이런저런 말을 나누다 어머니 길씨의 안부를 확인한 한암이 눈을 붉혔다. 그 바람에 잠시 침묵이 감돌았는데, 방기순이 찻잔을 놓으며 아들에게 물었다.

"내가 듣기로 너는 이 나라에서 가장 존경받는 스님이라고 하던데, 그게 헛소문은 아닌 것 같구나."

"그게 무슨 소용이겠습니까"

"큰 어른이라서 나쁠 건 없지. 아무튼 장하다, 장해."

그날 방기순은 상원사에서 하룻밤을 묵고 다음날 산을 내려갔다. 바람에 흰 수염을 날리며 돌아가는 아버지를 배웅하고 온 한암은 한동안 방에서 나오지 않았다. 제자가 문을 열어보면 그는 돌덩이처럼 앉아 선정에 들어 있었다.

몇 달 뒤 이번에는 탄허의 스승이었던 이극종이 방기순이 오른 길을 따라 산을 올랐다. 여전히 꼿꼿한 선비의 모습이었다.

이극종이 상원사에 도착했을 때 탄허는 강의를 하고 있었다. 시자인 희태가 탄허가 쓰던 독방으로 안내했다. 희태는 강의 시간에는 무슨 일이 있어도 방해하지 말라는 스승의 엄명을 받은 터라 발만 동동 굴러야 했다.

기다려도 탄허가 오지 않자 이극종이 희태에게 탄허가 있는 곳을 물었다.

"지금은 강론 중이라……."

"아니 그 사람이 이곳에서 스님들을 가르치고 있단 말인가?"

"그렇습니다, 어르신."

"날 그리로 안내하시게."

희태스님은 망설였지만 하는 수 없었다.

이극종이 문을 조금 열고 안을 들여다보니 머리를 깎은 속가의 금택이 법복을 걸치고 강의를 하고 있다. 가만히 들어보니 칼칼한 목소리가 예전 그대로였다. 그런데 강의 내용을 듣고는 자신도 모르게 눈을 감았다. 부처의 법만을 떠들고 있을 줄 알았는데 그게 아니었다. 말 한마디 한마디에 유불선이 그대로 육화되었다.

이극종의 눈가가 붉어졌다. 혼자 늙어가는 애들 어미를 볼 때마다 내 이놈을 그냥 두지 않겠다고, 목을 비틀어서라도 끌고 오리라 다짐했던 그였다. 속가의 제자는 승복을 걸치고 머리를 깎은 승이 되 승이 아니었다. 그가 곧 최치원이요 서경덕이요 원효라는 생각이 들었다.

탄허는 분명히 외치고 있었다. 유교에서 인간이 가져야 할 예의(禮儀)의 마음을 배우고, 불교에서 마음의 구조를 밝히는 명심(明心)의 이치를 배우고, 선교에서 몸을 다스리는 양생(養生)의 비결을 배우라고. 이 세 가지 전통을 모두 섭렵한 한 인간이 거기 있었다.

어느 하나에 얽매이지 않고 유교와 선도와 불교를 하나로 엮어냄으로써 진정한 무아의 세계, 그 본질의 세계로 나아가려는 한 인간이 거기 있었다.

이극종은 분명히 보았다. 그가 되려고 하는 것은 원효도 서경덕도 최치원도 아니었다. 오로지 우주의 철리를 깨달아 궁극의 본질을 얻으려 하고 있었다.

언젠가 성리학의 대가 서경덕은 이런 말을 했다.

"천하에 삼도(三道)가 있는데 유불선이 그것이다. 유도가 최상이고 불도가 그 다음이며 선도가 그 아래니라."

그는 이미 그 경지를 넘어선 것이 분명했다.

"진리에는 분파가 없고 주객이 없고 이해가 없는 겝니다. 나와 남의 것이 없다는 말이지요. 유교는 중국 것이고 불교는 천축 것이고 선도는 우리 것이라 하는데, 그게 아니라는 말입니다. 모든 것을 하나로 보지 못하는 대승심이 모자라 자꾸만 구분을 짓게 되는 게지요."

성리학의 대유(大儒)로서 토정 이지함과 허균을 길러낸 화담 서경덕, 풍류 도인이 되어 선도의 길을 걸었던 고운 최치원. 그들이 간 곳에 오늘날 유불선 삼도를 안은 탄허 택성이 서 있었다.

그 모습을 확인한 이극종은 가만히 문을 닫고 그 길로 산을 내려갔다.

강론을 마친 탄허에게 희태가 이극종이 다녀갔다는 말을 전하자 그는 한달음에 산문까지 내달렸다. 장인을 동행하지 않은 걸 보면 아무래도 장인의 몸이 좋지 않은 것 같았다. 하지만 이극종의 모습은 보이지 않았다. 한암의 아버지가 산을 오른 그날처럼 진눈깨비가 흩날렸다. 비로소 두문불출하던 스승의 심정을 알 수 있을 것 같았다.

어깨를 축 늘어뜨린 채 걸어오는 탄허를 보자 한암이 물었다.

"가셨느냐?"

"안타깝게도 뵙지 못했습니다."

"잊어라. 승은 오로지 비정을 먹고사는 동물이니라."

"예."

그 뜻을 알기에 탄허는 그렇게 대답했다.

"너에게 못된 불한당이라고 하던 이가 그냥 돌아갔다면 너를 인정했음이니라. 무엇 때문에 이곳까지 와 그냥 돌아갔는지는 모르겠다만, 그만한 사정이 있지 않겠느냐? 희태 녀석이 그러는데 네가 강의하는 모습을 보고는 눈물을 글썽이며 돌아섰다고 하더구나."

"그래서 더 마음이 아픕니다."

"그 아픈 마음이 너를 부처로 일으키리라."

천고의 학이 머무는 자리

1941년. 5월이 다 가고 6월이 막 시작될 즈음 경성을 다녀온 제자가 숨을 헐떡이며 한암을 찾았다.

"조실스님, 기뻐하십시오. 스님이 조선불교조계종 초대 종정(당시의 교정)으로 추대되셨답니다."

"뭐라고?"

갑작스런 소식에 한암은 어이가 없어 잠시 수좌를 바라보다가 쯧쯧, 혀를 찼다.

"난 또 무슨 일이라고. 야 이놈아, 난 네놈이 오도라도 한 줄 알았다."

"기쁘지 않습니까?"

젊은 수좌가 여전히 들뜬 목소리로 물었다.

"이놈아 기쁘기는커녕 기가 막힌다."

"아니 큰스님, 조계종 종정으로 추대되셨다는데 왜 기쁘지 않습니까요?"

"고얀 놈, 닭 벼슬보다도 못한 그놈의 자리가 그렇게 커 보이느냐?"

"예에?"

"그 사람들 미쳤구만."

"미치다니요? 31본산 주지 회의에서 스님을 만장일치로 종정에 추대했다고 하지 않았습니까."

"일없다."

"스님, 종정이 되신 것은 오대산의 영광입니다. 이 상원사의 영광이요, 문도들의 기쁨입니다."

"어허, 일없다는데도 그러는구나. 그런 감투 따위는 내게 필요 없느니라."

그렇게 말하고 한암은 소리 나게 문을 닫아버렸다.

"고얀 것들. 종정이 하고 싶으면 저희들이나 할 것이지."

얼마 지나지 않아 사람들이 몰려왔다. 축하한다는 말에 한암은 화를 냈다.

"이 사람들아, 여기 종정이 어디 있는가. 잘못 찾아온 게야. 인사는 종정이 있는 곳에 가서 하시게."

"조실스님, 왜 그러십니까?"

"나가들 보시게. 부처님이 역정을 낼까 무섭구면. 어서들 나가 래두."

1936년에 조선총독으로 부임한 미나미가 훗날 한암이 종정이 되었다고 하자 한번 만나야겠다며 사람을 보냈다. 그가 보낸 전갈을 보자 경성으로 올라오라는 내용이었다.

한암은 불같이 화를 냈다.

"늙은 중더러 경성으로 올라오라고? 그놈이 정신이 나가도 단단히 나갔구나!"

전갈을 가지고 온 젊은 수좌가 눈치도 없이 말했다.

"큰스님, 채비를 하라고 할까요?"

그러자 한암이 주장자를 슬며시 들었다.

"그전에 너 이놈, 이리 좀 오너라."

수좌가 멋모르고 다가섰다. 주장자가 정수리에 딱 하고 떨어졌다.

"네 이놈, 여기가 어디더냐? 어디서 함부로 그런 말을 전해. 나는 부처를 모시는 사람이다. 어디 미물보다 못한 놈이 부처를 모시는 사람을 오라 가라 한다더냐. 나는 한 발짝도 이곳을 떠나지 않을 것이야."

이 소식을 전해들은 미나미 총독은 이맛살을 찌푸렸다.

"거 웃기는 영감이군."

그는 부총독 격인 정무총감 오오노를 불러 상원사로 보냈다.

"가서 만나보고 와. 아무래도 뭔가 수상한 게 냄새가 나."

오오노가 상원사에 올라보니 늙은 한암이 호랑이 상을 하고 앉아 자신을 노려보고 있다. 그 기세에 눌려 선뜻 다가서지 못했다.

"산을 오른다고 꽤 힘들었겠소."

한암은 아랫사람을 대하듯 그렇게 말했다.

"저희 총독께서 인사를 여쭙고……."

"에취!"

한암은 듣기 싫다는 듯 기침을 했다.

"내가 이 산에 평생을 살았어도 고뿔 한 번 걸린 적이 없거늘, 경성 양반이 고뿔을 달고 오셨나?"

한암은 그렇게 말하고 돌아앉았다.

오오노가 달콤한 말로 한암의 환심을 사려 했지만 한암의 반응은 냉담했다. 그때마다 억지 기침을 하며 손사래를 치더니 상좌에게 붓과 벼루를 내오게 했다.

한암은 딱 네 글자를 썼다. 심전개발(心田開發), 즉 마음을 잘 닦으라는 뜻이었다.

상원사를 찾은 일본인은 오오노만이 아니었다. 이듬해에는 본국에서 경무국장이라는 이가 찾아왔다. 이름은 이께다였다. 그는 한암을 잘 구슬려 식민지 통치에 불자들의 협조를 이끌어낼 속셈으로 절을 찾은 것이었다.

경무국장이 일본에서 왔다는 말에 한암은 눈썹 하나 까딱하지 않았다.

"그런 사람이 왜 나를 만나려고 해?"

"한번 만나보시지요."

아랫사람이 말했다.

"싫다."

이미 경무국장은 산사 안에 들어와 있었다.

"스님, 안녕하십니까?"

한암이 그제야 고개를 돌려 경무국장을 보았다.

"뉘시오?"

경무국장이 신분을 밝혔다.

"엄청 높은 사람인 모양이오?"

"이 세상에 스님보다 높은 사람이 있겠습니까? 스님은 이 나라의 종정이 아니십니까."

"그렇다면 무릎을 꿇으시오."

한암의 말은 거침이 없었다. 경무국장이 화들짝 놀라며 두 눈을 멀뚱거렸다.

"네에?"

"그대가 지금 거짓말을 하고 있는 게 아니라면 무릎을 꿇어야 할 게 아니오."

이께다는 하는 수 없이 무릎을 꿇었다.

"그래 무슨 볼일이 있어 왔소?"

"스님의 도가 하도 높다기에 한번 찾아뵙고 인사를 드리려고 왔습니다."

"나한테 인사를 해서 뭐 하게?"

"네? 아, 뭐 좀 물어볼 것도 있고……."

"무엇을?"

"스님께서는 도가 높아 신통력을 얻으셨다고 하던데, 이번 전쟁은 어찌 될 것 같은지요?"

시자들의 얼굴이 순식간에 백짓장처럼 하얘졌다. 큰스님을 시험하는 덫이라는 생각이 들었기 때문이다. 덫을 놓은 이께다의 표정도 심각하기는 마찬가지였다.

화두처럼 빠져나갈 틈이 없는 질문이었다.

한동안 팽팽한 긴장감이 둘 사이에 감돌았다. 한암은 흔들리지 않았다. 그만한 일에 흔들릴 양반이 아니었다.

"어느 쪽이 이기겠는가, 그 말이오?"

"그렇습니다."

한암이 웃었다. 참으로 교묘한 물음이라는 생각이 들었지만, 이미 대답은 하나였다. 일본이 이긴다고 하면 아부하는 꼴이 될 것이요, 진다고 하면 눈 밖에 날 게 뻔했다. 그렇다고 아부할 마음은 없었다.

"그것을 내가 어찌 알겠소. 이기는 쪽이 이길 것이고, 지는 쪽이 지겠지."

"그러니 어느 쪽이 이기겠느냐는 말입니다."

경무국장이 끈질기게 물고 늘어졌다.

"그야 뻔하지 않소?"

"네에?"

"나는 중이외다. 중이 뭐요? 과보(果報)를 알고자 하는 사람이 아니겠소?"

"그렇지요."

"과보가 인과응보를 뜻하니, 죄를 지은 쪽이 벌을 받는 게 당연하지 않겠소? 지는 것도 이기는 것도 과보를 따르는 것이오."

이에 경무국장 이께다는 말 한마디 못하고 물러났다.

무서운 예지력

한암은 1945년 해방을 맞을 때까지도 한국 불교의 최고 어른인 종정 자리에 있으면서 한 번도 서울을 찾지 않았다.

그해 8월에 접어들어 탄허의 머릿속에 그동안 잊고 지낸 영상 하나가 떠올랐다. 그가 꿈속에서 보았던 버섯구름 같은 폭풍의 영상이었다. 무시무시하던 빛을 다시 보게 되었다. 그 광경은 더 선명해져 있었다.

등골이 오싹했다. 출가 전에 한 번씩 꾸었던 꿈이 미래에 닥쳐 올 일들을 예견하고 있었다는 생각이 들었다. 그 빛을 본 후 큰 폭발이 일어나 일본에서 수많은 사람들이 죽어나갔고, 이내 해방을 맞았기 때문이다.

1949년 어느 날, 탄허는 스승인 한암에게 문득 이런 말을 했다. 안개가 짙게 깔린 아침이었다.

"스승님, 통도사로 몸을 피해야겠습니다."

느닷없는 말에 한암이 뜨악한 표정을 지었다.

"그게 무슨 소리냐?"

탄허는 당당하게 말했다.

예전 같았으면 '저도 모르게 그런 생각이 들었습니다. 속가에서 얻은 지식을 버리기가 이렇게도 힘이 든가 봅니다'라고 했을 터인데, 지금은 그렇지 않았다.

"일어나서 밖에 나와보니 개미떼가 싸움질을 계속하고 있었습니다. 법당과 뜰에 수백 마리씩 죽어 있는 걸로 봐서 아무래도 전쟁이 날 것 같습니다."

그 영상을 보았다는 말을 차마 할 수가 없었다.

"흐흠!"

그렇잖아도 예감이 좋지 않은 터에 제자인 탄허가 먼저 입을 연 것이었다.

"무서운 일이로다. 명상을 통해 이제는 예지력까지 생기지 않았느냐."

한암은 꿈에 머리가 둘 달린 뱀을 보았다. 머리와 꼬리의 생각이 달라 결국 불구덩이에 빠져 죽는 뱀의 이야기가 경전에 나와 있었다.

머리가 둘 달린 뱀은 늘 다투었다. 이리로 가면 또 다른 머리가 저리로 가자며 나섰다. 그러다 보니 꼬리는 화가 났다. 꼬리는 반역을 시도했다. 급기야 꼬리로 나무를 감고 버티게 되자 두 머리는 하는 수 없이 꼬리의 뜻을 따르게 되었다. 꼬리는 눈이 없어 길을 잘못 들었다. 결국에는 벼랑으로 떨어져 불구덩이에 빠져 죽었다는 얘기인데, 마침 머리가 둘 달린 뱀을 본 것이었다.

한암은 이를 남북 간에 큰 싸움이 일어날 조짐으로 보았고, 탄허는 이를 개미의 싸움으로 내다본 것이었다.

"개미의 싸움에서 무엇을 본 게냐?"

한암은 자신의 심중을 숨기고 그렇게 물었다.

"하늘은 하늘의 상을 보이고 땅은 땅의 상을 보인다고 생각합니다. 어찌 사람의 상만 상이겠습니까. 곤충들도 난리의 조짐을 보이고 있다는 말이지요."

"옳거니! 미물의 상도 상은 상인 것. 나도 그걸 느끼고 있었느니라."

"우선 통도사로 몸을 피하시는 게 좋겠습니다."

한암은 고개를 끄덕일 뿐 말이 없었다.

다음날 한암은 월정사에 내려가 있는 탄허를 불렀다.

"내가 곧 뒤따를 테니 번역하던 원고를 통도사로 먼저 옮겨놓게나."

"그러겠습니다."

탄허의 신화엄경 번역 원고는 월정사의 한 암자에 있었다.

"날이 차서 고생이 많겠구나."

"원고는 지고 가면 됩니다. 걱정 마십시오."

그 길로 탄허는 번역 원고를 지고 통도사로 향했다. 탄허는 통도사로 내려가 스승이 오기를 손꼽아 기다렸다. 그런데 곧 뒤따르겠다던 스승은 해가 바뀌어도 나타나지 않았다. 한암은 곧 내려갈 터이니 기다리고 있으라는 답신을 보내왔다.

결국 이듬해 유월에 전쟁이 터졌다.

한암은 무릎을 쳤다. 유가의 세계는 논리의 면이 강했다. 상수역 쪽으로 가더라도 어디까지나 논리의 세계가 기반이다. 그 세계에 통달한 이에게 직관의 세계가 주입된다고 해서 아무에게나 그런 능력이 생기는 것은 아니었다.

어쩌면 탄허가 아무것도 아니라고 넘겨버렸던 이상한 꿈자리도 영안의 하나인지 몰랐다. 탄허는 그 자질을 타고난 이였다. 영적인 능력에 선적인 수련이 보태지자 예지력이 생겨나기 시작한 것이다. 선적인 체험에서 생겨난 실천의 힘을 얻기까지 진리를 향해 정진한 노력의 결과임이 분명했다.

탄허는 한암에게 왜 내려오지 않느냐고 재촉했다. 그러나 한암은 탄허와 맺은 약속을 차일피일 미루었다. 그 또한 무언가를 내다보고 있었다.

한암 자신은 떠날 생각은 않고 제자들을 모두 내려보내려 했다. 제자들은 꿈쩍하지 않았다. 오히려 죽기 전에 스승님을 한 번이라도 뵙겠다며 모여들 정도였다.

탄허는 안 되겠다는 생각에 피난 행렬을 뒤로하고 오대산으로 향했다.

상거지가 되어 들어서는 탄허를 보자 한암이 소리쳤다.

"왜 왔느냐?"

"스승님."

"에이, 못난 사람."

돌아서는 한암의 눈 밑이 붉어졌다. 탄허, 도원, 성도, 범룡······ 제자들은 스승을 모시고 다 같이 죽자고 약속이나 한 것 같았다.

그 와중에 탄허는 꿈속에서 아버지를 보았다. 아버지가 어머니에게 문을 좀 열어달라고 하는 것 같았다. 눈이 휑했다. 몸이 북어처럼 말라비틀어졌다. 언젠가 꿈에서 본 바로 그 모습이었다.

푸른 하늘을 쳐다보는 아버지의 두 눈에 눈물이 고였다. 아버지는 무엇을 붙잡으려는 듯 손을 허우적거렸다. 누군가 그 손을 잡았다. 어머니였다. 아버지는 일경에게 잡혀가 모진 고문을 당한 후유증으로 힘들어 보였다. 당장에라도 달려가고 싶었지만 그럴 수 없었다. 이미 고향 땅은 인민군 수중에 들어간 상황이었다. 1950년 9월 28일 김홍규는 눈을 감았다. 그의 나이 예순셋의 일이었다.

좌탈입망

인민군이 이기는가 싶더니 이내 국군이 밀고 올라왔다. 산속으로 숨어든 인민군들이 상원사로 몰려왔다. 뒤이어 국군이 들이닥쳤고 적멸보궁에 숨어 있던 인민군 패잔병들을 개 잡듯 쏘아 죽였다.

총부리가 탄허에게 옮겨갔다.

"당신이 이곳 관리인인가?"

"그렇소."

탄허가 대답했다.

"당신이 숨겼는가?"

"아니오."

"누가 허락했으니 절간으로 숨어든 거 아닌가."

"저들이 여기 있는지도 몰랐소."

이때 한암이 나타나 탄허 앞을 가로막았다.

"잘못이 있다면 이 늙은이에게 있소이다. 내가 잠시 부른 사이에 저들이 숨어든 모양이오."

"그럼 당신이 숨겼단 말이오?"

"그런 일 없다오."

한암의 결연한 눈빛에 병사는 총부리를 거두었다.

국군이 돌아가고 나자 한암이 탄허와 도원을 불렀다.

"어서 몸을 피해. 너희들은 할일이 많아. 개죽음을 당해서는 안 된다. 만약 여기서 너희들이 죽는다면 내가 부처님을 어떻게 뵙겠느냐. 심부름을 온 너희들을 내가 죽인 꼴이 되지 않겠느냐. 탄허는 부지런히 경전을 번역해 세상에 알려야 할 소명이 있다. 도원이너도 마찬가지야. 저놈들이 너희들을 의심하기 시작했으니 다시온다면 너희부터 찾을 게다. 그러니 어서 떠나거라."

"안 됩니다!"

탄허가 소리쳤다.

"어리석은 중생아, 왜 목숨을 함부로 하려고 해. 그렇게 던지려고 이곳으로 올랐단 말이냐. 더 큰 세계를 봐. 더 큰 세계를."

그렇게 말하고 한암은 돌아섰다.

"나가지 않겠다면 내가 너희를 내쫓을 것이야."

어쩔 수 없었다. 탄허와 도원은 적을 숨겨주었다는 혐의를 받은 터라 상원사를 떠나기로 했다.

탄허는 스승의 마지막 모습일지 모른다는 생각에 발이 떨어지지 않았다. 고개가 자꾸 뒤로 돌아갔다.

두 사람을 바라보고 선 한암의 마음도 마찬가지였다.

"인연이 있으면 또 보세."

한암이 나지막이 중얼거렸다.

한암의 예감이 맞았다. 탄허가 떠나고 난 어느 날이었다. 연합군의 전투기가 보이는가 싶더니 갑자기 상원사를 향해 맹렬한 공격을 퍼부었다.

스님들이 뿔뿔이 흩어져 숲 속으로 숨었다. 한암이 보이지 않았다. 문이 활짝 열린 법당 안을 바라보던 누군가가 외쳤다.

"큰스님 저기 계신다!"

손을 들어 가리킨 곳을 보니 한암은 장삼 위에 가사를 걸치고 법당 한가운데에 앉아 있었다. 탄환이 비 오듯 쏟아지는데도 선삼매에 들었는지 꼼짝하지 않았다.

기관총 소리가 멎자 사람들이 달려갔다. 법당 곳곳에 총알이 박혔다. 한암의 발치에도 박혔다. 다행히 총알은 그를 빗겨갔다. 대중들이 '큰스님, 큰스님' 하고 부르자 한암은 그제서야 삼매에서 깨어났다.

"오, 너희들 무사했구나!"

탄허가 한암의 열반 소식을 들은 것은 그 후 얼마 지나지 않아서였다.

공비들이 숨어들었다고 판단한 김백일 장군의 명령으로 월정사가 불에 탔다. 군인들은 상원사마저 불태우기 위해 몰려갔다. 군인들이 들이닥친다는 소식을 들은 한암은 아예 법당에서 나오지 않았다. 상원사와 운명을 같이하겠다는 것이었다. 결국 그 뜻을 꺾지 못한 지휘관은 문짝만 죄 뜯어 불을 지르고 돌아갔다.

그 후 한암은 시름시름 앓기 시작했다.

병수발을 들던 희찬이 죽을 쑤어 들어가자 한암이 물었다.

"오늘이 음력 이월 열나흘이지?"

"네."

"가서 목욕물을 좀 데워라."

한암은 사시에 목욕을 깨끗이 한 뒤 희찬이 가져온 장삼과 가사를 입었다.

범룡은 그때 중대 사자암에 있었는데 희섭이 아무래도 큰스님이 이상하여 그를 부르러 갔고, 큰스님 수발을 들던 희찬은 약을 구하러 산을 내려갔다.

절에는 평등성 보살 한 사람뿐이었는데, 마침 김현기라는 육군 장교가 마당에 들어 한암을 찾았다. 그는 보도나 선전 일을 맡아보

는 정훈장교로, 부근에 있다가 평소 인사를 나눈 적이 있는 한암을
보러 온 것이었다.

평등성 보살이 그가 왔음을 알리러 방으로 갔다.

"큰스님, 김현기 장교가 찾아왔습니다."

한암은 말이 없었다. 방문을 여니 한암은 결가부좌를 하고 있었
다. 뒤로 조금 상체를 젖힌 채 쉬고 있는 듯했다.

"큰스님."

보살이 곁에 다가갔는데 숨을 쉬고 있지 않았다.

"아이고."

방 안에서 나는 통곡에 김현기 장교가 뛰어들었다. 그는 한암
앞에서 흐느끼다가 메고 있던 카메라를 들고 영면한 한암의 모습
을 찍었다. 1951년 3월 21일의 일이었다.

4장 /

언젠가는
돌아가리라

비보와 비명

탄허는 1955년에 대한불교조계종 강원도 종무원장 겸 월정사 조실에 추대되었다. 그의 나이 마흔셋의 일로, 한암이 열반에 든 지 꼭 4년 만이었다. 감회가 새로웠다. 생전에 오대산을 떠나지 않았던 한암 스승. 그와 함께 거닐었던 숲길 위로 밤하늘의 별이 쏟아지고 있었다.

탄허는 한국전쟁 때 불에 탄 오대산의 중심 사찰인 월정사를 혼신을 다해 보수했다. 칠불보전을 비롯하여 영산전, 광응전, 진영각 같은 열일곱 동의 건물이 전소되고 문화재 또한 재가 되었지만 성심을 다해 다시 세우려 했다.

이듬해에는 뜻하지 않은 비보가 날아들었다. 산을 내려가 늘 똥지게를 지며 자신의 개오를 지켰던 보문 선사가 열반했다는 소식이었다. 그는 세상에 이름이 알려지는 게 싫어 제자도 두지 않았다. 나중에 스승 한암이 그를 걱정하여 희섭스님을 보문의 상좌로 만들었을 정도였다. 희섭의 제자가 해인사 강주를 지낸 무관스님이었다. 또 선승들의 중심인물이라 할 수 있는 무여스님도 그중 하나였다.

보문은 생전에 많은 일화를 남긴 승이었다. 봉암사는 경상북도 문경에서 북쪽으로 약 20킬로미터 떨어진 희양산 남쪽 기슭에 있는 절로, 신라 헌강왕 5년(879)에 지증대사가 지었다. 그곳에 한국 불교계를 이끌던 거목들이 모였다. 성철, 청담, 향곡, 혜암, 법전, 성수 등 기라성 같은 인물들이 정진을 통해 한국 불교의 위상을 살려보자고 자리를 같이했다. 그곳에 보문도 있었다. 그는 단연 돋보였는데, 투표를 거쳐 선방 죽비를 잡은 입승이 바로 보문이었다.

보문은 폐병이 들어 갈비뼈가 썩자 마취를 하지 않은 채 수술을 받았을 정도로 수행이 깊었다. 그는 맨살을 칼로 찢은 뒤 갈비뼈 세 개를 도려내는 고통을 참아냈다. 마지막 뼈를 도려낼 때 옅은 신음 소리를 한 차례 냈을 뿐 일체 말이 없었다.

그해 탄허는 심기일전하여 월정사에 대한불교 조계종 오대산 수도원을 설치했으나 찾는 이가 그리 많지 않았다. 불교계는 물론 사회 전반에 인재를 길러내겠다는 목표를 세우고 행한 최초의 교육결사였다.

다른 선사들이 저 혼자만의 깨달음에 천착하거나 종단 정치에 매달릴 때 그는 오로지 인재 양성에 힘을 쏟았다. 그는 모르는 것이 있으면 와서 물으라고 했다.

속가 제자가 물었다.

"스님, 알음알이는 오히려 해탈에 방해가 된다고 알고 있습니다."

그러자 탄허는 껄껄 웃었다.

"어리석구나. 우리 마음의 본체를 한 글자로 말하라면 지(知) 외에는 없는 게야. 무슨 말이냐 하면 생각이 일어나기 전에 아는 것도 아는 것이란 소리지."

"무슨 말씀인지 모르겠습니다."

"모르겠다면 이렇게 생각해. 내가 말하는 지는 망지(妄知)도 아니요 망상(妄想)의 지도 아니야. 마음의 본체를 가리키는 지각을 뜻하지. 더 쉽게 말해 주랴? 알고 버리는 것과 모르고 버리는 것과는 다르다 그 말이야."

"아예 모른다면 버릴 것도 없지 않겠습니까?"

"그럴까? 불이 뜨겁다는 걸 모를 리가 있나. 불의 본체는 난(暖)이니까. 찬 불을 본 적이 있느냐? 그럼 물의 본체는 무엇일까? 습(濕)이지. 젖는 것이니까 말이야. 바람의 본체는 뭘까? 동(動)이지. 움직이는 것이니까. 그걸 모르는 사람이 어디 있겠는가. 그럼 마음의 본체는? 그것이 바로 지(知)가 아니겠는가. 그대가 아무리 부정해도 마음을 갖고 나온 이상 앎을 향한 길은 늘 열려 있기 마련이지. 그럼 해탈이란 뭐냐? 그 앎의 길을 끊어버리는 것이지. 중생은 앎의 길에 있으니 그 본체는 지가 되는 것이야. 뭘 알아야 끊는 길도 알 것이 아닌가. 어떻게 그 길을 모르고 끊을 수 있단 말인가? 묵연히 선정에 들어 눈만 감고 앉았으면 깨침이 오는 것인 줄 알지만 천만의 말씀이야. 끊어내고 끊어낼 때 깨침이 오는 것이지."

속가의 학자로서 모자람이 없다고 생각했던 제자는 그제야 시선을 떨구었다. 백묵을 들고 칠판 앞에서 '천하의 지식인이여, 내게 와서 물으라'고 소리치던 스승이 비로소 이해가 되었다. 묻지 않으면 다 알아들은 것으로 알고 자신이 물어보리라던 스승의 호통이 이해가 되었다. 자기 과시가 아니라, 깨달음을 주려는 자비심의 발로라는 생각이 들었다.

그렇게 탄허는 가르침과 배움에 있어 당당했다. 그의 가르침은 비단 지식인들에게만 국한된 것이 아니었다. 무지한 중생이 오면 그 근기에 맞게 가르쳤다.

어느 날 한 여신도가 찾아와 탄허에게 절을 올렸다. 그런데 자세히 보니 왼손 약지 손톱에 피멍이 들어 있었다.

일어나는 여신도에게 탄허가 물었다.

"바깥양반은 뭘 하는 사람인가?"

"장사를 하고 있습니다."

"한동안 조심해야겠구먼."

"예."

여신도는 그렇게만 대답하고 물러났다.

며칠 후 그 여신도가 탄허를 다시 찾았다. 탄허는 여신도를 보자마자 문을 탁 닫으며 제자에게 소리쳤다.

"내쫓아라!"

여신도는 끌려나가면서 탄허를 원망했다.

"아이고 스님, 너무 합니다요. 제가 무슨 잘못을 저질렀다고 이렇게 홀대를 하십니까?"

여자를 밖으로 끌어내던 제자는 그녀의 남편이 교통사고로 죽은 사실을 알게 되었다. 돌아온 제자가 물었다.

"왜 내치셨습니까?"

"묻지 않았기 때문이다. 내가 조심하라고 할 때 왜 그렇습니까, 하고 한마디만 했어도 그런 큰 화를 당하지 않았을 게야."

"그럼 스님께서 물으실 수도 있는 것이 아닙니까?"

묻지 않으면 자신이 묻겠다던 스승의 외침을 생각하며 제자가 물었다.

탄허는 고개를 내저었다.

"내가 물었어도 귓등으로 흘렸을 종자였느니라."

"그래도 구하셨어야 했지요."

"부처라 해도 구할 수 있는 이가 있고 없는 이가 있느니라. 그것이 바로 인연법이다. 석가세존도 부처가 되기 전에는 중생으로 살며 미물의 보를 받았느니라. 그런 과정이 있었기에 부처로 일어선 것이다. 내가 비정하다고 생각될지 모르겠으나 그런 종자에게는 내 가르침이 오히려 약이 될 것이야. 무언가를 깨달았다면 앞으로는 그렇게 살지 않을 것이기 때문이다."

제자는 등골의 서늘한 기운을 느끼며 아무 말도 하지 못했다.

탄허는 그렇게 모르는 것이 있으면 물으라고 했다. 모르면서 묻지 않는 자를 그는 경멸했다. 1957년 11월부터 흔들리기 시작하던 수도원은 감자밥조차 배불리 먹지 못하는 재정난에다 비구와 대처승의 싸움까지 더해져 연말에 문을 닫기에 이르렀다. 이후 그는 남은 제자들을 이끌고 영은사로 거처를 옮겼다. 그곳에서 인재 양성의 교육 불사를 계속하면서 강원의 교재로 쓸 불경의 번역에 매달렸다.

탄허는 마흔일곱이던 1959년에 《육조단경》 번역 원고를 탈고했고, 대한불교 조계종 종정 한암 대종사의 부도비명을 썼다.

붓을 든 손끝이 떨렸다. 그는 향불을 살라 법당에 오체투지하고 눈물을 쏟았다.

"스승이시여, 나의 스승이시여. 이 한 조각의 비가 무슨 소용이며 이 기록이 무슨 소용이겠습니까. 대장부 한 세상 그렇게 가신 그림자가 이토록 깊은데……."

비명을 쓰고 난 후 탄허는 한동안 바깥출입을 하지 않았다. 가끔 스승과 함께 거닐던 단풍나무 곁을 다녀오는 게 다였다.

그 나무는 한암 스승이 처음 오대산에 들어와 짚고 다니던 지팡이였다. 해 그림자를 보려고 중대 사자암 앞뜰에 심었는데, 가지가 나고 잎이 돋아 지금은 그늘을 드리우고 있다.

그 소식을 들은 경봉 대선사가 서신을 보내어 그를 위로하고는 하였다.

심무생사

1960년에는 비구와 대처승 간의 다툼이 극에 달했다. 다음날이면 대처승들이 들어와 월정사 비구들을 내쫓을 판이었다. 그 사실을 안 사람들이 몰려왔다. 서울에서 청담스님과 숭산 선사가 지원군을 이끌고 왔다. 이들은 탄허의 방에 모여 절을 지킬 방안을 숙의했다.

"세상에 이런 일이 있을 수 있나. 대처가 비구의 절에 들어와 살림을 차린다니!"

큰스님들이 모여 앉아 혀를 차는데도 탄허는 느긋하였다.

"걱정 마십시오. 절대로 대처가 이 절은 차지하지는 못합니다."

"아니 이 사람아, 내일 당장 쳐들어온다고 하지 않는가."

"아무리 그래도 우리를 내쫓진 못할 겁니다."

탄허는 자신이 조실로 있는 절이 다음날 풍비박산이 날지 모르는데도 여느 때처럼 9시가 되어 잠자리에 들었다. 지켜보던 사람들이 고개를 내저었다.

모두 누워 잠든 시각, 탄허는 첫잠이 깨자마자 일어나 앉아 원고를 쓰기 시작했다.

그의 말대로 월정사는 멀쩡했다.

그곳에 왔던 큰스님 한 분이 지그시 눈을 감으며 신음처럼 내뱉었다.

"무서운 예지력일세."

한편으로 그의 예지력을 못 미더워하는 무리가 있기 마련이었다. 그들은 대처들이 쳐들어온다는 데도 일찍 잠이 든 것을 두고 불편한 심기를 감추지 않았다. 예지력 때문이 아니라 무슨 일이 있어도 일과를 지키는 어른이라 쏟아지는 잠을 이기지 못한 것으로 보았다.

그로부터 5년 후, 그의 예지력을 부정하던 한 스님이 어느 날 월정사를 찾았다. 탄허가 절 안을 거닐다 그를 발견하고 다가갔다.

"오랜만입니다, 스님."

"그러네요. 절이 한층 넓어진 것 같습니다."

뒷짐을 진 채 산 아래를 굽어보던 스님이 예를 표했다.

"다 스님 은덕이지요."

탄허는 '부처님 은덕'이라고 하려다 말을 바꾸어 은근히 그를 치켜세웠다. 상대는 기분이 나쁘지 않은지 입가에 미소를 물었다.

"내일은 어디로 가실 겁니까?"

탄허가 물었다.

"대구 동화사에 계시는 구산(九山)스님을 뵈려고 합니다."

탄허가 고개를 내저었다.

"더 아래로 내려가셔야 할 것 같습니다."

"네에?"

스님이 뜨악한 눈으로 탄허를 돌아보았다.

"사람 사는 것이 그런가 봅니다. 동산에 달이 지고 있습니다."

그렇게 말하고 탄허는 휘적휘적 법당으로 들어가버렸다.

스님은 탄허의 말을 이해하지 못했다.

다음날 그는 동화사로 가지 못했다. 그는 동산스님의 입적 소식에 범어사로 가는 차에 몸을 실어야 했다.

동산 혜일(東山 慧日)은 부처의 10대 제자 가운데 한 분인 부루나 존자에 비견되는 큰스님이었다. 부루나 존자는 설법을 잘하기로 유명했다. 도리를 분별하는 능력이 그만큼 탁월했기 때문이다. 동산스님은 한때 한암으로부터 사사한 적이 있었다. 그렇기에 탄허에게는 사형되는 분이기도 했다.

그는 성품이 온화하면서도 강직했다. 이승만 대통령이 부처에게 손가락질을 했다 하여 호통을 친 일화가 있을 정도였다.

동산스님은 입적 당일 아침에도 허리를 꼿꼿이 세우고 법당 뜰을 쓸었다고 했다. 그날이 1965년 4월 24일로, 범어사에서 법랍 쉰둘의 나이로 입적한 것이었다.

성철스님과 함께 한국 불교의 정화운동에 앞장섰던 청담스님이 그의 죽음을 애도했다.

"큰 법당이 무너졌구나. 어두운 밤에 횃불이 꺼졌구나. 어린아이들만 남겨두고 우리 어머니는 돌아가셨구나."

동산의 영결식에 참석한 탄허는 이렇게 조사를 읊었다.

유골을 수습하여 그곳으로 돌아가니
동산에 오직 둥근 달만 떠 있구나

收拾碎骨歸去處
東山唯有月孤輪

탄허의 예지력에 놀란 스님은 그 후 탄허의 이름자만 들어도 머리를 내저었다.

계봉스님이란 분이 있었다. 효봉스님과는 사형사제지간이었는데 효봉스님은 판사 생활을 하다 출가하여 크게 일가를 이룬 분이었다. 계봉스님은 스승인 석두 선사가 병들자 스승의 병수발을 하면서 요강을 비울 때마다 손가락으로 변을 찍어 맛을 보았다. 사형인 효봉스님이 물었다.

"지금 뭘 하시는 게요?"

복전(福田) 가운데 간병복전이 제일이라는 것을 모르는 바는 아니나 하는 짓이 이상했던 것이다. 그러자 그는 변 맛을 보면 병의 상태를 알 수 있기 때문이라고 대답했다. 변 맛이 쓰면 병이 위중하다는 것이었다. 그렇게 그는 스승 공경을 잘했다.

계봉스님은 훗날 효봉스님을 지극 정성으로 모셨는데, 동산스님이 돌아가시던 해에 탄허가 효봉스님이 내년에 열반할 거라고 한 말을 듣게 되었다. 효봉스님은 탄허를 아껴 가까이했는데 그의 종명을 예언한 것이었다.

"정말 탄허당이 그런 말을 했단 말이오?"

동산스님 일로 충격을 받았던 그는 확인하듯 그렇게 물었다.

효봉스님이 누구인가. 무자화두를 풀기 위해 선방에 들면 엉덩이가 짓무르도록 일어설 줄 모르던 양반이었다.

그러던 중에 한 노스님이 입적하여 사리가 나오자 제자들이 야단법석을 떨었다. 효봉스님이 그들을 불러 진정시키고는 사리를 법상 위에 놓게 했다. 그러고는 좌선에 들었는데 얼마 후 사리가 사라져버렸다. 말들이 많았다. 물이 되어버렸다고도 했고 피고름으로 변해버렸다고도 했다.

효봉스님은 얼마 지나지 않아 그 노스님의 사리탑을 세우라고
했다. 제자들이 물었다.

"큰스님, 사리가 없지 않습니까?"

"왜 없단 말이냐?"

"분명히 사리가 사라지는 모습을 두 눈으로 보았는데 무슨 말씀
이십니까?"

효봉은 말없이 항아리 하나를 제자들에게 내밀었다. 항아리를
열어본 제자들은 제 눈을 의심했다. 사라진 줄 알았던 사리가 거기
있었던 것이다.

"큰스님이 사리를 없앤 것은 진리의 실상을 보여주기 위해서라
고 생각했습니다."

"그렇느니라. 이까짓 사리가 무슨 소용이더냐."

"그런데 왜 사리탑을 세우라고 하십니까?

"부처님도 말씀하셨느니라. 내가 열반한 뒤에 사리를 거두어 경
배하는 이가 있다면 무관지옥에 떨어지리라고. 우리는 그분의 말
씀에서 불법의 본의를 간파할 수가 있어. 그래 바로 그것이 불법의
본뜻이다."

점점 이상해져가는 스승의 말을 들으며 제자들은 고개를 갸웃
했다.

"그런데도 오늘 우리는 부처님의 사리를 모시고 경배한다. 왜?

우리는 그분이 깨달은 법을 깨달으려 하고 그분을 사랑하고 존경하기 때문이지. 그분이 남긴 사리는 바로 그분의 결정체이며 눈물이기 때문이야."

그렇게 말하고 효봉스님은 알다가도 모를 말을 덧붙였다.

"하지만 그게 무슨 소용이랴. 중요한 것은 저기 수행의 표상이 있구나, 하는 바로 그것이지. 그것 또한 무(無)한 것이라는 사실을 깨달으라고 사리탑을 세우는 것이 아니겠느냐."

평소 사리 같은 것에 연연하지 않을 정도로 도심이 깊고, 제자들이 추위에 떨고 있으면 법당으로 들어가 목불이라도 들고 나와 도끼로 쪼개어 아궁이에 던지고도 남을 양반이 그런 말을 하고 있었다. 제자들은 스승의 속내를 조금은 알 것 같았다.

그렇게 도력이 깊은 효봉스님도 자신의 종명일을 예언한 적은 없었다. 그런데 내년에 돌아가신다니! 제자들은 탄허가 말이 안 되는 소리를 하고 있다고 생각했다.

이듬해에 효봉스님이 입적했다. 한 제자가 효봉스님의 장례를 치르면서 몸을 떨었다. 모두가 돌아가고 난 후 그는 호기심을 참을 수 없어 평소 존경하는 구산스님은 언제 갈 것 같으냐고 물었다. 탄허의 대답은 짤막했다.

"내가 가는 해에."

스님은 아연해했다.

"아니 그게 무슨 말입니까? 스님이 가는 해라니요?"

그러자 탄허는 말없이 일어나 자리를 떴다.

그는 훗날 구산스님이 송광사에 조계총림이 설립되어 초대 방장화상으로 들어앉자 그를 만나러 갔다. 가보니 구산스님이 보이지 않았다. 그는 스님이 어디 있나 하고 찾아다녔는데, 시자가 공양간에 있다고 하였다. 공양간에 가보니 구산스님이 수챗구멍 앞에 쪼그리고 앉았다.

"스님, 뭐 하십니까?"

"바늘!"

구산스님이 짤막하게 대꾸했다. 바늘이 있으면 내놓으라는 말이었다.

마침 바랑을 메고 있던 그는 바늘을 찾아 내밀었다. 그제야 바늘을 가지러 간다고 한 시자의 말이 생각났다.

구산스님은 바늘을 쥐고 수챗구멍에 떨어진 밥알을 하나하나 찍어 먹기 시작했다.

스님, 하고 그가 놀란 음성으로 불렀는데 구산스님은 밥알을 다 찍어 먹고 나서야 몸을 일으켰다. 그러고는 말 한마디 없이 공양간을 나가버렸다.

그렇게 수행이 깊은 양반도 자신의 입적 일에 대해서는 말이 없었는데, 탄허가 자신이 가는 해에 구산스님이 입적한다고 했으니

기가 막힐 일이었다.

그는 탄허가 너무 무서워 그 이름을 입에 담지도 않았다. 그런데 이것 하나는 물어보고 싶었다. 자신이 언제 눈을 감을지 알고 싶었다.

그런 질문을 하면 '이런 땡땡이중을 보았나. 요즘 무늬만 중인 종자들이 있다더니 그대를 두고 한 말이 아닌가!' 하고 타박을 놓을 게 뻔했지만, 그는 궁금증을 못 이기고 의심 반 기대 반으로 탄허를 찾고 말았다.

스님의 질문에 탄허는 껄껄거리며 웃었다.

"승에게 나고 죽음이 있던가요? 삶과 죽음이 하나라, 나고 죽음이 있다면 승이 아니지요. 심무생사(心無生死)이니 마음에 생사가 어디 있으며, 마음이 나온 곳이 없다면 죽음 또한 없을 것이 당연지사. 중생은 오래 살고 싶어하니 어리석고 부처는 헌 옷을 벗기를 마다하지 않으니 굳이 오래 살 까닭을 느끼지 못한다오. 남의 명줄을 가지고 함부로 말하는 게 아니외다. 살 만큼 살다가, 갈 때 되면 곱게 가시오."

스님은 낯을 붉힌 채 말 한마디 못하고 도망치듯 월정사를 나오고 말았다. 그 후 그 스님을 본 이가 없었다.

그 길로 몸을 감춘 것인지 아니면 어디가 살 만큼 살다가 간 것인지 모를 일이었다.

돌죽

1956년 탄허의 나이 마흔넷에 수도원 교재로 쓰기 위해 《신화엄경합론》 번역에 들어가 1967년에 원고를 탈고했다. 탄허의 나이 쉰다섯의 일이었다. 원고를 쓰는 과정에서 생긴 오른팔 견비통으로 10년 넘게 고생했을 만큼 참으로 눈물겨운 작업이었다.

탄허는 시주 한 닢이라도 허투로 쓰는 것을 용서치 않았다. 새벽이슬을 맞은 열매로 끼니를 해결했고, 겨울 추위를 걱정해 밤새 군불을 지피는 제자를 혼내곤 했다.

"이놈아, 방이 더우면 잠밖에 쏟아지지 않느니라."

그래서 아침이면 자리끼가 얼 때도 있었다. 그럴 때마다 스님은 손을 호호 불면서 작업을 했다.

어느 날 제자가 방문을 열어보니 펜을 쥔 채 스승이 쓰러져 있었다. 작업에 열중하느라 몸을 제대로 돌보지 않은 것이었다. 그에게는 경 한 줄이라도 제대로 번역해 중생에게 올바로 전해야 한다는 일념뿐이었다. 그는 스승 한암이 한 말을 잊지 않았다.

"잊지 말거라. 중생에게는 상처가 없어. 상처가 없는 곳에 상처를 내서는 안 된다. 큰길을 가려는 사람들에게 작은 길을 가르쳐서도 안 되고, 소 발자국 안에 큰 바닷물을 들여서도 안 돼."

그렇다는 생각이 들었다. 겨자씨 속에 수미산이 들어갈 리 없었다. 햇빛을 반딧불로 비유해서도 아니 되고, 여우의 목소리를 사자의 목소리로 여기게 해서도 안 되었다. 자신이 번역한 경을 읽을 사람들이 오랫동안 대승에 머물렀던 이들이라고 생각하면서 경을 번역해나갔다. 모두가 대승이되 잠시 보리심을 잃었을 뿐이라 여기며 경을 번역했다.

그는 소승의 법을 멀리한 채 한 자 한 자 경전의 속살을 더듬었다. 법을 설하는 것은 소중한 것이나 그 법을 설하는 이가 상대의 근기를 알지 못하고 소승의 가르침을 폈다면 소귀에 경을 읽는 것과 무엇이 다를까, 하는 생각을 하면서 작업에 임했다. '인품이나 행동이 천하고 비열한 자는 많은 이들을 고뇌에서 구원하려는 의지가 약한 법이고, 그렇기에 중생의 근기를 제대로 살피지 못할 것'이라던 한암 스승의 말을 그는 잊은 적이 없었다.

1962년 10월, 탄허의 나이 쉰이었을 때 다시 월정사 주지를 맡아달라는 청이 들어왔다. 그는 영은사에서 방산굴로 거처를 옮기면서도 그런 신심을 잊어본 적이 없었다. 이제 월정사 방산굴은 자신의 마지막 안식처가 되리라는 사실을 그는 예감하고 있었다.

월정사 주차장 계곡 위 금강교를 지나 오른쪽 산기슭을 오르다 보면 만나는 호젓한 외딴집이 방산굴이다.

하루는 집필을 하다 고개를 들어보니 사람들 사는 모습이 환하게 눈에 들어왔다. 무거운 짐을 진 자, 하나라도 물건을 더 팔기 위해 고래고래 고함치는 장사치, 쟁기로 밭을 가는 농부, 논두렁에 앉아 울고 있는 아이가 보였다. 뿌연 먼지로 뒤덮인 거리, 길게 꼬리를 문 차들의 행렬, 썩은 물이 흘러내리는 도랑, 판잣집들, 항구에 정박한 배들, 휘황한 전등불, 술이 취해 비틀거리는 남자, 몸을 파는 여인, 노래를 부르는 사람들, 울고 웃고 쓰러지고…….

중생이 승에게 시주를 하고 있다. 자신의 염원을 바리때에 담고 있다.

그는 제자가 올린 음식을 멀거니 내려다보기만 했다. 그는 제자를 불러 가슴에 품은 결심을 행동에 옮겼다.

"이제 나를 위해 음식을 올리지 말거라."

그 길로 탄허는 돌과 돌비늘을 찾았다. 먹을 수 있는 운모가 어딘가에 있을 것이었다. 그는 차 교주를 피해 월명암에 숨어든 때를 기억하고 있었다.

"당장은 견딘다 하더라도 앞으로 살길이 막막하구면요."

이 말에 아버지는 희미하게 웃었다.

"하늘이 무너져도 솟아날 구멍이 있다고 했다. 설마 산 입에 거미줄을 치겠느냐. 돌가루로 죽을 쑤어 먹어도 굶어죽는 일은 없을 것이야."

"흙도 아니고 어떻게 돌가루를 먹습니까?"

"운모가 있지. 먹을 수 있는 돌이니라. 대대로 우리 가문에 내려온 비방이지. 그 운모를 찾으면 되느니라. 돌도 훌륭한 음식이 될 수 있어."

탄허는 운모를 캐기 위해 바랑을 지고 산을 올랐다. 풀숲을 지나 가시덤불을 뚫고 바위를 찾아다녔다. 운모는 화성암, 변성암, 퇴적암에 널리 분포하고 있었다. 운모에도 종류가 여러 가지였다. 흑운모, 백운모, 금운모……. 녹색인 것도 있고 색이 없는 것도 있었다.

그는 반질반질 윤이 나는 돌을 찾아 돌아다녔다.

그렇게 다닌 지 이틀째 되는 날, 상원사 적멸보궁이 올려다 보이는 곳에서 검은 약돌 무리를 발견했다. 흑운모였다. 찾기가 쉽지 않은 데 다행히 약돌을 본 것이었다. 운모 중 검은색을 띠는 광석으로, 겉보기엔 차돌처럼 생겼으나 비늘처럼 한 겹씩 떨어지면서 광택이 있었다.

탄허는 그것들을 캐기 시작했다. 술이 취한 사람들이 노래를 부르면서 내려왔다. 네 사람이었다. 둘은 남자였고 둘은 여자였다.

"헤일 수 없이 수많은 밤을…… 끄억."

노래를 흥얼거리던 중년의 사내가 탄허를 보고는 넙죽 허리를 굽혔다.

"스님, 미안함다. 적멸보궁에 부처님 사리를 뵈러 왔다가 한 잔 걸쳤구만요."

"허허허, 기분이 좋아들 보이십니다."

"엉덩이 붙일 데가 없구만요. 으떻게나 사람이 많은지."

인파를 피해 나무 그늘 밑에서 술이나 마시고 내려가는 모양이었다. 비틀거리며 내려가는 모습을 보고 있자니 자꾸만 입가에 웃음이 감돌았다. 마음은 처연한데 웃음을 어쩌지 못했다.

탄허는 운모가 든 바랑을 지고 방산굴로 향했다.

제자가 저잣거리에서 볼일을 보고 돌아와보니 스님이 운모를 빻아 채로 치고 있다.

"스님 뭐 하십니까?"

탄허는 별 말 없이 하던 일을 계속했다.

그는 손수 풍로에 불을 붙여 돌가루로 죽을 쑤었다.

"스님, 왜 돌가루로 죽을 쑵니까?"

"앞으로 나는 먹을거리를 이것으로 할 것이니라."

"예?"

제자는 깜짝 놀랐다.

"스님 갑자기 왜 그러십니까?"

"그동안 내가 참으로 부끄러운 짓을 했구나. 이곳에 앉아 걷어 온 시줏물이나 들고 있었으니. 승이라는 사람이 시주 은혜를 가볍게 알았으니 아마 죽으면 무관지옥에 떨어질 것이니라. 하기야 지옥에 중이 건져야 할 중생이 있을 테니 죽어서 극락 갈 생각은 접은 지 오래다만."

"안 됩니다. 그러다 병이 나면 어쩌시려고?"

"내 입에는 돌가루도 과분해."

탄허는 돌이끼와 돌가루로 죽을 쑤어 들었다. 결코 시줏물을 들지 않았다. 돌죽을 먹지 않는 날에는 텃밭에서 울력해 얻은 고구마나 옥수수, 감자를 별식으로 들었다.

섭리

탄허는 언젠가 인간의 예지 능력에 대해 말하는 자리에서 이런 의견을 내놓았다.

"나는 개미가 높은 곳으로 오르면 장마가 지고, 낮은 곳으로 가면 심한 가뭄이 든다는 것을 이미 옛날부터 알고 있었습니다. 까치가 집을 지을 때 남쪽으로 문을 내면 북풍이 강하게 불고 북쪽으로 문을 내면 남풍이 강하게 분다는 것도 알고 있었지요. 동물도 예지 본능을 갖고 있는데 하물며 사람은 어떻겠소이까."

1968년 10월, 탄허는 느닷없이 번역해놓은 4만 장에 이르는 《신화엄경》 원고를 월정사에서 삼척 영은사로 모두 옮겼다. 그로부터 보름 후에 무장 공비 침투 사건이 일어났다. 10월 30일부터

11월 2일까지 세 차례에 걸쳐 울진과 삼척 지구에 공비 120명이 열다섯씩 짝을 이뤄 내려온 것이다.

군경과 예비군이 그들을 막기 위해 본부를 둔 곳이 월정사였다. 절 안에 군사령부가 설치된 것이다.

12월 28일까지 두 달 가까이 토벌 작전을 벌여 공비 113명을 사살하고 7명을 생포해 120명을 모두 소탕하기에 이르렀다. 이 작전으로 군인과 경찰, 일반인을 포함해 이십여 명이 죽는 등 이쪽 희생도 컸으나, 나중에 자작극이니 뭐니 해서 말도 많고 탈도 많았던 사건이었다.

작전이 끝나고 한 달이 지난 뒤 탄허가 절로 돌아가보니 별당 방산굴은 거의 폐허가 되었다. 필생의 역작인 4만 장의 원고를 그곳에 그대로 두었다면 《신화엄경》은 빛을 볼 수 없었을 것이다.

5.16 쿠데타로 권력을 잡은 박정희 정권이 들어서고 얼마 지나지 않아 미국이 통킹만 사건을 구실로 북베트남을 폭격하면서 전쟁이 시작되었다. 우리나라는 1964년 7월에 처음으로 의료지원단을 파견했고, 상황이 급박하게 돌아가기 시작한 이듬해 10월에는 해병대를 보내는 등 본격적인 전투 지원에 나섰다.

쉽게 끝날 것 같던 전쟁이 길어질 조짐을 보였다.

먼 타국의 전쟁터에서 젊은 병사들이 죽어가고 있다는 기사가 연일 뉴스의 첫머리를 장식하던 어느 날이었다. 한 노파가 눈이 짓무른 얼굴로 찾아왔다. 아들이 월남전에 참전했다 흰 뼛가루로 돌아온 것이다. 노파의 사연을 듣고 난 탄허는 조용히 눈을 감았다가 나무관세음보살, 하고 합장을 했다.

노파가 돌아가고 나자 탄허는 그 길로 선실로 들었다. 눈물에 젖은 노파의 얼굴이 좀처럼 잊혀지지 않았다. 나라의 통치권자가 자문을 구해왔을 때 전쟁이 길어질 것을 예견했음에도 돌아온 답변은 비웃음이었다. 그러니 죽어가는 젊은이들을 두고 마땅한 대책이 있을 리 없었다.

"거 임자 이상한 말을 하누만. 월남전에서 미국이 진다니, 그게 말이나 돼? 핵무기 한 방이면 끝날 걸 가지고."

탄허는 그때 머리를 내저었다. 누구나 탄허의 말을 믿지 않았다. 안타까웠지만 그로서도 어쩔 수 없는 일이었다. 다만 역경 사업에 혼신을 다할 뿐이었다.

그런데 미국에서 포교를 하던 종단의 한 중진 스님이 항의성 질문을 했다. 미국이 막 확전 정책을 펴던 시점이었다.

"어찌 하여 미국이 진다는 것이오?"

탄허는 여러 번 같은 말을 되풀이하고 싶지 않았다.

"두고 보면 알 것이 아니외까."

월남전 때문에 미국과 중국의 관계가 미묘하게 변해가던 시점이었는데, 느닷없이 이런 말까지 했다.

"미국과 중국은 결코 가까워질 수 없을 것이외다."

말을 듣고 있던 중진 스님이 펄쩍 뛰었다.

"아니 스님, 그건 또 무슨 말이오?"

"이것도 역학으로 풀어드리리까?"

그 스님은 대답을 못하고 눈만 멀뚱거렸다.

"중국이 진방(震方)이라는 것쯤은 알고 있겠지요? 무슨 말이냐 하면 진방은 장남(長男)이다 그 말이외다. 그럼 미국은 무엇이겠소? 태방(兌方)이 아니겠소. 태방이 무엇이오? 소녀(少女)가 아니겠소. 장남과 소녀라. 이 얼마나 웃기는 소리요."

"웃기다니요?"

"아니 정말 모르고 하는 소리요? 장남이 무엇이오? 우리말로 하면 노총각 아니오."

"노총각?"

"우하하하, 지금 그것도 모르고 내게 묻고 있는 게요?"

그제야 그 스님은 한풀 꺾였다.

"노총각과 소녀라, 뭔가 이상하지 않소? 내 말은 노총각과 소녀의 관계가 얼마간은 지속될지 모르나 곧 틀어지기 쉽다는 말이외다. 그럼 내가 정말 재밌는 걸 하나 가르쳐드리리다. 아마 미국으로 가 포교하는 데도 도움이 될 것이오."

스님은 무슨 말인가 하고 귀를 쫑긋 세웠다.

"혹시 우리나라는 주역으로 무엇인지 알고 있소?"

"소남(小男) 아니오?"

"그렇지요. 소남이지요. 소남이 뭐요? 소년 아니요. 소년과 소녀. 아무래도 늙은이와 소녀보다는 소년과 소녀가 궁합이 맞지 않겠소. 그러니 미국 사람들한테 한국은 소년이고 미국은 소녀이니 우리 한번 잘해봅시다, 하고 포교를 하면 그들도 귀가 솔깃하지 않겠느냐, 그 말이오. 우하하하."

스님은 이맛살을 찌푸렸다. 항의성 편지를 보내다가 한국에 나온 김에 탄허를 찾은 그로서는 끝까지 자신을 비웃는 것 같아 고약한 중늙은이로밖에 보이지 않았다. 미국이 소녀이고 한국이 소년이라 가까워질 수밖에 없는 운명이라고 하면 미국 사람들의 반응이 어떨까 싶었다. 포교나 하는 승이라고 은근히 비웃는 것 같아 내심 화가 났다.

"그러니까 미국은 한국의 아내이니 내조나 잘하라는 소리요?"

"하하하, 궁합이 그렇잖소. 미국은 아내이니 남편을 잘 내조해 그 성공을 드러내게 해야 할 게 아니겠소?"

"이런!"

미국으로 건너가 포교 활동을 하면서 어느새 친미주의자가 다 되어버린 스님의 얼굴이 벌게졌다.

"그런데 문제는 그것이 아니외다."

탄허가 다시 입을 열자 그는 또 무슨 소리냐는 얼굴로 탄허를 바라보았다.

"정말 재미난 것은 중국과 소련이라는 사실이오."

"중국과 소련?"

"소련과 미국이 싸울 확률보다 중국과 소련 사이에 전쟁이 날 가능성이 크다는 생각이 드니 말이오."

"뭐요?"

너무나 엉뚱한 말에 스님의 눈썹이 일그러졌다.

"대체 무슨 말씀을 하시는 게요? 중국과 미국이 싸운다면, 아니 소련과 미국이 싸운다면 모르되 중국과 소련이 싸운다니? 그게 무슨 소리요?"

"왜 말이 안 된다고 생각하시오?"

"그렇지 않소이까. 국제 정세를 보시구려. 어떻게 중국과 소련이 싸울 수 있겠소?"

"그것은 장담할 수 없는 일이외다. 세상 다 살았소? 국제 정세는 어떻게 변할지 모르는 게요."

그래도 자신의 예언을 믿지 않자 탄허는 두고 보라고 했다. 언젠가는 두 나라가 전쟁을 하게 될 것이라는 거였다. 그래도 믿으려 들지 않자 이를 역학으로 풀어주었다.

"의심이 많은 중생은 꼭 무엇을 봐야 믿으려 한단 말씀이야. 소련은 감방(坎方)이고 중남(中男)이요. 장남인 중국과 같은 양의 기운이라, 서로 조화하지 않고 대립되기 때문이오."

"핵전쟁이 일어나기라도 한다는 소리요?"

탄허는 머리를 내저었다.

"핵전쟁까지는 가지 않을 것이외다. 저들도 핵전쟁이 곧 지구의 멸망을 뜻한다는 걸 알고 있으니 말이오."

"언젠가 핵을 보유한 강대국의 지하에서 핵폭발이 일어날 거라고 예언하지 않았소. 그건 또 무슨 말이오?"

"그랬지요. 세계는 핵전쟁으로 망하기보다는 자연재해로 망할 겝니다."

일찍이 탄허는 인류가 설령 물로 망하지 않더라도 소규모 전쟁들이 계속 일어나리라는 예언을 한 적이 있었다. 소규모 전쟁들이 이미 시작된 지각 변동에 영향을 미쳐 지축을 흔들고, 그것이 지진으로 이어져 결국 핵폭발에 이른다는 설명이었다. 그렇다면 인류의 멸망이 이미 정해진 것이나 다름없었다. 그럼에도 무지한 인간들은 자연을 무서워하지 않았다. 그 무지를 어떡할 것인가.

그래서 더 매달렸다. 그들을 위해 경전 한 줄이라도 바르게 남기기 위해 혼신을 다했다. 그것이 승으로서 사명이고 자신이 이 세상에 온 까닭이었다. 탄허는 그 소명을 다하기 위해 한 번도 주먹

을 쥐어본 적이 없었다. 감추지도 않았고 속이지도 않았다. 자신이
아는 만큼 손바닥을 펴 그들을 안았다.

　손에 못이 박히도록 쓰다보니 견비통을 달고 살았고, 그렇게 고
통을 받으면서도 오로지 경전 번역에만 매달렸다.

거지도사 해운

　1969년에 탄허는 부산 삼덕사에서 여덟 달에 걸쳐 화엄경의 원
고 교정을 끝냈다. 그는 속으로 울었다. 신심 하나로 걸어온 길이
이제 열매를 눈앞에 두고 있었다.

　탄허는 그해 7월에 계룡산 학하리에 자광사(慈光寺)를 창건했
다. 그러자 월정사로 몰려들던 사람들이 발길을 돌려 자광사로 향
했다. 여기에는 탄허와 꾸준히 교류하던 4대 문파 사람들도 있었
다. 명산마다 문파가 있기 마련인데 그중에서도 내로라하는 문파
가 4대 문파였다. 묘향산파, 금강산파, 지리산파, 계룡산파. 묘향산
파는 묘향산 단군굴에 모여 수련하며 민족의 주체성을 밝히려 했
고, 금강산파는 무예를 중히 여겨 갈고닦은 탓에 차력과 축지, 무
술에 뛰어난 도인들이 많았다. 지리산파는 심법을 단련하여 장생
불사의 신선들을 길러내려 했고, 《정역》의 창시자인 김일부의 전

통을 이어받은 계룡산파에는 국운과 시대의 변화를 예고하는 선지자들이 많기로 유명했다. 이런 각 파의 술사들이 자광사로 하나둘 모여든 것이다.

자광사 터는 추성낙지(樞星落地)의 명당으로 손꼽는 곳이었다. 추성은 북극성을 가리켰다. 북극성은 하늘의 중심이 되는 별로, 추성낙지는 곧 북극성이 떨어진 자리를 뜻했다. 더욱이 그곳은 우암 송시열이 공부한 집성사(集成社)가 있던 곳이었다. 송시열이 주자의 영정을 모셔놓고 공부하던 곳으로, 생전에 그가 심은 소나무가 그대로 남아 있었다. 계룡산은 터가 좋아 명당으로 부를 만한 곳이 많았는데, 탄허는 그중에서도 학하리를 좋아해 그 터에 절을 세운 것이다.

자광사의 이름이 널리 알려졌고, 소문을 듣고 찾아온 천하의 걸물들로 산사는 늘 붐볐다.

하루는 저녁상을 물리는데 웬 거지 하나가 찾아들었다.

"지나가는 비렁뱅이요. 거, 한 술 얻어먹고 갑시다."

탄허가 보니 눈빛이 여간내기가 아니었다. 겉모습은 비렁뱅이이나 가슴에 큰 뜻을 품은 걸 한눈에 알아챘다.

"뉘시오?"

탄허가 물었다.

"나 말이오?"

"그럼 누가 또 있소?"

"내 이름을 물은 게요?"

"그렇소이다."

비렁뱅이가 기가 막힌다는 얼굴로 웃었다.

"거지 인생 십 년에 밥 한 술 주면서 이름 묻는 사람은 처음 보 것네. 해운이요. 바다 해(海)에 구름 운(雲)."

"바다의 구름이라, 이름 한번 멋지구려."

"좋기는 개뿔이 좋아. 앞날이 희멀겋기만 한데."

"아무튼 안으로 드시구려."

거지가 들어왔다. 있는 대로 한 상을 차려주었더니 게 눈 감추 듯 먹어치웠다.

"혼자 다니시오?"

탄허가 물었다.

"아니외다. 도반들이 있는데 산 아래 일이 있어 내려갔소이다. 날도 춥고 하니 하룻밤 신세 좀 집시다."

"그러시구려."

허락을 하는 것까진 좋았으나, 그와 한 방을 쓰게 된 제자들이 너나없이 코를 싸쥐고 불평을 터뜨렸다.

"어이구 냄새야."

"저 사람은 누굽니까?"

떡하니 아랫목을 차지하고 누운 거지를 보며 제자들이 물었다.

"하룻밤을 묵어가겠다기에 그러라고 했느니라."

"스님도 참, 사람을 봐가면서 받아야지요."

한 제자가 아랫목으로 다가가 한마디 했다.

"이보쇼, 거지 양반. 여기서 자려면 대충이라도 씻고 와서 자슈. 어디 냄새가 나서 함께 자것소?"

거지가 허허허, 하고 웃었다. 그는 한참을 웃다가 제자를 쳐다보았다.

"보아하니 절밥을 먹은 지 십 몇 년은 된 것 같은데."

"뭐요?"

제자가 움찔하며 이렇게 물었다. 그는 중이 된 지 12년째였다.

"하라는 공부는 안 하고 허구한 날 기집 생각만 하면서 한 세상을 보내버렸구만."

"아니 이 양반이 미쳤나?"

거지가 벌떡 일어나 앉았다.

"내 말이 틀리더냐?"

"그게 무슨 말이오?"

"너 아랫마을에 색시 하나 있지? 잘못 건드리믄 큰일 나. 그 처자 잘못 건드렸다간 칼부림 날 테니 조심햐."

제자가 바닥에 엉덩이를 찧었다.

거지가 이히히, 하고 웃었다.

"이제야 정신이 드는갑네."

"다, 당신 누구요?"

제자가 바닥을 기며 물었다.

"누구믄? 손님 대접을 그리 싸가지 없게 하든 싸대기 맞아. 내 꼴이 네 똥창에 든 똥만 못한 것 같으냐?"

거지도사 해운.

그는 1970년대 초반, 자광사에 드나든 사람들 중에서 괴팍하기로 유명했다. 그는 탄허보다 나이가 많았다. 또 젊은 시절에는 중국을 떠돌기도 했다. 일제의 압제가 시작되자 모든 것을 버리고 중국으로 건너간 이였다. 대륙을 돌아다니며 사주와 관상 보는 법을 배웠고, 유가 사상에도 깊이 매료된 적이 있었다.

하룻밤의 인연이 두 사람을 한 형제처럼 엮어놓았다. 다음날에도 해운은 방을 나서지 않고 고약한 냄새를 풍긴 채 쿨쿨 잠만 잤다. 제자들이 깨워서 보내겠다고 했지만 범상치 않음을 느낀 탄허가 말렸다.

탄허는 자신이 입던 옷을 내주었다.

"주려면 좋은 걸 줄 것이지, 이게 뭐여? 다 떨어졌네, 제기랄."

"입기 싫으면 이리 주시오."

턴허가 퉁명하게 말했다.

"아, 누가 싫다고 했나. 새것을 내놓을까 싶어 한번 쏘아본 게지. 이 정도면 입을 만하구만."

그는 그제야 슬며시 일어나 개울로 가 목욕을 하고 옷을 갈아입었다. 가위를 들고 나가더니 긴 머리와 수염을 말끔히 다듬었고, 소금으로 이도 닦았다.

해운은 닷새 정도 머물다가 훌쩍 떠났다. 그러고는 한동안 연락이 없더니 어느 날 찾아왔다.

탄허는 아침마다 육효를 뽑아보곤 했다. 탄허는 엽전 세 개를 던져 괘를 뽑았는데, 오래된 엽전이 잘 맞아 그걸 썼다. 탄허는 손때가 묻어 반질반질한 상평통보 세 개를 던져 먼저 하괘를 뽑고, 다시 던져 상괘를 뽑아 육효를 완성했다.

"아, 꽤 오래 쓴 모양이구만. 아주 반들반들하네."

곁에서 지켜보던 해운이 말했다.

그날따라 세 개의 엽전 가운데 하나는 앞면이 나오고 두 개는 뒷면이 나왔다. 팔괘 가운데 진괘(震卦)가 나온 것이다. 두 번째 던지자 세 개 모두 뒷면이 나왔다. 곤괘(坤卦)가 된 것이었다.

"진괘와 곤괘를 합치면 지뢰복(地雷復)이라. 괘가 아주 상서롭구마."

해운이 바둑 훈수를 두듯 한마디 했다.

"육효를 아시나봅니다?"

탄허가 넌지시 물었다.

"중국에서 좀 배웠소. 나도 한때는 잘 나가던 몸이었지. 군 수뇌부만 상대했으니."

아무리 봐도 보통내기가 아니었다. 한 해 전인 1968년, 탄허를 시봉하던 박금규 스님이 서울 대원암에서 해운을 만난 적이 있었다. 그때 해운이 반가워하며 그 자리에서 지은 칠언절구는 명문 중의 명문이었다.

물속의 달이 어찌 하늘 위의 달이겠는가
거울 속에 비친 사람이 책상 앞의 사람이 아니듯
조용히 지켜보면 형상과 그림자가 서로 기대고 있네
가짜가 없으면 진짜 또한 없는 법

水裏月何天上月
鏡中人不案前人
靜觀形影相依處
無是假時無是眞

이 말을 듣고 탄허는 무릎을 쳤다.
어느 날 해운이 다시 왔다. 그는 곁에 사람들이 있든 말든 신경 쓰지 않았다.

"어이, 탄허! 나 왔네."

"어서 오게. 어서 와."

탄허도 하대를 하면서 그를 반겼다. 웬 거지가 하늘 같은 스님에게 낮춤말을 쓰며 살갑게 구는 광경이 신도들 눈에 낯설게 비칠 만했다.

"큰스님이 거지 친구를 두셨나? 아이구, 저리 반가울까."

며칠을 묵고 가면서 그는 서책 하나를 내놓았다.

"내가 줄 것은 없고 이거나 받으소."

"이게 뭣이오?"

"보믄 알 것이구만."

그가 가고 난 뒤 탄허는 해운이 놓고 간 책을 펴보았다. 그는 깜짝 놀랐다. 그것은 주역의 핵이라 할 수 있는 《숙신비결》이었다.

참으로 귀한 책이었다. 탄허가 주역을 공부하면서 그렇게 구하려고 애타게 찾아다닌 책이었다. 해운은 중국 일대를 돌아다니며 많은 책을 접한 모양이었다. 《조선비결전집》의 목록에도 실려 있지 않았을 만큼 사람들에게 알려지지 않는 비결서 중 하나였다. 탄허는 믿어지지 않았다.

'숙신'은 만주 동쪽에 거주하던 숙신족(肅愼族)을 가리켰다. 그 부족의 비결서가 탄허의 손에 들려 있었다. 그는 마지막 장을 놓을 때까지 눈을 떼지 못했다. 다 읽고 나서야 왜 이 땅의 지사들이 이 책을 얻으려 했는지 알 것 같았다. 타고난 낭인인 해운은 중국 대륙을 떠돌다 숙신족이 살았던, 지금의 북경 위에 해당하는 지역까지 둘러본 모양이었다.

탄허는 상고시대에는 고조선의 영토가 그곳을 아우르고 있었다고 보았다. 그리하여 숙신족을 우리 민족의 원류 가운데 하나라고 생각했다. 그 생각이 적중했다. 그는 숙신비결이 우리 민족의 앞날을 내다본 비결서임을 확인할 수 있었다. 책에는 그가 생각지도 못한 비밀들이 숨어 있던 것이었다.

그런데 탄허를 더욱 놀라게 한 것은 해운의 해박함이었다. 그는 어느 날 《정역》을 들고 나타나 탄허에게 내밀었다. 정역은 구한말 김일부 선생이 쓴 책이었다. 한때 탄허도 출가하기 전에 그 책에 푹 빠진 적이 있었다.

김일부는 1826년 10월 28일 지금의 논산군 양촌면 남산에서 태어났다. 서른여섯이 되던 해, 그러니까 1861년에 연담 이운규란 이와 사제의 연을 맺으면서 역(易) 연구에 몰두하게 되었는데, 그는 스승인 연담이 던진 '영동천심월(影動天心月)하니 권군심차진(勸君尋此眞)'이란 화두를 끈질기게 물고 늘어졌다. 그는 계룡산 국사봉에 앉아 스무 해 동안 그것만 생각했다.

솔잎을 먹고 견디며 수행을 계속했다. 수염은 허벅지를 덮었고 머리는 그가 앉은 바위에 닿았다. 산새가 쉬어가고 산짐승이 자고 갔다. 하루는 그가 앉은 국사봉 허공에 한 무늬가 나타났다. 그 무늬는 그가 문제를 풀 때까지 사라지지 않았고, 나중에는 점점 커져 전에 보지 못한 팔괘의 괘획(卦劃)으로 뒤덮여 보였다. 그러자 홀연히 공맹의 영상이 눈앞에 나타났다.

연담이 일부에게 일렀다.

"일찍이 뜻하였으면서 이루지 못한 것을 네가 이루었으니, 이런 장한 일이 있나."

드디어 주역에도 없는 지구의 질서와 체계, 또 구조의 변화를 예언한 정역이 나타난 것이다.

김일부는 정역을 통해 대 유학들의 역학사상을 바로 내다볼 수 있었고, 유교 최고 경전인 역경의 심오한 근본 오의를 명확히 밝힐 수 있었다. 따라서 이 책에는 기존의 주역에 하도낙서, 음양오행, 십간십이지, 고천문학, 사서삼경 들이 씨줄과 날줄처럼 엮여 있었다. 난해하기 그지없었다.

정역에 대한 해운의 지식은 상당했다. 그는 책을 훤히 꿰고 있을 정도였다. 보통 머리로는 이해조차 어려운 것을 공깃돌 다루듯이 가지고 놀았다.

"정역의 핵심이 뭐라고 생각혀?"

해운이 뜻밖의 질문을 했다. 나름으로 공부를 한다고 한 탄허도 말문이 막혀 마른침을 삼켜야 했다.

"정역의 핵심은 간단하게 말해 지축이 바뀐다는 것이여."

해운은 별것 아니라는 듯이 말했다.

뭐 이런 인간이 있나 싶었다. 좀더 그럴듯한 대답이 튀어나올 줄 알았는데 겨우 지축이 바뀐다니?

"차라리 후천개벽에 대해 말하는 게 나을 것 같은데."

탄허가 말을 돌리며 초를 쳤다.

그가 눈을 크게 떴다.

"아따 꼭 못 배운 것들이 거창하게 나간당게. 아니 초장부터 그렇게 크게 나가면 나중에 어떻게 서 있을 것이여?"

"정역 그 자체가 거대 담론이 아니던가?"

"그것이 후천개벽이다?"

"그렇지 않은가?"

"너 그거 알고 있냐? 유독 우리나라만 후천개벽을 주장한다는 거 말이다. 중국을 그렇게 돌아다녔어도 후천개벽 들먹이는 놈을 본 적이 없어. 그건 일본도 마찬가지야. 그런데 우리나라로 들어오면 개나 소나 후천개벽 어쩌고 한단 말이지. 일본이나 중국에서는 그 용어 자체가 없어."

"그러니 그만큼 독창적인 사상이요, 예언인 게지."

"그럼 맞네 뭐."

"뭐가?"

"영동천심월하니 권군심차진하소."

"그림자가 하늘의 달을 움직이게 할 수 있으니 나보고 그 이치를 깊이 탐구하라고? 그것은 연담 이운규가 제자 김일부에게 준 화두가 아닌가?"

"자네도 아는군. 김일부는 계룡산 국사봉에 앉아 그 화두를 평생 물고 늘어졌지. 그래서 내놓은 결론이 바로 지축의 변화였어."

"정역에서 김일부 선생이 주장한 후천개벽설의 초점은 지축이 바뀌는 것이다?"

탄허는 그렇게 물으면서도 속으로는 그렇다는 생각을 하고 있었다. 하지만 해운이 자신보다 한 발 앞서가고 있다는 생각을 지울 수 없었다.

주역 공부를 하던 시절, 금택의 머리에 떠오른 질문도 그것이었다. 구한말에 활동한 김일부란 인물을 만났을 때 '수조남천(水潮南天)하고 수석북지(水汐北地)로다'라는 자구를 사실 그때는 제대로 이해할 수 없었다.

글자 그대로 뜻을 풀어보면 '물이 남쪽 하늘에서 불어나고 북쪽 땅에서 마르는구나'였는데, 해석에 따라서는 뜻이 얼마든지 달라질 수 있다는 생각에 난감해한 적이 한 두번이 아니었다. 여러 역학자들이 자기들이 깨달은 바를 글로 남겼지만, 그 누구도 김일부의 세계를 제대로 이해한 것 같지 않았다. 유불여불(唯佛與佛)이라는 말 그대로였다. 불가로 들어와 명상의 힘으로 예지력이 완전해지고 나서야 탄허는 뭔가를 알 것 같았다. 그제야 보였던 것이다.

세상의 지축이 바뀌리라. 세상이 뒤집어지고 사람들이 아우성을 치며 죽어가리라. 세상은 그렇게 변해 1년 365일이 360일로 바뀔 것이다. 지구 전체에 생긴 변화가 바로 후천개벽임을 피부로 느끼게 되리라. 일본이 물속으로 가라앉는 모습과 동해안 강릉 일대가 물속에 잠기는 모습이 보였다. 이와 반대로 서해안은 융기되어 수천 리의 바다가 육지로 변하고 있었다. 그제야 그 옛날 계룡산 국사봉에서 김일부가 본 세계가 명확히 이해되었다.

과학자들은 오랜 세월 동안 지각이 천천히 위치를 바꾼다고 말하고 있지만, 아니라는 생각이 들었다. 새로운 세상이 오고 있었다. 새로운 시공 질서가 열리고 살아남은 이들은 새로운 천지일월의 운행 질서에 맞게 새로운 역법을 쓰고 새로운 계절 변화를 겪게 되리라.

새로운 우주 시공 질서로 전환하는 시기에 미래를 대비하는 사람들. 그들이 곧 이 세상을 구할 미륵이 될 것이었다.

"한데 이 책을 어디서 구했나?"

탄허가 해운에게 물었다.

"중국을 떠돌다 우연히 손에 넣은 걸세. 나도 한때 김일부에 미쳐 지냈지."

정역에 미쳐 떠돌다가 임자를 만나 어렵게 구한 책을 탄허에게
내놓은 것이었다.

한반도는 지구의 주축(主軸) 부분에 있기 때문에 가장 피해를
적게 볼 것이라는 탄허의 말에 해운도 고개를 끄덕였다. 정역의 이
론을 그 또한 탄허의 예언 쪽으로 풀고 싶어했다.

두 사람은 한반도가 통일이 되고 후천세계의 전개와 더불어 그
지도국이 될 것이라는 사실에 입을 모았다.

일어서는 지축

　탄허는 푸른 산등성이 너머로 흘러가는 구름을 물끄러미 바라
보았다. 어디선가 산새가 울고 향긋한 솔바람이 경내로 불어와 법
의 자락을 흔들었다. 꼭 어린아이가 제 어미의 치맛자락을 당겼다
놓는 것 같았다.

　경내를 가로지르던 혜거가 스승을 발견하고 달려왔다.

　"큰스님, 여기 계셨군요."

　"왜 그러느냐?"

　"법상이 마련되었습니다."

　"그래?"

　"대중들이 기다리고 계십니다."

　탄허는 지그시 눈을 감았다. 사람들이 자신의 법어를 기다리고
있었다.

"곧 가마."

"예, 큰스님."

혜거는 허리를 굽혀 절을 하고는 왔던 길로 돌아갔다. 바람이 불어와 이름 모를 꽃 무더기를 흔들었다. 엊그제 받아들인 것 같은데 혜거의 뒷모습에서 어느새 승의 태가 나는 것 같았다.

저놈을 받아들인 게 언제였더라. 영은사에 있을 때가 아니던가.

평소 가깝게 지내던 불교학자 김지견 박사의 소개로 나이 열여섯에 절에 들어와 머리를 깎은 제자가 바로 혜거였다.

탄허는 혜거를 볼 때마다 느끼는 것이지만, 꼭 자신의 옛 모습을 보는 것 같아 입가에 웃음을 물곤 하였다. 혜거 또한 서당에서 글을 배우면서 동양사상에 매료되었던 젊은이였다. 다른 것에는 일체 관심이 없고 오직 성인군자의 길을 갈망하다가 뜻한 바 있어 머리를 깎은 것이었다. 이를 잘 알기에 탄허는 그에게 덧씌워진 유가풍의 지식을 씻어주고 싶어했다.

언젠가 혜거는 이런 말을 했다.

"비로소 이해되지 않았던 유가의 경전들이 눈에 들어오는 것 같습니다."

그 말에 탄허는 빙그레 웃기만 했다. 그러고는 먼 산을 바라보았다. 그도 그러했기 때문이다.

속가에서 이해되지 않던 것들이 불가에 들어서야 이해되었으니 참으로 신통한 일이 아닐 수 없었다. 대승심을 얻은 후에야 비로소 유교 경전의 참뜻이 눈에 들어온 것이었다. 도의 길은 하나였다. 똑같은 세계였다. 작은 마음으로 경계를 짓고 구별하는 것이 문제였다. 제자 혜거도 이를 느끼고 있었다.

탄허는 틈틈이 많은 일을 해왔다. 1970년에 삼장사 법당중창비문을 썼고 이듬해에 향천사 법당중창공덕비문을 썼다. 예순이 되던 1972년에는 화엄학 연구를 위해 서울 시내 낙원동에 화엄학연구소를 세웠고, 이듬해 3월부터는 《신화엄경합론》 간행에 착수하는 한편 청룡사 중창 사적비기를 썼다. 또 2년 뒤인 1975년에는 동국대학교 이사에 취임했다.

1975년에 들어서면서 탄허는 이웃 나라인 일본에 큰 지진이 일어나리라는 말을 자주 했는데, 결국 그 예언이 사실이 되고 말았다. 큰비가 내려 자주 물난리를 겪는가 싶더니, 기어이 지진이 강타했다는 소식이 날아들었다. 신문과 텔레비전에서 연일 그 소식을 전했다.

큰스님들이 하루는 모여 앉아 탄허에게 물었다.

"일본 고베 부근에서 발생했다는데 그 피해가 엄청나다는구만."

"그렇답니다. 진도 7.2의 강진이라고 하질 않습니까. 오천 명이 넘는 사람들이 죽고 7조 엔의 재산 피해가 났답니다."

"탄허당, 우리나라도 안전하지 못하다고 평소 입버릇처럼 말하지 않았는가. 그게 사실인가?"

그러자 탄허가 대답했다.

"천하에 지진이 자주 일어나면 일이 다 된 줄 알아야지요."

"그렇다면 우리도 안심할 수 없다는 말이 아닌가?"

탄허는 고개를 끄덕였다.

"그럼 천하가 다 뒤집어진다는 말이오?"

"먼저 지구의 온난화로 일본열도가 가라앉을 겁니다."

"그래요?"

"지구에 잠재하는 화질이 북극의 빙산을 녹이기 시작했으니까요. 적절한 비유인지 모르지만, 지구의 규문(閨門)이 열려 성숙한 처녀가 되는 과정이지요."

그 옛날 조선조 주자학의 대가이며 주역에 달통했던 양촌 권근이 일본열도가 규슈를 축으로 하여 180도 회전하여 남진한 끝에 오키나와 남쪽으로 거꾸로 서 있는 지도를 작성한 적은 있으나, 그렇다고 일본열도가 가라앉는다는 예언을 한 적은 없었다. 그러나 탄허는 그의 예감대로 일본열도가 바다 밑으로 가라앉는다고 단언한 적이 있었다. 그때도 말들이 많았는데 큰 지진이 나서 인명 피해가 속출했다니 지대방에 몰린 대중들 간에 말들이 많을 수밖에 없었다.

어느 날 상원사에서 내려온 승이 탄허를 물고 늘어졌다. 그는 평소 예언이나 하는 탄허를 탐탁지 않게 여기고 있었는데, 이번 기회에 제대로 짚고 넘어가자는 표정이 역력했다.

"탄허당, 그대의 예언대로 하자면 일본열도가 180도 회전한 끝에 남진하여 오키나와 남쪽으로 위치하게 된다는 말인데, 그렇다면 일본은 양촌 권근이 그린 문제의 지도와 같은 형상이 된다 그 말 아니오?"

나잇살이나 먹은 승이 공부나 할 것이지, 대중 방에 앉아 잡담이나 나누다 온 게 분명해 보였다.

"권근을 아는 걸 보니 공부를 꽤 하신 모양이구려."

탄허의 말에 승은 마음이 언짢은 듯 이맛살을 찌푸렸다.

"그 양반이 여백이 모자라 일본열도를 세워 그린 거요?"

"그럴 리가 있겠소."

"그렇다면 그대의 예언은 예언이랄 것까지도 없구만. 듣자하니 예언깨나 하시는 모양인데, 그대야말로 공부는 하지 않고 이미 한물간 예언이나 되풀이하면서 신자들의 시줏물이나 걷어먹고 있잖소!"

승의 시퍼런 신심이 이제 칼날이 되어 탄허의 심장을 찔렀다. 탄허는 눈을 질끈 감았다.

승도 인간인데 부처가 되지 못한 이상 어찌 허물이 없겠는가. 어미의 품에 안겨 젖을 빨고 자라면서 참됨과 거짓을 함께 배웠다. 못된 짓을 일삼은 적도 있고, 남의 것을 탐내고 훔친 적도 있다. 그러다 불가로 들어와 중생의 아픔 운운하면서 시줏물을 걷어먹으며 수행하다가 이제야 겨우 정신을 차리고 돌가루로 죽을 쑤어 먹으며 경전 번역에 힘써왔다.

그의 예지력을 부정하는 이에겐 돌가루로 죽을 쑤어 먹는 것도 신도들의 주머니를 넘보는 수작이요, 역경 사업 또한 하안거나 동안거의 선수행이 고통스러워 방 안에 앉아 글을 끼적이는 것으로 보일 수 있었다. 실제로 그런 말을 하는 승들이 없지 않았다.

"그대가 하는 작업이 중생을 위한 것이라고는 하나, 반성할 것은 반성해야 합니다. 중생도 저잣거리에서 열심히 수행하는 수행승들이요 그곳이 그들의 치열한 수도장이라면 여기와 다를 바가 없거늘, 도대체 그대가 그들에게 무엇을 줄 수 있다는 거요?"

탄허는 회의와 자괴감을 감당하기가 힘들었다. 대승불교가 시작되면서 생활선이 대두되고 저잣거리의 사람들도 곧 수행자들이란 개념이 싹트면서 승(僧)과 속(俗)의 구분이 느슨해진 것이 사실이었다.

그러나 인간은 본능적으로 먹을 것만 찾아다니는 짐승과 달랐다. 인간은 심상을 가진 존재였다. 하지만 짐승들도 환경에 영향을 받기 마련이었고, 인간 또한 저잣거리에서 거칠게 살다보면 그 심상은 상처를 입게 되어 있었다. 망가진 만큼 깨달음도 크고 그 깨달음이 산중에서 수행하는 수행승보다 못할 것도 없었다. 하지만 몇이나 그 궁극에 이를 수 있을까. 수행승들이 홀로 이곳에서 꽃을 피우고 있는 것은 그 향기가 아직 궁극에 이르지 못한 저잣거리의 사람들에게 닿게 하기 위해서가 아니던가. 아니, 그게 어디 저잣거리 사람들뿐이겠는가. 세상 만물에 깨달음의 진리를 전하기 위해서가 아니던가.

그런데도 승은 중생 핑계를 대지 말라고 하고 있으니 탄허는 말문이 막혔다. 그도 인간이었다. 그렇게 비난하고 나오면 같은 불자로서 자괴심이 들지 않을 수 없었다.

왜 예언을 해왔던가. 중생이 당할 고초를 생각하면 입을 닫고 있을 수 없었다. 하지만 한 번도 신도들의 시줏물을 걷어먹기 위해 거짓말을 한 적은 없었다. 지축이 기울어 제주도와 전라남도 사이의 바닷물이 빠져나가게 되면 어찌 되겠는가? 생각만 해도 눈앞이 캄캄했다.

처녀로 비유하자면 첫 달거리를 내보이는 것과 같은 지구의 초조(初潮) 현상은 소멸이 아니라 성숙의 모습이라고 설명하자 학계는 뒤집어졌고 허튼소리라고 무시했지만, 대학총장을 지낸 한 학자는 일본 방문길에 일본에 큰 지진이 있을 것이라는 탄허의 예언이 실현된 사실을 목격하고는 돌아와 절을 올리며 참회했다.

어쩔 것인가.

탄허가 수도를 하면서, 또 경전을 한 줄 한 줄 번역하면서 늘 혼신을 다한 것은 사람이 사람다워지기를 바라는 간절한 바람에서였다. 저 산의 풀 한 포기, 나뭇가지를 흔드는 바람 한 줄기, 새벽에 내린 이슬 한 방울에 이르기까지 인간의 이기와 욕망으로 자연 폐해는 심각한 상태에 이르러 있다. 이대로 가다가는 지구의 멸망이 불을 보듯 뻔했다.

땅과 하늘은 말이 없다. 인간을 키우고 보듬은 자연은 피를 흘리면서도 말이 없다. 그렇기에 무지한 인간은 자연을 두려워하지 않는다. 쏟아지는 폐수들, 거리마다 쌓여 있는 오물들, 마구 베어지는 나무들, 끊어지는 산허리, 쉼 없이 들어서는 건물들……. 송사리가 헤엄치던 물은 이제 썩어버린 지 오래다.

그렇게 인위에 의하여 환경의 구성 성분과 생태가 변화하고 있었고, 벌써 그 조짐들이 나타나고 있었다. 지진이 일어나고 지축이 흔들렸다. 기후가 변해 겨울에도 개나리가 피었다. 그런데도 인간의 무관심은 무서울 정도였다. 어떤 때 탄허는 자신의 예지력이 잘못된 것일까, 하고 역학으로 풀어보기도 했다. 행여 하는 마음에서였다. 그러나 역학 쪽으로 봐도 마찬가지였다.

사람들이 잘 이해하도록 풀어서 설명해도 대부분의 사람들은 회의적이었다. 정말? 설마. 승이 쓸데없는 소리를 하고 앉았다고 타박하는 이도 있었다. 후천 세계에는 어떤 변동이 일어날 것인지 훤히 보이는데도 매명(賣名)에 미쳐 혼자 아는 척을 한다는 것이다.

지금 중국 영토로 되어 있는 만주와 요동반도 일대가 우리 영토로 귀속될 것이라고 하면 이제 국수주의자가 다 되었군, 하고 비웃었다. 일본열도 삼분의 이가 바다에 가라앉을 것이라고 하면 그때 가보면 알겠지, 하고 웃어넘겼다. 참으로 한심한 일이었다. 그런 재앙이 닥치기 전에 미리 대책을 세우고 환경 의식을 바꾸어나가야 한다는 뜻에서 한 말이었다.

"그러니까 일본은 과거의 만행으로 그 보를 받는 것이다, 그 말이지요?"

이쯤 되면 할 말이 없었다. 일본 사람들의 과거 만행이야 말해 무엇 하겠는가. 하지만 어느 민족이든 그로부터 자유로울 수 없었다. 우리에게도 남의 나라를 지배한 과거가 있었다. 그런 뜻으로 한 말이 아님에도 듣는 이들의 생각은 앞서 나가기만 했다.

시작과 끝

예언에 밝았던 증산교의 창시자인 강증산도 '일본은 불로 망하고, 서양은 물로 망한다'고 한 적이 있었다. 그는 '불이 세상을 칠 때에는 산도 붉어지고 들도 붉어져 자식이 귀해도 손목을 잡아 끌어낼 겨를이 없으리라'고 했다. 그러므로 '종자도 못 찾는다'고 했다.

또 '신이 떠난 미국 땅은 물 방죽이 되리라'고 했다. 불[火]개벽은 일본에서 날 것이요, 물[水]개벽은 서양에서 날 것이었다. '인천(人天)에서 병이 나면 전 세계가 인(人)개벽을 당하리니 세상을 병으로 쓸어버리리라'는 말도 덧붙였다.

증산이 그랬다고 해서 탄허가 서구의 종말을 덩달아 예언한 것은 아니었다. 그는 서구의 지각 변동을 예감하고 있었다. 전 세계의 지각판이 움직이고 있었던 것이다.

세상은 하루가 다르게 변해갔다. 어쩌다 산을 내려가보면 여자들이 다리가 훤히 드러난 옷을 입고 다닌다. 세대 차이 어쩌고 할지 모르나, 탄허의 눈에는 그게 예사로워 보이지 않았다. 그는 세상의 종말을 예언하면서 이런 말을 했다.

"지구를 여자로 비유해볼 때, 최근의 세계적인 풍조가 여자들이 부끄럼 없이 자기 몸을 드러내고 다니는 것은 곧 지구가 적나라하게 자기 변화를 드러낼 조짐을 보여주는 것입니다. 처녀가 초조, 즉 초경을 맞아 피를 흘릴 준비를 하고 그 이후에는 인간적으로 성숙하여 극단적인 자기감정의 대립이 완화되듯이, 지구가 성숙해진 후천 세계에는 극한과 극서의 혹독한 기후가 없어지겠지만, 곧 그것은 재앙과 생성으로 이어지게 될 것입니다."

이렇게 말해도 다들 '그런가?' 하고 넘어갔다. 탄허는 그런 반응을 보면서 이미 인간 정신의 황폐화가 돌이킬 수 없는 지경에 이르렀음을 뼈저리게 느꼈다. 대재앙을 막는 길은 한두 사람의 힘으로 되는 게 아니었다.

인류 모두가 나서 합심으로 막아야 해. 방법을 강구하고 그 대책을 마련해 다시는 그런 재앙이 오지 않도록 힘써야 해.

그렇게 생각했기에 탄허는 승으로서 예언했던 것이고, 화엄의 꽃을 피우기 위해 역경 사업에 매달렸던 것이다. 이것이 곧 이 세상 사람들이 행해야 할 만행(卍行)이요, 그 만행이 우주 질서에 역행하지 않는 길이요, 그 길이 만덕을 닦아 그 덕과를 장엄하게 한다고 생각했던 것이다.

새가 알을 깔 때면 안에서 신호를 보낸다. 그러면 어미가 밖에서 알을 쪼아준다. 힘이 약한 새끼도 안에서 같이 힘을 쓴다. 그래서 한 생명이 탄생하는 것이다. 서로 같이 알을 깨는 작업. 그것이 부처와 중생의 관계요, 스승과 제자의 관계요, 승과 속의 관계였다. 화엄은 여기에 있었다. 탄허는 그 사상에 평생을 걸었다. 이는 나 하나의 문제가 아니라 세계 공통의 문제였기 때문이다.

그는 이미 오래전에 강대국의 지하 핵폭발을 불 보듯 뻔한 일이라고 예언한 적이 있었다. 설령 물로 망하지 않더라도 소규모 전쟁들이 계속 일어날 거라고 단언했다. 인류를 파멸시킬 세계전쟁은 일어나지 않겠지만, 지진에 따른 핵폭발로 그에 버금가는 고통이 따르리라고 예언했다. 핵보유국들은 말할 수 없는 피해를 입을 것이었다. 남을 죽이려 하면 자기가 먼저 죽고, 남을 살리려 하면 자기도 살고 남도 살리라고 했다.

탄허는 지축의 변화를 인재의 결과로 보았다. 정신의 황폐화로 인간, 즉 소우주가 병들면 소우주의 집합체인 대우주는 자연히 병을 앓을 수밖에 없으니, 이는 우주 불변의 법칙이었다. 이제 막다른 골목에 와서도 사람들은 몰랐다. 여전히 물질의 노예가 되어 오로지 그것만 탐하고 있었다. 아무리 외쳐도 귀를 막고 있으니 세상의 종말은 정해진 것이나 다름없었다.

하지만 희망이 없는 것은 아니었다. 기독교에서 말하는 심판론이나 예언가의 멸망론이 지구의 종말을 예고하고 있지만, 이는 한편으로 지구의 성숙을 뜻한다고 보았다. 그렇기에 설령 멸망이 닥치더라도 그것은 멸망이 아니라 결실이라는 것이다.

저잣거리 부처

하루는 성철스님이 와서는 느닷없이 이런 말을 했다.

"오다가 청담을 만났더이 그카대. 나보고 보림사에 한번 가보자
고."

청담스님이라면 성철스님과 함께 불교 정화의 기수로 손꼽히는
이였다. 한때 어머니를 만나려고 산을 내려갔다가 어머니의 간청
에 못 이겨 아내와 하룻밤을 자면서 파계의 길을 걸었지만, 그 후
다시 산을 찾아 외롭고 고단한 정진의 길을 걸었다. 두 스님이 서
로 아끼는 사이라는 것을 탄허는 잘 알고 있었다.

"보림사에는 왜요? 무슨 일이 있습니까?"

성철스님보다 한 살 아래인 탄허가 물었다. 성철스님은 경상도
출신으로 말투에 격의가 없었다. 어떨 땐 말을 함부로 내뱉다가도
어떨 땐 깍듯이 예를 표했다.

"여태 소식을 못 들었소?"

그제야 탄허는 생각이 났다.

어느 날인가, 한 거사가 산을 올라왔다. 백봉 김기추란 이였다. 자신을 찾는다기에 나가보았더니 보통내기가 아니었다. 어디 사는 뉘시냐고 물었더니 보림사에서 장작이나 패며 살아가는 처사라고 했다.

부산 영도에서 한의원 집 아들로 태어나 교육 사업을 하면서 청주 심우사를 들락거렸는데, 절의 주지가 요술을 좀 부릴 줄 알았다. 거기에 홀딱 빠진 그는 주지스님에게 요술을 가르쳐달라고 매달렸다. 그만큼 불법에는 관심이 없던 사람이었다.

그러자 주지스님은 그에게 무자화두를 주었다. 그는 화두를 받고 일념으로 집중하다가, 어느 날 도반들과 함께 보름간 정진하기로 하고 공양도 들지 않고 잠도 자지 않았다. 그는 도반들이 법당에서 예불하고 참선하는 사이 남몰래 눈 내리는 바위 위로 올라갔다. 나중에 그를 찾던 도반들은 큰 바위 위에서 불빛이 솟구치는 것을 보았다. 그곳으로 가보니 말 그대로 바위 위에 눈사람이 앉았다. 다가가보니 코만 빠끔히 나왔다. 온몸이 얼어붙은 채 숨만 가늘게 토해내었다.

사람들이 꽁꽁 언 그를 방으로 옮겨 살렸다. 곁에서 간호를 하던 한 도반이 선사의 어록을 가져와 읽었다.

"마음도 아니고, 부처도 아니다."

순간 백봉이 벌떡 일어났다. 백봉의 몸이 눈부신 빛을 내뿜기 시작했다. 그는 자신의 방광(放光) 속에 서서 다음과 같은 오도송을 터뜨렸다.

홀연히 들리나니 종소리는 어디서 오나
까마득한 하늘이라 내 집 안이 분명한데
한 입으로 삼천계를 고스란히 삼켰더니
물은 물이요 뫼는 뫼라 스스로 밝더이다

忽聞鐘聲何處來
廖廖長天是吾家
一口呑盡三千界
水水山山各自明

그 후로 백봉은 도반이 금강경을 들려주자 명쾌하게 풀어냈다. 그때까지 그는 금강경을 읽은 적이 없었다.

그런 그가 탄허를 찾은 것이다. 백봉은 그날 이렇게 물었다.

"산하대지(山河大地)를 겨자씨 속에도 넣을 수 있고, 겨자씨를 산하대지에 던져버릴 수도 있소. 그 경지를 아시겠소?"

"어디서 오셨소?"

탄허가 물었다.

"나는 저잣거리 사람이오. 그대는 나를 만난 적이 있지 않은가?"

탄허의 등골이 서늘하게 얼어붙었다.

탄허는 보았다. 갑자기 눈앞이 캄캄해지더니 어느새 두 사람이 허공에 떠 있었다. 이게 꿈인가, 생시인가?

처사가 다시 물었다.

"저 아래에도 그대가 있고 여기에도 그대가 있다. 어느 것이 그대인가?"

탄허가 자신들이 있던 곳을 내려다보았다. 그곳에 탄허와 거사가 마주 보고 서 있었다.

탄허는 침묵했다. 그러자 거사가 웃었다.

"대답을 해도 맞지 않고 대답을 하지 않아도 맞지 않다."

그렇게 말하고 거사는 본래 모습으로 돌아갔다. 탄허 또한 본래의 모습으로 돌아왔고, 탄허는 발길을 돌려 문을 나서는 처사에게 이렇게 물었다.

"어디로 가십니까?"

그가 돌아보았다.

"그대가 온 곳으로."

"그것도 맞지 않다!"

탄허가 소리쳤다.

처사가 껄껄 웃었다.

"비로소 이루었도다!"

그 말을 남기고 가버린 거사는 그 후 한 번도 얼굴을 내민 적이 없었다.

성철스님은 언젠가 보림사에 걸출한 거사가 나타났다는 말을 들었는데 그가 백봉이라고 했다.

"기억이 나긴 하는데……."

"언제 만난 적이 있는가?"

"이름이 백봉이라고 했지요?"

"맞아. 백봉이라 카대. 그란데 그 사람이 보통 난 이가 아이라 캐. 어디 가는 길에 잠깐 거길 들른 모양인데, 청담더러 '왜 그대는 산을 올랐누? 그냥 마누라와 살지' 이라드라 캐. '마누라를 곁에 두고 여자로 보지 않는 경지, 그것이 진정한 승인 것을' 하면서 혀를 끌끌 차더래. 금강승의 경지를 얻기가 힘들어 보인다나."

"백봉이라는 사람, 몇 살이나 되었다고 합디까?"

"칠순은 더 되어 보이더래. 머리가 허옇다 캐. 그래, 청담이 물었지. 어째 삭발도 않고 거사로 절 생활을 하냐고."

"그래서요?"

"그라이 이랬다 안 카나. 삭발 출가 않고도 일체가 허공임을 깨달으면 되지, 그까짓 삭발은 해서 뭐 하냐고."

"보림사, 청담스님이 말하는 보림사 말입니다. 그 절이 서울 정릉에 있는 거 맞지요?"

"글타 카대. 내는 안 가봐서 모르지."

"한번 가봅시다."

"그렇지? 물건 같지?"

두 스님은 그 길로 보림사로 향했다. 정릉 보림사는 아담한 절이었다. 선방이란 곳으로 들어서니 적막하되 깨어 있다는 느낌이 들었다. 수십 명의 재가 선객들이 철야정진 중이었다. 그들의 앞과 뒤에 지팡이를 짚은 백발 노인이 서 있었다. 백봉 거사의 사진이었다.

탄허는 그 사진을 멀거니 보다가 성철스님에게 말했다.

"내가 만난 이가 저이였습니다."

"신선이가?"

성철스님이 물었다. 사진 속의 노인은 탄허가 봐도 꼭 신선 같았다.

절의 주지를 찾자 보살이 나왔다. 나이 지긋한 보살은 이곳에는 주지가 없고 재가 신자뿐이라고 했다.

탄허가 사진을 가리키며 백봉에 대해 물었다.

"어디 계시지는 알고 있소?"

그러자 보살은 고개를 가로저었다. 몸을 감춘 지가 오래되었다고 했다. 이 말에 두 스님은 발길을 돌려야 했다.

돌아가는 길에 성철스님이 먼저 입을 열었다.

"맞아. 청담이 그랬다 캐."

"뭘 말입니까?"

"삭발 출가해서 조계종 본산 조실을 맡아달라고 하니 그냥 웃기만 하더래. 욕설 법문으로 유명한 춘성 선사도 그이를 만났던 모양이야. 그를 보고 출가자가 아닌 거사의 몸으로 무상대도(無相大道)를 이룬 이 시대의 비마라힐이라 캤다 카더만."

탄허는 눈을 감았다.

비마라힐이라면 부처가 살아 있을 때 저잣거리에서 장사나 하던 재가자였다. 그는 부처의 열 제자들이 머리를 깎고 염의를 입고 수행하는 사이 저잣거리에서 살면서 생활이 곧 수도의 요체임을 실천했던 이였다. 훗날 그는 부처의 열 제자들을 부처님 말씀에나 연연하는 무리라고 질타할 만큼 도심이 깊었다.

춘성 선사가 백봉을 일러 이 시대의 비마라힐이라고 했다면 다른 뜻에서 한 말이 아니었다. 저잣거리도 사람 사는 곳이요 절간도 사람 사는 곳이고 보면, 다 같은 도량임이 분명했다. 저잣거리에서도 얼마든지 깨달음을 얻을 수 있다는 말이 증명되었다는 뜻에서 그런 말을 했을 것이다.

세계의 중심

설령 세계의 멸망이 닥치더라도 그것은 멸망이 아니라 결실이 될 것임을 예언하고 난 어느 날이었다. 한 학인이 탄허를 찾아왔다. 그는 그 예언에 관심이 많아 보였는데, 한때 환경운동 일에 몸담은 적이 있다고 했다.

이런저런 말을 나누다가 '그때가 되면 우리나라는 어떻게 됩니까?' 하고 물었다.

그러자 탄허는 이렇게 대답했다.

"우리나라는 세계의 중심이 될 것이외다."

질문을 했던 학인이나 그곳에 있던 사람들이 그 대답을 비웃었다. 인간의 무분별한 이기와 욕망으로 세계가 멸망한다더니, 이건 해도 너무한다는 비난이 일었다. 다른 나라는 망한다 해놓고 우리나라만 괜찮다고 하니, 아니 더 나아가 세계의 중심 어쩌고 하니,

참지 못할 만도 했다.

"예끼, 여보슈! 해도 해도 너무하는구먼. 이제 보니 순 국수주의 자가 아닌가!"

우리나라가 세계의 주도국이 된다는 말을 두고 사람들의 반론이 거셌다. 그러자 탄허는 이런 말을 했다.

"비웃을 일만도 아니외다. 내 말이 국수주의로 들릴 것 같으나, 세계가 흥하고 망한 역사를 살펴보면 기의 흐름이 어떻게 흐르는지 알게 될 것이오. 한 나라의 흥망은 비단 정치에서만 나오는 게 아니오. 세계를 휘어잡을 인물이 나면 기류가 그쪽으로 흐르는 게 당연하지요. 탁월한 영도력으로 정치와 경제뿐 아니라 문화 전반에 걸쳐 일어서게 된다 이 말이오. 그래서 여러 민족들이 역사 위에 떠올랐다가 사라지고 한 게 아니겠소. 이는 현 시대에만 국한된 게 아니지요. 로마, 몽골, 비잔틴, 이슬람 같은 제국들부터 끝내 몰락한 나폴레옹에 이르기까지……. 민족과 국가의 탄생과 성장, 절정과 쇠퇴를 가만히 들여다보면 재미가 있어요.

사람이 독을 굴리려면 자기 몸이 독 안에 있어서는 곤란하다. 몸과 독이 같이 굴러가기 때문이다. 독은 국가를 말하는 것이다. 한 국가를 굴리려면 뛰어난 사람이 있어야 한다. 온 천하를 굴리려면 천하에 뛰어난 삼대 성인이 있어야 한다. 서양철학을 대표하는 독일의 칸트도 인식객체와 인식주체의 절대적인 상반성이 일체(一

體) 위에 내포되어 있다고 하지 않았다. 그러나 동양학에서 볼 때 칸트의 최종 결론은 미흡하다. 우주 만유의 모체인 순수이성을 파악할 때 우주 만유가 순수이성화 되어야 하는데, 칸트는 그런 결론을 얻지 못했다. 동양학의 삼교(불교, 유교, 선교) 성인이 이 세상에 온 것은 지식을 자랑하거나 인품을 과시하기 위해서가 아니다. 사람마다 마음속에 본래 갖추고 있는 우주의 핵심체인 태극의 진리를 알려주기 위함이다.

이 진리를 알아듣지 못하는 사람을 위해 천당 지옥의 유치원 학설이 생겨난 것이다. 천당이니, 지옥이니 하는 문제는 인과 법칙의 사실이지만 삼교 성인이 인류에게 가르친 교리는 이에 국한된 것이 아니다. 오직 사람으로 하여금 진리를 깨달아 이 세계가 그대로 극락이 되게 한 것이다. 그것은 곧 자기 주체를 믿으라는 뜻이다. 믿지 않는다면 주체를 부정하여 뿌리가 없는 나무가 되고 만다. 그럼 우주의 핵심체인 태극의 진리를 받아들일 성지가 어디이냐?

아주 옛날에 독기를 지닌 수천 년 묵은 지네가 한 마리 있었다. 마을 사람들은 지네 때문에 늘 공포에 떨었다. 지네는 제물을 바치라고 했으나 자진해서 나서는 사람이 없었다. 동네 사람들은 논의 끝에 제비를 뽑아 결정하기로 했다. 마침 한 과부의 외아들이 뽑혔고, 과부는 아들을 못 내주겠다고 통곡했다. 공자는 그 모습을 보고 동네 사람에게 양해를 얻어 여인의 아들 대신 당산나무 밑 제당에 들어가 앉았다. 지네는 사람을 잡아먹으려고 새파란 빛의 독을 뿜었다.

이튿날 동네 사람들이 뼈라도 추려 장례를 지내주려고 문을 열어보니 공자는 멀쩡하고 도리어 지네가 죽어 있었다. 천하에 제일 무서운 것은 정력(定力) 즉 도력(道力)으로, 정력 앞에서는 천지도 어쩔 수 없고 귀신도 힘을 쓸 수 없고, 권력의 총칼도 쓸데없다.

그 뒤 동네 사람들은 공자께 감사의 절을 올리고 지네를 태웠다오. 그러자 지네의 독이 무지개처럼 하늘로 뻗쳤다. 공자가 그것을 가리키며 말했다. '백 년 후에 이것이 반드시 내 도를 해칠 것이다.' 그 후 백 년 만에 진시황이 나왔다. 바로 그가 천 년 묵은 지네의 후신이었다. 진시황은 공자가 숭상하는 시서(詩書)를 다 불살라버리고 교를 믿는 유생들을 모두 생매장했는데, 공자는 이러한 사실을 미리 내다보고 칠서(七書)를 그의 집 벽 속에 감추고 흙으로 발라 보존했다. 그래서 후세인들은 이를 칠서벽경(七書壁經)이라고도 했다. 이렇게 진시황 당년에 공자의 교가 전멸하여 움도 싹도 없었으나, 진시황은 불과 이세(二世)에 망하고 그 후로 한당송원명청(漢唐宋元明淸)의 육조에 걸쳐 공자의 교는 전성하였으니 이를 어떻게 봐야겠는가?

이렇듯 세상만사는 새옹지마 같아서 성쇠(盛衰)가 맞붙어 다닌다. 그러니 역경을 당한다고 서러워할 것도 없고 순경을 만난다고 좋아할 것도 없다. 만일 강폭한 원자탄, 수소탄으로 이 세상을 정복할 수 있다면 우주의 원리가 없는 것이다. 우리가 육십여 년을 살아오면서 보아온 세상이 바로 그 세상이다. 제1차 세계대전을 일으킨 게 독일이다. 만일 강폭한 것이 세계를 지배한다면 세계는 독일의 것이었겠지만 독일은 두 번 다 패하고 말았다.

우리 육신에서 제일 강한 것이 뼈다. 하지만 강한 치아도 육칠십이 못 되어 의치를 해야 하고, 가장 부드러운 혀는 백 년을 같이한다. 동양사를 볼 때, 우주 개벽 이래로 원시시대의 전쟁은 맨주먹으로 하는 싸움이었다. 그 뒤로 시대가 발전하면서 나무로 창을 만들었다. 주먹 열이 나무 창 하나를 당하지 못하는 것은 목극토(木克土)하는 원리다. 그 후엔 쇠로 창을 만들기 시작했다. 나무 창 열이 쇠 창 하나를 당하지 못하는 것은 금극목(金克木)하는 원리다. 다음엔 총을 만들기 시작했고, 총 끝에 화약을 달아 쓰게 되었다. 쇠 창 열이 불 총 하나를 당하지 못하는 것 또한 화극금(火克金)하는 원리다. 그 후 시대가 발전함에 따라 불의 전쟁도 발전하게 되었다. 삼국시대 때 제갈공명이 동남풍을 빌어 적벽대전에서 큰 승리를 거둔 것도 또한 불 전쟁이었고, 오늘날 원자탄이 생긴 것도 또한 불을 통한 것이다.

물극즉반(物極則反)이라, 물이 끝까지 차면 흘러내리는 법. 불의 사용은 원자탄으로 끝을 보았다. 수소탄이 나오자 원자탄이 무력하게 된 것은 수극화(水克火)하는 원리다. 불의 사용은 원자탄에 이르러 더 갈 수 없게 되었고, 물의 사용은 수소탄에 이르러 다한 것이다. 그러면 수소탄을 능가할 게 무엇이겠는가? 다시 맨주먹이다. 토극수(土克水)하는 원리다. 그 맨주먹이 바로 도덕군자다. 도덕군자 앞에는 총칼도 원자탄, 수소탄도 다 쓸데없다.

아주 예전에 우리의 강토는 참으로 강대했다. 그만큼 남의 땅을 우리 것으로 하기 위해 피를 흘렸다는 말이다. 그 후 어떤가? 우리는 그 보를 받아 사대주의의 개가 되어야 했다. 일본의 지배를 삼십육 년 동안이나 받아야 했고, 동족상잔이라는 아픔을 겪어야 했고 지금도 그렇다. 말하자면 그 보를 받은 것이다. 반면에 일본은 어떤가? 남의 나라를 노략질하다 원자탄을 맞았다. 하지만 아직도 그 응보가 남았다. 우리들이 그랬던 것처럼 강대국들이 그렇게 도덕적으로 감당 못할 짓을 했으니, 그 응보가 따르게 되어 있다. 이제 기류는 다시 우리에게 와 있다. 아전인수로 끼워 맞춘 말이라고 할지 모르나, 주역으로 풀어 봐도 곧바로 증명이 된다.

국수주의적인 혐의가 짙다고 말할지 모르지만 주역의 팔괘로 전 세계를 나눠놓고 봐도 증명이 된다. 우리나라는 간방(艮方)이요. 간(艮)은 사람으로 말하면 결실이요, 덕(德)으로 말하면 도덕이다. 즉 간이란 것은 도덕이니, 우주 만물이 도덕으로부터 시작하고 도덕에서 끝난다. 만물을 시작하고 끝맺는데 간괘(艮卦)보다 더 성함이 없다. 프랑스의 예언가 노스트라다무스는 앞으로 이십오 년 후에 세계의 멸망기가 온다고 했지만 그의 예언은 부조리한 내용을 지니고 있다. 멸망의 까닭도 없고, 어떻게 멸망한다는 얘기도 없고, 멸망 후에 어떻게 되리라는 얘기도 없고, 어째서 이십오 년 후인지 밝히지도 않았다. 만일 동양의 역학 원리로 전개한다면 주역을 아는 모든 사람이 이해할 수 있도록 조리 있고 체계적으로 설명할 수 있겠다.

지구의 성숙기가 바로 노스트라다무스가 멸망한다고 한 시기요. 그 시기는 이십오 년 후가 아니다. 멸망은 아니지만, 전 세계 인류의 육십 프로가 줄어드느냐, 팔십 프로가 줄어드느냐, 하는 문제가 있기 때문에 사실상 멸망으로 본다. 그때가 되면 현재 지구 전체의 사분의 일을 차지하고 있는 대륙이 사분의 삼으로 확장될 것이다. 또 세계적인 지진과 해일이 일어날 것이다. 요즘 지진이 전혀 없던 나라에서도 지진으로 많은 피해를 입고 있는 게 사실이다. 우리나라는 간방이기 때문에 자연적으로 요동이 적고 해일의 피해도 극히 적을 것이다. 역학의 원리에 근거해서 봐도 한국의 미래가 세계적으로도 제일 좋아 보인다.

국수주의적인 발언? 그럴까? 탄허는 고개를 내저었다. 환경에 무지한 사람들이 자연을 마구 훼손하고 병들게 하는 바람에 기후가 변하여 극서기에 들어섰다는 사실을 그들 또한 인정하고 있으면서도 그런 말을 하고 있으니 탄허로서는 할 말이 없었다.

지구 온난화로 빙하가 녹고 있음은 어제오늘 일이 아니었다. 지축 속의 불기운이 지구의 북극으로 들어가 북극에 있는 빙산을 녹이고 있다는 예측은 오래전부터 나돌던 얘기였다. 북극 빙하의 빙산이 녹게 되면 대양의 물이 불어나게 되고, 그 물은 하루에 440리를 흘러 일본과 아시아 국가들을 휩쓸어 해안 지방을 삼키게 될 것이다.

북극 빙하가 녹고 23도 7분가량 기울어진 지축이 물에 잠기면서 바로 서고 땅속의 불로 북극의 얼음물이 완전히 녹게 되면 지구는 마치 초조 이후의 처녀처럼 성숙해질 것이었다. 그는 지구의 축이 23도 7분 기운 것을 지구가 아직 미성숙 단계에 있는 증거로 보았다. 그렇기에 4년마다 윤달이 있게 되는 원인이 되어온 것인데, 기울어져 있던 지축이 빙하가 녹음으로써 물에 잠겨 서서히 서게 되면 해일과 지진이 전 세계를 덮칠 것이었다. 그렇게 되면 세계는 극도의 혼란기에 빠지게 될 터이고 인구의 60, 70퍼센트가 지구상에서 사라지게 될 것이다. 다행히 우리나라는 그 중심축 역할을 함으로써 중심 국가로 떠오를 것이다.

현재 지구 표면에서 물이 차지하는 비율은 4분의 3이고 육지는   4분의 1밖에 되지 않지만, 이 같은 변화가 일어나면 땅이 융기해 그 비율이 뒤바뀔 것이다. 그렇게 되면 우리나라는 동남해안

쪽 100리의 땅이 피해를 입게 될 것이고, 서해안 쪽으로는 약 두 배가 넘는 땅이 융기해 우리 영토가 늘어나리라고 보았다.

이 밖에도 탄허는 1980년대 전반부를 어머니가 아기를 낳을 때의 진통이 있는 때로 보았다. 탄허는 이를 지극한 예지력으로 '희망찬 아픔'이라고 했다. 이 고통이 지나면 우리의 숙원이던 남북통일의 서광이 엿보이기 시작할 거라고 했다. 생각으로 감지할 수 없는 새 차원의 세계가 도래한다는 것이다.

그는 산고 끝에 태어날 아기를 나무의 열매로 보았다. 열매는 시종(始終)을 가지고 있는데, 결실은 뿌리의 결과이니 뿌리가 시작이라면 열매는 끝이라고 했다. 일단 열매를 맺고 나면 열매는 뿌리의 명령을 듣지 않는다고 했다. 열매는 다시 뿌리가 되기 때문에 뿌리의 말을 듣지 않는 것이다.

열매가 시종을 가지듯, 소남(小男)도 시종을 가지고 있다고 했다. 소남, 곧 소년은 부모의 나머지 결실이니 종에 해당되었다. 방위와 수목도 간(艮)의 시종을 가지고 있는데, 어찌 고등동물인 이십대 청년이 간의 시종을 가지고 있지 않겠느냐는 말이었다.

이십대 청년들이 부모나 선생 말을 듣지 않고 오직 제 말만 내세우는 것은, 그들이 바로 결실 인종이므로 스스로 뿌리가 되려 하기 때문이라고 했다.

사형선고

　탄허는 《화엄경》 출간 작업을 계속했다. 화엄경에서 선재동자가 지혜를 찾아 방랑하듯이 그렇게 사람들과 교류하였다. 그들의 이야기를 듣고 그들에게서 배웠다. 그들 또한 탄허에게서 배웠다.

　자연히 마음이 통했다. 아무리 굳게 닫힌 문이라도 열리지 않을 리 없었다. 그렇게 탄허는 아픈 이를 보면 그 속을 달래주었고, 법당에서 하염없이 눈물을 흘리는 이를 보면 다가가 손을 잡아주었다. 등을 두드려주고 시자를 시켜 그의 목마름을 씻어주었다. 부처님 앞에 놓인 수박이라도 내려 먹이면서 사정 이야기를 듣고는 그 길을 같이 고민해보거나 해결책을 제시하기도 했다. 그를 위해 기도를 올리고 축원을 하며 따뜻하게 안아주었다. 또 자신이 아프면 그들에게서 위로를 받았다.

　"스님, 스님이 아프면 우리는 우짭니꺼?"

　그럴 때면 눈시울이 뜨거워졌다. 비마라힐의 말이 생각났다.

"중생이 아프니 내가 아프도다."

그들이 비마라힐이었다. 자신이 중생이었다. 그들이 끓여주는 죽 한 그릇이 문제가 아니었다. 그들의 불성이 도리어 자신의 불성을 눈뜨게 하고 있었다.

불성이 따로 있겠는가. 타인을 향한 지극한 자비심이 아니고 무엇이겠는가.

그렇게 그는 무애 자적한 삶을 살았다. 그는 선심(禪心)을 잃지 않았고 경전 번역에 혼신의 힘을 쏟았다.

1975년 8월 1일, 탄허의 나이 예순셋에 드디어 《신화엄경합론》이 화엄학연구소에서 간행되었다. 번역에 착수한 지 18년 만이었다. 신화엄경합론은 한장(漢裝)으로 47권이었다. 실로 엄청난 양이었다. 자비출판으로 조판에서 완간까지 거의 3년이 걸린 셈이었다. 중생을 위해 대승심 하나로 사력을 다해 작업한 결과물이 비로소 끝을 본 것이었다. 화엄학에 그만큼 가까이 다가간 이가 없을 때였다.

마침내 1600년의 숙원을 풀었다면서 종교계는 흥분했고, 그 경을 세상에 내놓기 위해 그가 어떻게 살았는지를 알고는 하나같이 고개를 숙였다. 돈이 없어 몇 번이고 출판이 중단되고 있다는 소문을 들은 일본 불교계에서 거액을 내놓으며 원고를 팔라고 했지만 일언지하에 거절했다. 너무 어이가 없어 할 말을 잃었다가 호통을

치며 그들을 내쫓았다. 이미 십여 년 전에 주역 역서인 《주역선해》
에 붓으로 쓴 서문을 보고는 천하의 명필이라며 그 당시 일본 돈 3
천만 엔에 구입하려고 시도한 적이 있었는데, 그때도 호통을 치며
내쫓았던 그였다.

"육천만 엔이라고 했느냐? 어림도 없다. 육천만 엔이 아니라 육
억 엔을 준다고 해도, 아니 출판을 못하는 한이 있더라도 너희들에
게 원고를 넘길 수 없느니라."

그렇게 지켜낸 경이 비로소 세상의 빛을 본 것이었다. 불심 깊
은 이들이 한 푼 두 푼 시주한 돈으로 만든 경이었다. 그 경을 안으
며 탄허는 뜨거운 피가 하나로 뭉치는 느낌을 받았다. 이제 그 피
는 경을 통해 사람들의 가슴속으로 흘러들 것이었다.

그는 그 공로로 그해 10월 25일 동아일보사가 주최하는 제3회
인촌문화상을 수상하였다. 그는 상을 받을 사람은 자신이 아니라
세상 사람들이라고 생각했다. 이제 그 경으로 불심을 얻어갈 이들
이 경전의 진정한 주인이었다.

어느 날 모 신문 기자가 새벽에 스님을 찾아왔다.

"스님, 이른 시간에 죄송합니다. 매일 아침 이렇게 일찍 일어나
십니까?"

"그럼. 아홉 시에 잠자리에 들어 새벽 두세 시면 눈을 뜨지. 그
후로는 참선도 하고 사색도 하고 그런다네."

"지난 십칠 년 동안 작업한 방대한 양의 원고를 경전으로 출간하셨으니, 이젠 돌죽을 그만 드셔도 되지 않겠습니까?"

"섭생이야 별다르지 않아."

그동안 틈틈이 번역해오던 사집(四集) 원고를 탈고한 것은 그해 말이었다. 사집은 불교를 배우는 데 필요한 기본 네 가지 과목으로 《서장》, 《도서》, 《절요》, 《선요》로 이루어져 있었다. 이는 이듬해에 책으로 묶여 나왔다.

어느 날 탄허는 제자들을 불러 한동안 머물다 올 곳이 있으니 짐을 챙기라고 했다. 갑작스런 스승의 명령에 제자들은 무슨 일인가 하고 눈길을 주고받다가 짐을 꾸렸다.

탄허가 바랑을 지고 먼저 길을 나섰다.

"큰스님 어딜 가십니까?"

"따라 오너라."

성철스님과 보림사에 다녀온 후 늘 백봉을 생각하곤 하였는데, 그때마다 더 치열하게 수행해야겠다고 속으로 다짐한 터였다. 그는 경전 번역을 계속하면서 수행을 꼼꼼히 점검해야겠다는 생각을 하고 있었다. 제자 여섯 명을 데리고 그가 도착한 곳은 북한산 자락에 있는 진관사였다. 진관사의 주지 진관스님은 탄허의 제자였다.

탄허는 선방 하나를 정하고 제자들과 함께 죽을 각오로 단식에 들었다. 기간은 한 달. 모두가 입을 다물지 못했다. 탄허의 나이 예순넷이었다. 아무래도 한 달간 단식을 하기에는 무리였다. 더욱이 돌죽으로 연명하던 목숨이 아닌가. 하지만 탄허는 정좌한 채 물만 마시며 한 달을 버텼다. 제자들은 하나둘 쓰러지거나 포기했다. 탄허는 물러서지 않았다. 제자들이 새벽에 밖으로 나가보면 탄허는 가슴을 활짝 펴고 정기를 몸속으로 빨아들이고 있었다. 새벽 공기가 그에게는 음식처럼 보였다. 그는 거뜬히 한 달 단식을 끝내고 이렇게 외쳤다.

"세상에는 무수한 선(禪)이 있으나 어찌 화엄선법(華嚴禪法)에 이르겠는가."

제자들은 머리를 홰홰 내저었다. 여러 가지 선법이 있다는 걸 알고 있지만 화엄선이라니. 화엄사상에 밝은 스승이 이해가 되면서도 단식 수행으로 얻은 화엄화두(華嚴話頭)가 궁금하지 않을 리 없었다. 그래서 제자 하나가 나섰다.

"큰스님, 화엄선이라면 화엄화두를 들었다는 말인데, 그 본의가 궁금합니다."

"화엄은 곧 깨침 그 자체이니라. 화엄을 공부하다보면 자연히 그 화두를 얻게 되리라."

제자는 고개를 갸웃거리며 물러났는데, 그때부터 대중들은 탄허의 선을 화엄선이라 하였다. 그들은 모르고 있었다. 화엄학에 일생을 걸 때부터 탄허의 의혹(화두)은 곧 화엄이었고 선 그 자체였다. 한 달 동안 단식을 하면서 그는 자신의 화엄선을 그렇게 점검했던 것이다.

탄허가 사교(四敎) 번역에 들어간 것은 진관사에서 돌아온 이듬해인 1977년이었다. 그는 예순다섯의 나이에 이미 큰 병이 온 것을 알고 있었고, 세상을 버리기 전에 주어진 소명을 다하고 가야겠다고 생각했다.

"저러다 병이 나고 말지, 병이 나고 말아. 어떻게 돌가루를 들면서 저럴 수 있단 말인가."

신도들은 이런 그를 두고 안타까워했다.

"참으로 무서운 신심일세."

위암에 걸린 사실을 알고 자신의 입멸을 예고한 것이 이때였다. 석 달 시한부 삶을 선고받은 것이었다.

사람들이 너나없이 입을 모았다.

"내 그럴 줄 알았어. 그럴 줄 알았다니까."

큰 병이 들었다는 데도 정작 본인은 태연하였다. 제자들의 걱정이 커져갔다.

그때 그는 자신의 입적 날을 6년 뒤인 1983년 음력 4월 24일 유시로 못 박았다. 그는 생각하고 있었다.

세상의 관심은 하찮은 예언에 초점이 맞추어져 있다. 그것이 세상의 인심이다. 꽃의 속성은 바람이다. 시련이라는 바람이다. 바람은 역사가 된다. 역사는 인심이다. 그 인심 속에 희망이 있다. 화엄의 세계 속으로 들어오리라는 희망이 있다.

그는 여전히 돌가루 죽으로 공양을 대신하면서 번역 일에 매달렸다.

푸른 관

    제자들은 위암 선고를 받았는데도 돌죽을 끊지 않는 스승을 염려했다. 하지만 두 시간 만에 스무 폭 병풍을 그리고 칠십 점의 글을 쓰는 모습에 혀를 내둘렀다. 그러한 정신력과 체력이 어디서 오는지 모를 일이었다. 결국 돌가루로 자신의 생명이 다한 것을 알고도 탄허는 신자들이 올린 시주 밥을 들지 않았다.

    탄허가 가족사에 대해 처음으로 입을 연 것은 자신의 종명을 예언하고 몇 달이 지나서였다. 병원에서 말한 석 달이 지나도 별다른 기미가 없자 사람들은 그의 예언에 더욱 신경을 곤두세울 수밖에 없었다. 그는 아랑곳하지 않고 평소와 다름없이 생활했다.

    탄허는 오랫동안 곁에 둔 인허스님을 부르더니 손을 꼭 잡았다.

    "네가 나보다 세 살 아래지?"

"네."

탄허는 주름이 깊어진 인허의 얼굴을 바라보았다.

"너도 많이 늙었구나. 출가하던 날이 엊그제 같은데."

참으로 오랜만이었다. 탄허는 속가의 동생인 인허를 곁에 두긴 했지만 지금처럼 다정하게 마주한 적은 없었다. 인허는 1945년 한암스님을 계사로 비구계를 받았고, 1951년에 한암스님이 열반에 들 때까지 상원사 청량선원에서 정진했다. 그 후에는 월정사로 내려와 묵묵히 참선과 독경, 염불의 정진을 이어오고 있었다.

인허도 오랜만에 탄허의 얼굴을 가까이에서 더듬었다.

이 사람이 누구던가. 출가한 후로는 한 번도 형이라 불러본 적이 없었다.

어찌 잊을 수 있겠는가. 깊은 잠을 깨우던 새벽 3시의 목탁 소리와 사계절 한결같은 새벽 5시의 아침 공양. 늘 잠이 모자랐고 방선(放禪) 직후에 드는 흰 죽과 된장국은 목에 걸려 넘어가지 않기가 일쑤였다. 그럴 때면 고향 생각이 간절했지만 속가의 형은 고개를 돌려버렸다.

강론 시간이 되면 한암 조실스님의 지시에 따라 이십대의 탄허스님이 나섰다. 맑은 목소리로 읽어 내려가던 경구들이 떠올랐다. 한눈을 팔아 그날 배운 글귀를 못 외우기라도 하면 어김없이 입승스님의 매가 종아리에 감겼다.

눈을 붉히며 문수전으로 나서면 그곳에서 한암 조실스님이 백팔염주를 돌리고 있었다. 오후 참선에 들기 전에 금강경을 외우고 써야 했고, 밤까지 참선이 이어져 숨 한 번 제대로 쉴 수 없는 빡빡한 일정이 되풀이되었다. 그렇게 상원사 선원의 가풍은 엄격했고, 청규(淸規)에 따라 규율을 철저하게 따르게 했다. 속가의 형은 차담(茶啖) 시간에도 눈길 한 번 주지 않았다. 그런데 오늘따라 웬일인가 싶었다.

그의 예언대로 갈 날이 가까워졌기 때문일까? 그렇다면 이게 마지막일지 모른다는 생각에 인허의 낯빛이 어두워졌다.

한동안 손을 잡고 있던 탄허가 이를 알아채고는 슬며시 돌아앉았다.

"이제 그만 가보거라."

방산굴을 나서는 인허의 눈에 눈물이 고였다.

인허를 내보내고 탄허는 누구인가를 기다렸다. 잠시 후 한 사내가 방산굴로 들어섰다. 탄허의 사위이며 제자인 서우담이었다. 그는 대학 2학년 때 오대산에 왔다가 탄허의 법문을 듣고 그 자리에서 출가를 한 이였다. 그 후 만행을 십여 년 하던 중 환속하여 탄허의 딸에게 장가를 든 기이한 인연의 제자였다. 그의 됨됨이를 알고 있던 탄허가 그를 부른 것이었다.

"어서 오너라."

서우담이 인사를 올리자 탄허는 주저하지 않고 이렇게 말했다.

"내 부탁이 있어 너를 불렀느니라."

"네?"

"갑자기 불러 놀랐겠다만⋯⋯."

탄허는 잠시 말을 끊었다. 탄허는 숨을 길게 내쉰 뒤 말을 이어 갔다.

"내가 가고 난 후에라도 내 아버지의 기록을 찾아 정리해주었으면 좋겠구나."

서우담은 깜짝 놀라 스승을 멍하니 바라보았다. 가족사나 속가의 인연을 입에 담지 않던 어른이었다.

아무튼 그도 인간이었다. 아니 모든 것을 풀어헤치고 보니 본래대로 돌아올 수밖에 없음을 깨달았기 때문인지도 몰랐다. 징게맹갱 외에밋들을 모두 팔아가며 독립운동을 했던 아버지 김홍규의 영향을 받았던 그는 살아생전에 풀어드리지 못한 아버지의 한을 이렇게 제자에게 부탁했던 것이다.

그때부터 서우담은 그 뜻을 받들어 이곳저곳을 다니며 기록을 찾기 시작했다. 그는 탄허가 입적한 후에야 스승의 부친인 김홍규라는 이가 독립운동을 했다는 사실을 새롭게 밝혀냈다. 자료를 찾느라 국립기록보존소, 국사편찬도서관, 법원도서관, 국회도서관들을 돌아다닌 끝에 경성복심법원의 재판 결과 기록을 찾아낸 것이다.

각 신문사에서 이 사실을 크게 알렸고 민족정기를 바로 세우지 못한 과거사 탓에 세인들의 무관심에 철저히 외면당했던 김홍규 선생의 독립운동 전모가 세상에 알려지게 되었다. 그리하여 광복 60주년이 되던 해에 그에게 건국포장이 서훈되었으니, 늦었지만 다행한 일이 아닐 수 없었다.

허유의 귀

　1978년 예순여섯이던 해에 인도 4대 불교성지를 참배했고 이
듬해에 지암 대종사 사리탑비명을 쓸 때까지만 해도 건강은 그런
대로 괜찮았다.

　1977년부터 불붙은 조계종단의 분규가 그때까지도 식을 줄 몰
랐다. 싸움이 계속되자 신도들마저 혀를 차며 쓴소리를 했다.

　"수행은 안 하고 왜 지들끼리 싸운데?"

　"정작 마음을 비우라고 가르치는 이들이 밥그릇 싸움이나 하고
앉았으니, 원."

　현 불교계를 어떻게 생각하느냐는 기자의 질문에 탄허는 고개
를 내저었다. 탄허는 부끄럽다고 했다. 모든 분규의 원인이 권력과
명예 때문인데, 도 닦는 승이 무슨 놈의 권력과 명예가 필요한지
참으로 개탄할 일이라고 했다. 그리고는 허유(許由)와 소부(巢父)의
예를 들었다.

　요나라 임금은 허유가 현인이라는 소식을 듣고 그를 불렀다.

"내 그대에게 왕위를 물려주고자 하오."

"무슨 그런 말씀을······."

"아니 왕위를 거절하겠다는 말씀이오?"

허유는 말없이 허리를 굽혀 예를 올리고는 궁을 나갔다. 그 길로 하남성 동봉현에서 희수로 흐르는 영천(潁川)으로 가 귀를 씻었다. 그의 친구인 소부가 마침 소를 이끌고 그곳을 지나다 허유를 보았다.

"이보게. 왜 귀만 그렇게 씻고 있는가?"

"더러운 소리를 들었기 때문일세."

"아니, 더러운 소리라니?"

"글쎄 요임금이 내게 왕의 자리를 맡으라고 하질 않겠나."

그러자 소부가 소에게 물을 먹이려다 말고 고삐를 낚아챘다. 그러고는 싸늘하게 돌아섰다.

"아니 왜 그냥 가는가?"

소부가 허유를 돌아보며 한마디 했다.

"그 더러운 물을 어떻게 소에게 마시게 한단 말인가."

소부는 너무 부끄러워 그 길로 기산(箕山)으로 들어가 숨어 살았다.

이야기를 마친 탄허는 결코 이것이 종권을 놓고 싸우는 불제자에게만 해당되는 말이 아니라고 했다. 정치를 하든, 사업을 하든,

공부를 하는 사람이든, 마음 깊이 새겨야 할 말이라고 했다.

"도를 닦는 사람들이 종권을 놓고 싸운다는 것은 아직도 도를 모르기 때문이요. 승이 도를 지상 목표로 삼는다면 싸우지 못할 것이외다." 그 후에도 종단은 화합하는가 하면 다시 깨어졌고, 깨어졌는가 하면 다시 화합하기를 되풀이했다.

그는 어느 날 제자들에게 이렇게 말했다.

"어디 화합하지 못하는 것이 불교뿐이겠는가. 노나라 임금이 공자에게 물었느니라. '나라 안에 먹을 게 적어 걱정입니다.' 그러자 공자가 말했느니라. '적은 것은 걱정 말고 공평하게 분배하지 않는 것을 걱정하십시오.' 명예와 권력에 탐하는 이들이 어떻게 평등을 알겠는가. 노나라 정승이 또 물었느니라. '나라 안에 도둑이 많아서 정치를 하기 힘듭니다.' 그러자 공자는 이렇게 대답했느니라. '그대가 욕심을 부리지 않는다면 백성은 상금을 주고 도둑질을 하라고 해도 하지 않을 것이네.' 종권을 놓고 다투기나 하니 참으로 한심한 일이야. 나라가 제대로 되려면 본디 권력을 쥔 자들이 먼저 마음을 비우고 솔선해야 하는 법. 이전투구에 눈이 머니 어떻게 민생고가 해결되겠으며 문화와 예술, 종교니 하는 것들이 존재할 수 있겠는가. 정치가나 종교인이나 다를 바가 없으니 앞으로 이 나라가 바로 서려면 뼈를 깎는 반성과 귀를 씻는 마음이 있어야 할 것이야."

언젠가는 돌아가리

1979년 5월 탄허가 급히 서우담을 찾았다.

"왜 그러십니까?

서우담이 물었다.

"내일은 병상을 비우지 말거라."

서우담은 시선을 떨어뜨렸다. 그 말은 곧 속가의 아내이며 서우담에게는 장모가 되는 이가 죽을 것이라는 말이었다. 그것을 알면서도 가보지 않는 스승이 비정해 보였지만, 세속의 인연을 끊은 비구의 본분이 그렇고 보면 한편으로 이해가 되기도 했다.

그녀는 탄허의 예언대로 서울대학병원에서 다음날 운명했다. 그날이 1979년 5월 14일이었다. 남편이 출가한 후 남매를 홀로 키우며 언제나 대문을 열어놓았던 사람이었다. 그 사람 학문이 내 학문보다 나았으면 나았지 못할 것이 없다며 아내라기보다는 도반에 가깝다고 했던 이였다. 이복근(李復根). 그녀는 그렇게 저 세상으로 떠났다.

예순여덟이 되던 1980년 2월부터 보이기 시작하던 미질(微疾, 가벼운 질환)이 자꾸만 악화되었다. 그해 4월에 사교의 번역 원고를 탈고하고, 9월에 《치문》과 《초발심자경문》 번역 원고를 끝낼 때까지만 해도 참을 만했다. 11월에는 《능엄경》, 《금강경》, 《원각경》, 《기신론》의 사교를 책으로 냈고, 이듬해 5월에 《치문》과 《초발심자경문》을 완간했다. 또 춘성 대종사비문과 청담 대종사 사리탑비명을 쓰기도 했다.

그로부터 2년 뒤인 1983년 봄이 되자 미질이 조금씩 악화되기 시작하더니 초여름에 접어들자 증세가 더욱 심해졌다. 탄허는 열반 한 주 전까지 《도덕경》 마지막 교정에 매달렸는데, 중생의 시줏물을 거부하고 돌가루와 감자, 옥수수밥으로 연명하며 그때까지 그가 번역한 원고는 보통 사람이 평생을 쉬지 않고 써야 할 분량에 달하는 10만 매가 넘는 방대한 분량이었다. 이미 병은 깊어질 대로 깊어져 있었고, 미질은 진정될 기미를 보이지 않았다.

《도덕경》 교정을 마치던 날 기자가 찾아왔다. 입적 날을 예언한 뒤부터 쫓아다니던 바로 그 기자였다. 기삿거리에나 신경을 쓰는 것 같아 인터뷰를 꺼리며 피해 다녔는데, 법당에 몰래 숨어들기가 힘들어지자 아예 산속에서 때를 보다 절간으로 뛰어든 모양이었다.

하기야 예언한 날이 가까워지니 이를 확인해 특종을 잡으려는 기자들의 욕심을 탄허가 모를 리 없었다. 그는 기자를 내치지 않고 방으로 불러들였다. 큰스님을 뵙게 해달라고 통사정을 하던 기자는 뜻하지 않은 낭보에 어리둥절해했다. 그제야 기자 앞을 막아섰던 제자들이 물러났다.

기자는 방바닥에 엉덩이를 붙이기 무섭게 수첩을 꺼내 들었다.

"스님, 건강해 보이시네요."

"그럼. 건강하지."

"요즘은 어떻게 지내십니까?"

"아무것도 안 하고 그냥 놀아."

이제 갈 날이 얼마 남지 않아 그렇게 둘러대는 것 같아 기자가 다시 물었다.

"원고는 안 쓰십니까? 얼마 전까지만 해도 도덕경 번역에 푹 빠져 있다고 들었는데요."

"그놈의 입이 문제야. 어떻게나 매달리는지 물리치지 못하고 몇 마디 했더니 그새……."

사실이었다. 입적 날이 가까워지자 정말 그날 죽을지를 놓고 이러쿵저러쿵 말들이 많았다. 기자는 이틀 전에도 동료와 술잔을 마주하고 앉아 그런 말을 나누었다.

"스님이 예언한 날이 보름밖에 안 남았는데, 사무실에 처박혀서 뭐 하냐고 데스크에서 얼마나 야단인지……."

"그래서 내려가 만나봤는가?"

"그게 어디 말처럼 쉬운가. 제자들이 지키고 서서 들어가게 해줘야 말이지. 나중에는 모두 잠든 틈을 타서 숨어들었네."

"쉽지 않았을 텐데."

"문을 닫기 전에 들어가서 미리 숨어 있었지. 그런데 정말 섬뜩하더군."

"뭐가?"

"숨어서 떨고 있는데 그만 깜박 잠이 들었지 뭔가. 갑자기 싸늘한 한기가 엄습하는 것 같아 눈을 떠보니 눈앞에 그 양반이 장승처럼 버티고 서 있더라고."

"탄허스님이?"

동료 기자가 고개를 끄덕였다.

"그래서 스님 방으로 들어가게 됐는데, 그 시간까지 경전 번역을 하고 있었던 모양이야. 원고가 바닥에 널브러져 있었거든."

"죽음을 열흘 앞두고 일을 하고 있었다?"

"어떻게 이해를 해야 할지. 그 양반 말대로라면 이제 갈 날이 얼마 남지 않았는데 보기엔 멀쩡하니 말이야. 정말 자신이 예언한 그날에 갈까? 그 양반을 보러 갈 때만 해도 그 생각만 하고 있었거든. 그런데 헤어져서 산문을 나서려니 이상하게 콧날이 시큰하더라고, 젠장."

기자는 거나하게 취해 동료 기자와 헤어지고 나서도 그 생각만 하고 있었다. 탄허스님을 만날 수만 있다면 특종은 따놓은 것이나 다름없었다. 더욱이 기자는 탄허라는 한 인간의 일생을 나름으로 기록해온 참이었다. 이제 막바지였다.

기자는 그날부터 오대산을 올라 방산굴 주위를 기웃거렸다. 오로지 특종을 잡겠다는 일념으로 버텼다. 그러다 어떻게 스님을 만나게 되었는데, 스님은 그의 속을 빤히 들여다보고 있었다.

기자는 아무 말 못하고 바닥만 보았다.

잠시 침묵이 흘렀다. 탄허가 입을 연 것은 바람 한 줄기가 방문을 흔들고 지나간 뒤였다.

"그대, 왜 부처님이 죽었는지 아는가?"

갑작스런 물음에 기자가 뜨악한 얼굴로 스님을 바라보았다.

"경전에는 이렇게 기록되어 있다네. 중생에게 죽음의 목숨을 보이기 위해 죽음을 택한 것이라고. 과연 그럴까?"

"그, 글쎄요?"

탄허가 소리 없이 웃었다.

"그냥 해본 말이니 너무 당황해하지 말게나. 그것이 아니라, 석존도 인간이었기 때문이야. 그러고 보면 참으로 복이 많은 양반이지. 중생에게 가르칠 것은 다 가르치고 갔으니까. 가기 전에 경전한 줄이라도 중생에게 남기려고 노력했는데, 요즘은 아무것도 하지 않는 게 일과가 되어버렸어. 온종일 다녀도 다닌 게 없고 사색을 해도 생각한 게 없고 작업을 해도 한 게 없어."

탄허는 그때까지도 경전 번역을 손에서 놓지 않았음에도 그렇게 말했다. 기자는 탄허가 자신을 놀리는 것 같아 얼른 말머리를 돌렸다.

"속가의 아들을 만난 적이 있습니까?"

탄허가 미소를 지은 뒤 입을 열었다.

"십 년 전인가 한 번 만난 적이 있지. 모든 것은 운명이나 숙명처럼 인연 따라 제 갈 길이 따로 있는 법이라, 버림받은 것도 버린 것도 아니지. 결과적으로는 좋은 선근(善根)이 될 것이야."

"출가를 해서 부인을 버린 셈이 되었는데 미안한 생각은 안 드세요?"

"나 같은 사람을 안 만났다면 과부를 면할 수 없는 팔자지. 생이별이라 그렇지, 과부 소리는 안 듣고 살았으니 나보다는 좋은 팔자가 아닌가. 여자지만 키가 크고 잘생긴데다 학문이 깊었지. 아내라기보다는 도반에 가깝다고 해야 할 사람이야. 내가 한암스님의 제자로 들어갈 때만 해도 공부가 끝나면 돌아올 줄 알았겠지. 하지만 속인 것은 아니야."

탄허는 대답은 그렇게 했지만 속으로는 석존과 그의 아내인 야쇼다라, 또 그의 아들이었던 라훌라를 생각하고 있었다.

망부석이 되어 있었을 아내는 아들의 등을 떠밀며 이렇게 말했을 것이다.

"아들아, 아버지를 만나보지 않으련? 가서 찾아뵙고 인사라도 올려라."

아들과 딸은 자신을 버린 아버지가 미웠을 것이다. 남몰래 눈물을 흘리는 어머니를 볼 때마다 그런 아버지가 미웠을 것이다. 남매는 그렇게 원망하고 회의하며 어린 시절을 보냈을 것이다. 그리하여 나중에야 아버지의 큰 뜻을 깨달았을 것이다.

그날 아들을 앞에 하고 탄허는 출가의 공덕에 대해 생각했다.

아아, 비장한 각오를 하고 세상 밖으로 뛰쳐나왔을 때 무엇이 보이던가. 눈앞에 펼쳐진 것은 막막함뿐이었다. 어떻게 해야 하나? 어디로 가서 무엇을 해야 하나? 부처가 사막을 건너고 설산을 넘듯 그렇게 헤매었다. '이 뭐꼬?'라는 화두를 잡고 산과 거리를 떠돌았다. 부처가 우주의 이치를 깨치기 위해 그랬듯이.

그러다 천신만고 끝에 번뇌를 떨치고 마음의 고요를 얻었다. 부처가 중생을 위해 주먹손을 쥐어본 적이 없듯, 열린 마음으로 신심을 일으켜 세웠다. 돌가루 죽과 감자를 먹으며 신심을 다졌다.

그러면서 약속했다.

"돌아가리라. 이 방황이 끝나는 날 언젠가는 돌아가리라."

아들을 본 탄허는 가만히 그의 모습을 바라보기만 했다. 아들도 고개를 숙인 채 별 말이 없었다.

"건강은 어떠세요?"

"괜찮다. 내 걱정은 말아라."

아들은 입을 다물었다. 한평생 어머니가 기다렸다는 말도 하지 않았다. 행여 남편이 올까 대문을 잠그지 않았고, 가을바람 가랑잎 구르는 소리에 뛰쳐나간 것도 말하지 않았다.

결 좋은 바람이 맨드라미를 흔들었다. 짝 잃은 나비 한 마리가 팔랑거리며 날아올랐다. 그 모습을 멀거니 바라보다가 아들을 보냈다. 탄허는 아들의 뒷모습을 오래도록 바라보며 속으로 다짐했다. 그래, 돌아가리라. 언젠가는.

"내일 병원에 가신다는 말을 들었습니다."

기자의 목소리가 들렸다. 생각에 잠겨 있던 탄허가 고개를 끄덕였다.

"제자들이 어떻게나 성화인지……. 기자 양반도 이제 그만 가봐야하지 않겠소?"

기자는 스님이 예언한 그날 그 시에 입적하는 게 맞는지, 결국 물어보지 못한 채 머뭇거리다 일어서야 했다. 기자는 햇볕이 쏟아지는 사무실 창가에 서서 말없이 커피를 마셨다. 때마침 병원에 다녀온 수습기자가 스님의 소식을 전해주었다.

"스님이 병원 문을 나서면서 입적 일을 6월 6일 새벽으로 말했다고 하던데요."

스님이 예언한 날이 다가오자 신문은 여러 가지 추측과 소문을 기사화하기 시작했다. 6월 5일 유시로 예언했다가 6월 6일 새벽으로 바꿨다는 기사가 대표적이었다.

"그럼 하루 늦춰진 건가?"

"그런 셈이죠."

6월 5일은 음력 4월 24일로 정사월 갑자일(甲子日)이었다. 6월 6일은 을축일(乙丑日)로 비록 하루가 늦어졌긴 하나, 지금껏 지켜온 예언을 바꾼 셈이었다.

어떤 신문에는 그가 예언한 그 시에 못 미칠 것 같다고 했고, 또 다른 신문에는 늦어질 거라고 했다. 그만큼 그의 입적 날이 가까워지면서 세간의 관심이 높아졌다.

1983년 6월 2일에 한양대 병원을 나서 월정사로 돌아온 탄허는 다음날 기사를 보고 입에 쓴웃음을 물었다. 내 그런 말을 한 적이 없거늘. 그런 생각을 하면서 탄허는 기자들에게 '속일 기자 기자인가 버릴 기자 기자인가?' 하고 농담을 하던 때를 떠올렸다. 자신이 죽고 나서도 그런 이들에 의해 진실이 왜곡되어 회자될 것이었다. 어디 그네만 그러랴! 저기 저 사람들, 입적을 지키려 모여든 사람들도 마찬가지라는 생각이 들었다. 그는 원고 더미를 물끄러미 바라보았다. '내가 평생을 닦아온 것이 여기 있구나.'

입멸

1983년 6월 5일, 오대산 월정사 방산굴에서 세수 일흔하나, 법랍 마흔아홉의 한 노승이 조용히 숨을 몰아쉬었다.

탄허는 갈 때가 되었음을 알았다. 유시를 앞두고 숨이 가빠지기 시작했다. 모두 모이라는 전갈에 제자와 대중들은 황급히 저녁 공양을 물리고 방산굴로 향했다.

더는 어렵다고 생각한 제자 하나가 나섰다.

"마음의 준비를 해야겠습니다."

탄허는 그를 바라보았다. 아직 눈빛이 살아 있었다. 탄허는 속으로 생각하고 있었다. 나에게 주어진 소명, 그 소명을 다하고 가는 것인가. 그의 시야에 고통 받고 핍박 받는 중생이 떠올랐다. 그들의 아우성 소리가 귓가에 맴돌았다.

무엇을 했던가. 도대체 이 세상에 와 무엇을 했던 것인가.

부처가 세상에 와 중생에게 진실을 말했을 때 문수는 칼을 들고 일어났다. 부처라 할지라도 중생을 괴롭힌다면 마땅히 목을 베겠다는 서원(誓願)이 거기에 담겨 있었다.

문수는 분명히 외쳤다.

"어찌 부처가 지옥을 빙자하여 중생을 괴롭히는가?"

그때 부처는 그 칼끝 앞에서 무엇이라 했던가.

"나는 무상(無相)이니라. 일상(一相)과 이상(二相), 그 속에 업의 불길이 타고 있다. 그 불을 어떻게 끌 것인가?"

무상과 일상과 이상의 차이. 그 사이에 자신이 있었다. 세세생생을 다시 태어나고 또 태어나고, 그래도 풀지 못할 화두가 거기 있었다. 이것이 중생의 숙제요, 풀어야 할 화두였다. 부처는 그렇게 각자의 마음속에 수수께끼 하나씩을 던져주고 가지 않았는가.

그렇다. 부처가 지옥을 빙자하고 극락을 빙자하여 선악을 가르친다면 그는 부처가 아닐 것이다. 이것이 옳고 저것이 그름을 가르치기 위해 그분이 온 것은 아닐 터, 석존의 화엄행은 오로지 그것을 그것이게 하는 관념을 물리침에 있었을 것이다.

옳고 그름의 분별마저 없는, 날것 그대로 여여(如如)한 세상. 너와 나를 가르지 않는, 그리하여 우리 모두가 하나가 되는 세상. 둘이 아닌 그렇게 평등한 세상. 그런 세상을 위해 나는 무엇을 했던가. 도대체 무엇을 주고 가는 것인가. 부처님의 말씀을 전한다고 남의 마음을 도둑질하지는 않았는가. 정말 내게 그들을 제도할 능력이 있기나 했던가. 내게 다른 이와 다른 특별한 능력을 주신 것은 그만한 소명이 주어졌다는 말이고 보면, 내가 그 소명을 다하고 가는 것인가.

이제 눈을 감으면 촛불을 밝힌 암자를 지나는 바람소리에 뼈가 깎이고, 산짐승 울음도 차라리 다정했던 세월이 찰나에 지나가리라. 화두를 들면, 은산철벽처럼 큰 바위가 쪼개어져도 물러가지 않을 것 같던 그리움이 이제는 강물이 되어 멀리 흘러가리라. 그리운 사람들이 살던 그 길도 곧 잊혀지겠지. 차라리 불속의 한줌 연기로 사라져갈 바에야, 신심 굳은 놈이 있어 온기가 남았을 때 내 육신을 탁탁 쪼개어 배고픈 산짐승에게 보시나 해주었으면…….

스님의 제자인 환원스님이 물었다.

"여여하십니까?"

탄허는 그를 가만히 바라보았다.

본래 모든 것이 있는 그대로 여여한 것을.

"정신 차리게, 이 사람아."

탄허는 나직한 목소리로 말했다. 나무람 같았지만 나무람이 아니었다. 그것이 중생에게 자신이 마지막으로 해주고 싶은 말이었다.

곁에 있던 대규스님이 입을 열었다.

"스님, 인연법으로 왔다 세상 인연이 다하여 가시는데 저희들에게 좋은 말씀을 내려주십시오."

탄허는 눈을 감았다 뜨더니 천천히 말을 내뱉었다.

"일체무언."

이제 더 할 말이 무엇이 있겠는가. 부처님이 세상을 위해 주먹 손을 쥐지 않았듯 한 번도 주먹손을 쥐어보지 않았다. 주먹을 펴 진리를 말하되, 그것이 진실이라면 본래 무(無)한 것이었다.

"유시냐?"

탄허가 묻자 시자가 유시라고 대답했다.

탄허는 곧 열반에 들었다. 반듯이 누운 자세였다. 1983년 6월 5일(음 4월 24일), 6시 15분의 일이었다.

영결식은 오대산 월정사에서 있었다. 사부대중(四部大衆) 수만 이 모여 애도했다.

그는 열세 개의 영롱한 사리를 남겼고, 조계종 종정 성철스님은 이런 법어를 남겼다.

탄허스님 있는 그대로 법신이니
진리 세계의 큰 옥돌이요 방산의 밝은 달이니
복희는 고개를 끄덕이고 노자는 자리를 피한다
변설이 도도함은 나무 장승을 놀라게 하고
필봉이 쟁쟁함은 백화를 난만케 했다
어허!
오대산 깊은 골짜기에 꾀꼬리 울음 우니

기암괴석 모두 함께 노래하노라

탄허가 입적한 뒤 종교인으로는 처음으로 은관문화훈장이 추서되었다. 승에게 이런 것이 무슨 소용이랴마는 전에 없던 일이었다.

그의 사리탑은 상원사 스승의 사리탑 곁에 나란히 세워졌다. 지금은 월정사 박물관으로 옮겨졌지만 한 이름 없는 스님의 글이 남아, 오늘도 그의 뜻을 기리고 있다.

손가락 끝에 달은 있지 않으니
달을 보면 손가락을 잊는 법
도란 말에 있지 않으니
뜻을 얻으면 말을 잊어야 한다
본래 여여함이여
굳이 물을 것이 없으며
일체가 말이 없음이여
번거로이 대답할 게 있을까
선과 교를 모두 행하셔
언어와 침묵이 하나라
선정과 지혜를 둘 다 닦으셨도다
움직임과 고요함이 둘이 아니니
오대의 산이여!
문수의 오묘한 도여!

상원의 경계여!

미륵의 누각이로다

한암스님 깊이 숨어 고고하게 지냈고

탄허스님 깨친 경지 은밀히 계합됨이여!

참다운 도풍 끊이지 않으니

어느 세대인들 인재 없으랴!

학이 되어 스님의 몸이 하늘을 날고

스님의 마음 달이 되어 구름 뚫고 나오셨네

영은사에서 길을 열었고

방산굴에서 돌아가셨도다

능란하신 변재는 하수를 달아놓은 듯

현묘하신 문필에 귀신도 수심에 젖었네

역경을 간행하시어 부처 은혜 보답하고

일세를 가르침으로 후생을 격려하셨네

승속 간에 교화를 입은 자 많고

조금의 포상은 흡족하지 못하네

생사를 꿈과 같이 보시니

어찌 오감의 조짐이 있겠는가

아, 스님의 모습이

물물에 모두 드러나고

그 발자취를 거두시니

탑신에는 그림자조차 없노라.

탄허스님 연보

탄허스님 연보

● 성씨는 김(金), 속명은 금택(金鐸), 자(字)는 간산(艮山),
법명은 택성(宅成, 鐸聲), 법호는 탄허(呑虛)이다.

● 1913년 음 1월 15일 전북 김제 만경에서 독립 운동가인
율제(栗齊) 김홍규(金洪奎.이명 鏞奎) 선생의 둘째아들로
태어나다.

● 1918년 (6세) 이때부터 1928년 16세 때까지 10여 년 간
부친과 조부 김병일(金炳日), 그리고 향리의 선생으로부터
사서삼경을 비롯한 유학의 전 과정을 마치다.

● 1919년부터 부친이 독립운동을 하다 체포되어 수감.
1922~1924년까지 옥바라지를 하다.

● 1929년 (17세) 충남 보령으로 옮겨 기호학파 면암 최익현의
재전(再傳) 제자인 이극종(李克宗) 선생으로부터 다시 시경(詩
經)을 비롯한 삼경(三經)과 예기(禮記), 춘추좌전(春秋左傳) 등
경서를 수학하다.

● 1932년 (20세) 이즈음 노자 도덕경과 장자 등 도가의 경전을
읽으면서 '도란 무엇인가' 라는 새로운 주제에 관심을 갖기
시작하다. 또 그해 음력 8월 14일 처음으로 방한암(方漢岩)
스님에게 서신을 보내다. 이후 22세에 입산하기까지 3년 동안
20여 통의 서신을 주고받다.

● 1934년 (22세) 음력 9월 5일 드디어 오대산 상원사로 입산
하다. 그해 10월 15일(결제일)에 방한암 스님을 은사로 구족계
를 받다.

● 1935년 (23세) 묵언정진 하다.

● 1936년 (24세) 1936년 6월 선교(禪敎) 겸수(兼修)의 인재
를 양성하기 위하여 강원도 3본산(유점사, 건봉사, 월정사)
승려연합수련소가 오대산 상원사에 설치되다. 이곳에서 탄허
스님은 은사 한암스님의 증명 하에 중강으로서 금강경(金剛
經), 기신론(起信論), 범망경(梵網經) 등을 강의하다. 파격적인

이 일로 전국 불교계의 관심을 끌다.

● 1939년 (27세) 이즈음 강원도 3본산 승려연합수련소와 선원의 고참 선객인 고암, 탄옹스님 등의 청에 의하여 화엄경과 화엄론 강의가 개설되다. 이 강의 또한 한암스님의 증명 하에 탄허스님이 강의하였는데, 11개월 만에 강의가 끝나자 한암스님은 제자 탄허스님에게 신화엄경합론(新華嚴經合論, 화엄경과 화엄론)에 대하여 현토(懸吐), 간행을 유촉(遺囑)하다. 이것이 계기가 되어 신화엄경합론(47권)을 비롯한 사교(四敎), 사집(四集), 사미(沙彌) 등 불교 내전(內典) 총 14종, 70권의 불교 경전을 현토, 역해하게 되다. 사자산 법흥사 법당 중건 상량문을 쓰다.

● 1949년 (37세) 입산 후 한국전쟁이 일어나기 1년 전인 이때까지 한암스님을 모시고 15년 동안 선원에서 좌선을 하다. 한편 스승의 권유로 강원(講院)의 이력(履歷) 과정, 또 전등록(傳燈錄)과 선문염송(禪門拈誦), 보조법어(普照法語), 육조단경(六祖壇經), 영가집(永嘉集) 등 중요 경전과 선어록(禪語錄)을 사사하다.

● 1951년 봄 스승 한암스님이 열반하다.

● 1955년 (43세) 대한불교 조계종 강원도 종무원장 겸 월정사 조실에 추대되다.

● 1956년 (44세) 4월 1일 오대산 월정사에 대한불교 조계종 오대산 수도원을 설치하다. 기간은 5년, 자격은 승속 불문하고 강원의 대교과 졸업자나 대졸자, 또는 유가의 사서(四書)를 마친 자에 한하였다. 교과목은 내전으로는 화엄경, 기신론, 영가집(永嘉集), 능엄경(楞嚴經) 등이었고, 외전으로는 노자(老子, 道德經), 장자(莊子, 南華經), 주역선해(周易禪解) 등이었다. 강의는 탄허스님이 전담했고, 식량과 재정은 주로 월정사와 양청우 스님이 전담했다. 또 외부강사를 초빙하여 동서철학 특강도 열었다. 오대산 수도원은 불교와 사회 전반에 걸쳐 인재를 양성하겠다는 이상에 따라 이루어진 최초의 교육 결사였다. 여기서 김운학 스님이 문학평론가에 당선되다.

● 1956년 (44세) 가을 무렵부터 수도원의 교재로 쓰기 위하여 본격적으로 신화엄경합론 등을 번역하기 시작하다.

● 1958년 (46세) 1957년 11월부터 흔들리기 시작하던 수도원이 이 해 초 대처와 비구승의 분쟁과 재정난으로 완전히 문을 닫게 되다. 남은 제자들을 이끌고 영은사로 옮겨 1962년 10월까지 인재 양성의 교육 불사를 계속하다.

● 1959년 (47세) 육조단경 번역 원고를 탈고하다. 대한불교 조계종 종정 한암 대종사 부도비명을 쓰다.

● 1960년 (48세) 4월 1일 현토역해 육조단경이 해동불교 역경

원에서 간행하다.

● 1960년 (48세) 이 무렵 보조법어 번역 원고를 탈고하다.

● 1962년 (50세) 10월 다시 월정사 주지 발령을 받고 영은사에서 방산굴로 거처를 옮기다.

● 1963년 (51세) 9월 15일 현토역해 보조법어가 간행되다.
명활산 분황사 약사여래동상 개금불사 시주공덕비명을 쓰다.

● 1965년 (53세) 11월 동국대학교 대학선원장에 임명되다
(동국대학교 대학선원은 현 정각원임). 정식 취임은 1966년
9월. 태백산 단종대왕비명을 쓰다.

● 1966년 (54세) 12월 수원 용주사에 설립된 동국역경원 초대
역장장(譯場長)에 임명되다.

● 1967년 (55세) 3월경 10년 만에 드디어 62,500여 장에 달하는 신화엄경합론 번역 원고를 탈고하다. 이때 원고 쓰는 과정에서 생긴 오른팔 견비통으로 10여 년 넘게 고생하다.

● 1969년 (57세) 부산 삼덕사에서 화엄경 탈고된 원고 교정
, 수정 등을 약 8개월에 걸쳐 끝내다. 당시 각성, 무비, 통광, 성일, 혜등스님과 거사와 보살 등이 참석, 주지는 우담.

● 1969년 (57세) 7월 대전 학하리에 자광사(慈光寺)를 창건하다.

● 1969년 (57세) 10월 13일 오대산 월정사 대웅전이 낙성되다

(월정사 중창). 오대산 월정사 법당중창 대시주송덕비문을
쓰다.

● 1970년 삼장사 법당중창비문을 쓰다.

● 1971년 향천사 법당중창공덕비문을 쓰다.

● 1972년 (60세) 화엄학 연구를 위하여 서울 시내 낙원동에
화엄학연구소를 설립하다.

● 1972년 (61세) 3월부터 신화엄경합론 간행을 착수하다.
청룡사 중창 사적비기를 쓰다.

● 1974년 (62세) 난제 고기업 선생 묘갈문을 쓰다.

● 1975년 (63세) 동국학원(동국대학교) 이사에 취임하다.

● 1975년 (63세) 8월 1일, 번역에 착수한 지 18년 만에 드디어
신화엄경합론이 화엄학연구소에서 간행되다. 신화엄경합론은
한장(漢裝)으로 총 47권(재판은 양장으로 23권으로 되어
있음)이며, 자비출판으로 조판에서 완간까지는 약 3년이 걸렸
다.

● 1975년 (63세) 10월 25일 신화엄경합론 역해, 완간 공로로
동아일보사주최 제3회 인촌문화상을 수상하다. 대한 불교
조계종 종정상도 동시 수상하다.

● 1975년 (63세) 이 해 말경 그동안 틈틈이 번역해오던 사집
(四集) 원고를 탈고하다. 금오 대종사 부도비명을 쓰다.

● 1976년 (64세) 7월 강원의 사집과 교재인 서장(書狀), 도서
(都序), 절요(節要), 선요(禪要)를 완간하다. 박학년 선생 묘표
를 쓰다.

● 1977년 (65세) 이 해 초부터 사교(四敎) 번역을 시작하다.

● 1977년 (65세) 전북 이리역 재난이재민돕기 서예전 수익금
전액 희사(미도파 백화점).

● 1977년 (65세) 11월 25일부터 2개월 동안 월정사에서 신화
엄경합론 완간을 기념하여 제1회 화엄법회(화엄경 특강)를
열다.

● 1978년 (66세) 인도 4대 불교성지를 참배하다. KBS TV에서
동행, 촬영하여 '불교문화의 원류를 찾아서' 라는 제목으로
11회 방영하다.

● 1979년 (67세) 지암 대종사 사리탑비명을 쓰다. 묘리 비구니
법회 선사와 청우 대종사 사리탑비명을 쓰다.

● 1980년 (68세) 2월 10일 저서 《부처님이 계신다면》이
예조각에서 출간되다.

● 1980년 (68세) 4월 사교 번역 원고를 탈고하다.

● 1980년 (68세) 9월 치문(緇門)과 초발심자경문(初發心自警
文) 번역 원고를 탈고하다. 12세조 묘비후기를 쓰다.

● 1980년 (68세) 11월 능엄경, 금강경, 원각경(圓覺經), 기신

론 등 사교를 완간하다.

● 1981년 (69세) 5월 치문과 초발심자경문을 완간하다. 춘성 대종사비문을 쓰다. 청담 대종사 사리탑비명을 쓰다.

● 1982년 (70세) 5월 현토역해 주역선해를 간행하다. 학월 경산 대종사 사리탑비명을 쓰다. 추담 대종사 사리탑비문을 쓰다.

● 1983년 (71세) 2, 3년 전부터 보이기 시작한 미질이 이 해 봄에 이르러 더욱 악화되다. 열반 일주일 전까지 도덕경 마지막 교정을 보다.

● 1983년 (71세) 음 4월 24일(양 6월 5일) 오대산 월정사 방산 굴에서 세수 71세, 법랍 49세로 열반에 들다.

● 1983년 (71세) 입적 후 7월 25일 49재에 올리기 위해 현토역해 도덕경선주(道德經選註)가 간행되다.

● 1983년 6월 22일 정부에서 국민훈장을 추서하다.

● 1984년 11월 15일 탄허불교문화재단이 설립되다.

● 1986년 4월 24일(음) 오대산 상원사에 부도와 비가 세워지다.

● 1994년 7월 불교전문강원 교재 11권 발행 공로로 재단에서 종정상 수상하다.

● 1997년 7월 15일 유고집 《피안을 이끄는 사자후》가 간행

되다.

- 2001년 5월 17일 유고원고 현토역해 영가집이 간행되다.

- 2001년 8월 20일 발심삼론(發心三論)이 간행되다.

- 2002년 7월 30일 동양사상특강(CD 18장, 교재 1권 포함) 제작되다.

- 2004년 4월 10일 유고 《장자 남화경》과 법문 CD가 나오다.

- 2005년 8월 15일 부친 김홍규씨의 독립운동 건국포장을 받다.

- 2006년 5월 15일 탄허 대종사 연보가 간행되다.

그가 한
주요 예언들

☆ 탄허스님의 주요 예언을 추려자면 자신의 종명에 대한 예언, 한국전쟁에 대한 예언, 삼척 무장공비 사건, 이승만 정권의 몰락, 월남전과 미국의 패망에 대한 예언 박정희 시해사건 등 여러 가지가 있다. 여기에서는 본문에서 누락된 것이나 환기할만한 그리고 좀 더 상세히 다루어야 할 예언들만 선택해 실었음을 밝혀둔다.

이승만 정권의 몰락과 이기붕의 죽음을 예언하다

어느 날 탄허는 이런 말을 한 적이 있었다.

"어떤 아들이 부친이 좋아하는 음식이 있어 간직하고 있었소이다. 그는 손님이 오자 감추어두고 내오질 않았지요. 아버지에게 드릴 음식이었기 때문이었소. 아들은 아버지를 위한 효심에서 한 행동이지만 아버지는 손님과 나누어 먹고 싶은 뜻을 가지고 있었는데, 그렇다면 이것은 진정한 효라 할 수 있겠소?"

탄허는 그때 머리를 내저으며 아니라고 분명히 말했다. 아들은 육신을 생각하는 어리석은 효를 알았을 뿐 아버지의 마음까지 헤아려 보는 큰마음의 효까지 들여다보지 못했다는 것이다.

이 말은 그 당시 이승만 정부의 행태를 비꼰 무서운 말이기도 했다. 또 그의 부인 프란체스카에 대한 충고이기도 했다. 그녀는 이승만을 사랑하는 남편으로만 보았지, 한 국가의 수장으로 볼 줄 모른다는 단적인 지적이었다. 탄허는 그때 이미 이 정권의 몰락을 예견하고는 보필자들을 그런 식으로 나무랐다.

당사자들은 말뜻을 이해하지 못했다. 나중에 정권이 무너지고 나서야 측근들이 이승만을 잘 보필했더라면 그렇게 되지 않았을 거라는 생각들을 했다. 탄허는 사실 이승만의 아내 프란체스카에게 안사람으로서 그대만이라도 냉정히 남편을 비판해야 하지 않겠느냐고 했다.

하지만 그녀 역시 그 말을 한 귀로 흘렸다.

이런 지적은 훗날 이기붕의 신검살 예언으로 이어진다. 이기붕이 아들 이강석의 총에 쓰러지기 얼마 전 탄허는 이기붕을 만난 자리에서 심하게 호통을 쳤다.

"권력은 무상한 것임을 알아야 할 것이외다."

"스님, 왜 이러시오?"

호통을 치는 탄허를 이기붕은 아니꼬운 듯 쏘아보았다.

하룻강아지 범 무서운 줄 모른다더니 국모인 프란체스카에게 남편 보필 잘하라는 말을 하지를 않나 일국의 부통령인 자신에게 호통까지 치질 않나, 생각만 해도 기가 찰 노릇이었다.

하지만 그때 이미 탄허는 이승만에게 양자로 내준 아들에 의해 한 집안이 피로 물들리라는 것을 내다보았다.

그런데도 이기붕은 권력에 눈이 어두워 제 죽을 것도 모르고 설쳐대었다. 무슨 말을 해도 듣지 않고 무소불위의 권력을 휘둘렀다. 화가 난 이기붕은 탄허에게 스님이 무슨 큰 벼슬이라도 되는 줄 아느냐며 도리어 불편한 심기를 드러냈다.

"아무리 속세를 떠난 사람들이라고 하지만……."

그렇게 투덜대면서 이기붕은 이승만이 동산스님에게 혼이 나던 때를 기억했다. 언젠가 동산스님은 이승만이 부처님에게 손가락질했다 하여 호통을 친 적이 있었다.

"어느 안전인데 손가락질이오?"

이승만은 그제야 중절모를 벗고 고개를 숙였다. 그러고는 정중하게 사죄하였다.

"용서하시구려. 부처님을 소개하다보니 그만……."

"대통령이면 대통령답게 행동하시오!"

이승만은 그때 아무 소리도 못하고 주저앉았지만 이기붕에게는 스님들에 대한 반감이 여전히 남아 있었는데, 이번에는 탄허가 달려드니 심기가 사납지 않을 수 없었다.

이놈의 중을 혼구멍을 내, 말어?

그런 생각을 하는데 탄허가 꼭 자신의 심중을 들여다보듯 한마디 했다.

"아직도 정신을 못 차리셨구려."

"아니 스님, 거 말 가려가면서 합시다."

"내 귀에는 이놈 혼이 좀 나고 싶으냐, 하는 말로 들리는데 그게 아니오이까?"

"허허 이 스님, 큰일 낼 분이로세."

"이미 큰일은 눈앞에 와 있소이다. 그대에게 해주는 법문도 이게 마지막일 것이외다."

"법문? 방금 법문이라 하셨소?"

"그렇소이다."

이기붕이 손을 홰홰 내저었다.

"나 지금 법문 들을 시간 없소. 또 좋아하지도 않고."

탄허가 웃었다.

"교회에는 자주 나가신다고 하던데요?"

"그, 그야 뭐……."

"생사는 하나라……."

"듣기 싫다고 하지 않았소!"

이기붕이 역정을 냈다.

"허허허, 마지막이라고 하지 않았습니까. 그대가 마지막 순간에 관세음보살 다섯 자만 찾는다 하더라도, 아니 주여! 그 두 자만 찾는다 하더라도 죽음에서 해방되어 윤회세계를 벗어나 대자유의 몸이 될 것이외다."

이기붕은 그날 '무슨 썩을 놈의 설법이 이래, 하고 생각했을지도 모를 일이었다.

탄허는 그의 곁을 떠나면서 이렇게 중얼거렸다.

"권력욕의 화신이여, 그대에게 주는 마지막 법문인 줄 아시오."

이기붕은 얼마 후 아들 이강석의 총에 맞아죽었다.

그때 그는 탄허가 말한 관세음보살이나 주의 이름을 부르고 갔을지 모를 일이다.

박정희 전 대통령이 총기에 의해 사망할 것을 예언하다

1979년 음력 1월 15일.

66회 생일을 맞은 탄허는 뜻밖에도 이런 말을 했다.

"여러분, 올해가 기미년 양의 해지요? 기미년에 기미(機微)가 옵니다."

특별히 말을 조심하던 시절이었다. 사람들은 왜 스님이 그런 말을 하는지 의아스럽다는 반응을 나타냈다.

아니나 다를까, 그해 시월 중순에 부마민주항쟁이 일어났다. 열흘도 못 돼 10.26 시해사건이 일어났다.

그제야 사람들은 스님의 말뜻을 이해했다. 그때 스님은 이렇게 말하고 있었다.

"양이라는 동물은 온순하지만 샘이 많아요. 겨울에는 떨어져 자고 여름에는 붙어 자는 그런 동물이지요. 그런데 한 번 성깔이 났다 하면 뿔이랄 것도 없는 뿔을 가지고 덤벼든단 말이에요. 뿔이 빠져도 달려드는 습성이 있어 허름한 담장도 쓰러뜨릴 정도지요. 그러므로 화가 나 달려들었다 하면 소든 사람이든 치명상을 입을 수밖에 없어요."

양이 누구라는 것은 부언할 필요가 없다.

이후 사가의 제자 장화수(중앙대학교 명예교수)에게 이런 말을 했다. 다음의 신문기사를 보면 그때를 짐작할 수 있다.

탄허스님 예언 "박정희 전 대통령 총 맞아 사망한다" 적중

정리/박정대 기자| 기사입력 2018/08/29 [08:01]

사가 제자 장화수 교수에게 탄허가 한 말.

"이 보게, 박정희 대통령을 보면, 원래도 시커멓고 광대뼈가 툭 튀어 나와 큰일을 저지르고

제명에 못 죽을 사람이지만 이제는 양 눈 밑이 밤알만큼 푹 파여서 코가 중앙 토(土)이니까,

금(金)이 부족한거야. 그러면 금왕지절(金旺之節)에 아무래도 총 맞아 사망 가능성이 많지..."

(브레이크 뉴스에서 발췌 인용)

이때를 회상하는 한겨레신문에 실린 원행 스님(오대산 월정사,

조계종 원로의원)의 글도 있다.

10월27일부터 많은 문도와 신도들이 큰스님을 찾아와 법문을 청하였다. 그들 대부분이 연초에 큰스님께서 '기미가 보인다'고 하신 것이 바로 이 사건을 예견하신 것 아니냐고 놀라워했다. 큰스님께선 역시 함구하신 채 나더러 정승화 육군참모총장에게 전화를 걸라 하셨다. 공관으로 전화를 걸어보고 집으로도 걸어보았으나 전화는 불통이었다. 정승화씨는 평소 자주 스님을 찾아뵈었다. 스님은 정씨를 만날 때 "당신은 우유부단해. 본분에 충실하면 되는 거야. 그렇게 약속할 수 있어?" 하는 식으로 다그치듯 대하곤 하셨다.

큰스님께선 나더러 서울로 가서 정승화를 만나고 오라고 하셨다. 전하는 말씀은 간단했다. 오대산에 다녀가든지 전화를 하라는 것이었다. 급히 서울 육군참모총장 공관까지 갔으나 군인들이 새까맣게 에워싸고 있었다. 공관 입구에서 길을 막는 군인에게 나는 통사정을 했다. "참모총장께 전할 말이 있어 왔습니다. 오대산 탄허 큰스님의 전갈입니다." 그러나 그들은 웬 정신 나간 중인가 하는 표정으로 위협하며 내쫓았을 뿐이다. 하는 수 없이 다시 오대산으로 돌아와야 했다.

마침 큰스님께선 신도에게 법문을 하고 계셨다. 1919년 기미년을 기억하느냐, 당시 3·1운동이 일어났다. 역사는 되풀이되는 것이다. 기미년은 양의 해인데 양은 순진무구한 민초를 뜻하지만 이 양에게 뿔이 두 개가 있다. 양은 뿔이 물체에 닿으면 죽음을 무릅쓰고 항쟁하는 속성이 있다. 민중들이 억압과 탄압에 못 견뎌 봉기하면 세상을 바꿀 수도 있다. 이런 요지의 말씀이었다.

12월12일 저녁, 전두환 합동수사본부장의 지시로 정승화 육군참모총장은 국군보안사령부 서빙고분실로 강제 연행됐다. 얼마 지나지 않아 정씨의 측근이 스님을 방문했다. 감옥에 있는 정씨가 스님께서 강설하신 화엄경을 보내주십사 한다는 것이었다. 스님은 단호하게 말씀하셨다. "그 사람은 내 책을 읽을 자격이 없소. 나와 한 약속을 어찌하여 지키지 못했느냐고 묻더라고 전하시오." 모두는 어리둥절해했다.

스님과 정승화씨의 약속은 무엇이었을까? 10 · 26 이후 혼란기에 정승화씨가 자기 역할에 충실했다면 그때 민주정부가 섰을 것이다. 그러나 그는 야욕 때문이었는지 우왕좌왕하다가 우리 역사의 가장 중요한 기회를 놓쳐버렸음에 분명하다.

기미년에 기미가 있었으나 또다른 군부정권이 들어서면서 그 기미는 또 긴 세월 유보되고 말았다. 그리고 또 5 · 18 광주에서 민중의 엄청난 피를 부르고 말았다. 30여년이 지난 지금에서야 그때 큰스님께서 정승화씨와 했다는 약속이 무엇이었는지 어렴풋이 짐작이 간다. 어쩌면 정승화씨 본인도 스님의 말씀을 듣고는 무슨 소

린가 어리둥절했을지 모른다. 뜻이 깊이 통하는 사이라야 약속도
할 수 있는 법이니까.

한겨레신문 등록2012-12-10 19:34에서 발췌 인용.

전두환에게서 본 신검살의 진상

박정희 정권이 무너지고 전두환 정권이 들어섰다. 전두환 정권
이 들어서기 전 탄허는 당시 정계의 거목이었던 김대중이나 김영
삼은 대통령이 되지 못한다고 했다. 이외의 인물이 대통령이 될 것
이라고 예언했다. 그의 말대로 전두환이 대통령이 되었는데 하루
는 산 아래로 내려갔다 온 탄허가 말했다. 신도 집에서 티브이를 보
는데 마침 전두환이 나온 것이었다. 그는 전두환에게 신검살이 내
려 있음을 한눈에 알아보았다.

그는 그가 죽는다는 예언을 했다.

어느 날 탄허는 전두환을 직접 만날 기회가 있었다. 눈앞에서
전두환을 본 그는 고개를 갸웃했다. 이상하다는 생각이 들었기 때
문이다.

돌아와서 그는 이렇게 말했다.

"거참 이상한 일이야."

"왜 그러십니까?"

제자가 물었다.

"그 양반을 만나 얼굴을 보니 신검살이 보이질 않아."

"그게 무슨 말씀이십니까?"

탄허는 계속 고개를 갸웃했다.

후에 아웅산 폭발 사건이 일어났다. 대통령이 거의 죽을 뻔했다가 살아났다는 보도가 있었다. 그것을 본 탄허는 그제야 고개를 끄덕였다.

영동지방의 대화재와 물난리에 대한 예언

"허목 선생이 예언한 영동지방의 대화재는 이천 년에 오리라."

영동지방의 대화재를 예언한 이는 조선시대의 허목이다. 그는 퇴계 이황의 성리학을 물려받은 이였다. 실학 발전에 가교 역할을 한 사람이긴 하나, 그도 언제 그 불이 오리라는 예언은 하지 않았다.

삼척부사 시절 삼척에는 해파와 조수가 읍내까지 밀려들어 강의 입구가 막히고 오십천이 범람하여 백성들은 큰 재앙에 시달렸다.

그는 백성들을 위하여 스스로 개발한 독특한 전서체로 동해 바다를 애찬하는 동해송(東海頌)을 지어 오석(烏石) 비신(碑身)에다 새긴 뒤 척주동해비(陟州東海碑)를 세웠다. 그후 바닷물이 넘치는 일이 없었다. 그래서 사람들은 조수를 물리치는 영험한 비라 하여 퇴조비(退潮碑)라 불렀다.

허목은 죽어가면서 이런 말을 남겼다.

"내가 세운 비로 작은 해일은 막을 수 있겠지만 큰 해일은 막을 수 없을 것이다. 그때는 이곳을 모두 떠나라. 앞으로 불로 난리가 난 후에 물난리가 날 것이니라."

탄허는 그 불난리가 언제 오리라는 것을 예언한 것이다.

탄허가 영동지방의 대화재를 예언하고 열반한 지 십수 년 후 그 불은 왔다. 2000년 4월에 강원도 고성, 강릉, 삼척 등 영동지방에 사상 최악의 산불이 발생한 것이다. 수많은 이재민과 수만 헥타르의 산림을 황폐하게 만든 대화재였다.

이 예언이 맞아떨어지자 불난리는 장차 있을 물난리의 예고편에 불과하다고 사람들은 믿고 있다.

"앞으로 올 물난리는 후천개벽의 충격으로 거대한 해일이 되어 닥칠 것이야."

일본 북해도에 지진이 나면 삼척에 해일이 닥치는 것은 불을 보듯 뻔한 일이다. 해일은 두 시간이면 삼척까지 밀려오게 되어 있다.

해일이 밀려오면 오십천에서 흐르던 물이 빠져나가지 못하고 역류하여 시내는 물바다가 될 것이다. 일본의 대부분이 물속에 잠겨 지축이 바로 서면 그 충격으로 거대한 해일이 일어 동해 바닷가에 있는 도시들이 물속에 잠긴다는 것이다.

하지만 탄허는 한반도가 그나마 피해가 덜한 것은 지구의 주축에 위치하기 때문이라고 했다. 한국은 지구의 중심 부분에 있고 간태(艮兌)가 축으로 되어 그렇다는 것이다. 일제시대의 일본의 유끼사와(行澤) 박사가 계룡산이 지구의 축이라고 밝힌 적이 있는데, 그 설과 맞닿는 예언이라는 말이 있다.

일본 침몰에 대한 예언

탄허의 예언이 아니더라도 지구의 온난화로 2010년경에는 바다 수면이 4미터 정도 높아질 거라는 말이 나돌고 있다. 지금보다 바다 수면이 4미터 높아지면 그 피해는 이루 말할 수 없을 것이다.

이미 탄허는 지구 온난화로 일본열도가 가라앉을 거라고 예언한 바 있다. 지구에 잠재하는 화질(火質)이 북극의 빙산을 녹이기 시작하면 일본열도가 구슈를 축으로 하여 180도 회전 끝에 남진하여 오끼나와 남쪽으로 위치하게 된다는 예언이었다. 자연히 그 여파로 우리 나라도 피해를 볼 것이라고 했다.

일본열도 삼분의 이가량이 바다로 침몰할 거라는 예언은 주역으로 풀어도 알 수 있다고 했다. 일본은 손방(巽方)이고 손은 입야(入也)로 풀어야 하므로, 바로 이 입이 일본 영토의 침몰을 의미하고 있다는 것이다. 탄허는 이미 그 땅을 빨아들이기 위해 지옥의 문이 열려 있다고 했다.

탄허가 그런 예언을 하자 일본 사람들은 터무니없는 소리라고 일축했다.

"스님이 별소리를 다하는군."

그러면서도 불교뿐 아니라 유교, 도교 등 동양사상 전반, 그중에서도 가장 난해하다는 화엄경과 주역의 으뜸 권위자로 평가받는 당대의 학승이 한 예언이고 보니 불안함을 감추지 못했다. 잦은 기상이변에 따른 재앙이 그걸 증명하고 있기 때문이었다.

더욱이 일본은 지진이 많은 나라다. 지구 온난화로 북극의 빙산이 녹으면 해일이 일어나게 되고 그것은 상상할 수 없는 속도로 일본뿐만이 아니라 전 세계를 덮치겠지만, 무서운 것은 일본이 마그마 분출에 따른 대폭발의 재앙을 피할 수 없으리라는 예언이었다.

그래도 일인들은 설마 했다. 그 설마가 현실로 나타난 것은 1995년이었다. 그해 1월 고베 대지진이 일어난 것이다. 3300여 명이 죽거나 실종됐다. 그제야 탄허의 예언을 믿지 않았던 사람들도 관심을 보이기 시작했다.

"이 나라가 침몰할 조짐인가?"

"그럼 더 큰 재앙이 기다리고 있다는 말인데."

설마가 아니었다. 세계의 저명한 과학자들이 일본열도 침몰을 예견하는 근거를 내놓기 시작했다. 프랑스 지질 연구팀은 일본열도의 지하에 존재하는 마그마의 활동을 조사한 끝에 일본은 대륙의 지반과 달리 유동성 마그마의 바다 위에 떠서 얹혀 있는 형상이라고 발표했다. 이 마그마의 저장소가 일본열도를 떠받치고 지표 가까이 분출점을 찾아 점점 그 세력을 넓혀가고 있다는 것이다. 이는 곧 일본열도 아래 유동성의 마그마 불덩어리들이 활발하게 활동하면서 언제 밖으로 뛰쳐나갈지 기회를 엿보고 있다는 소리였다.

한 일인이 탄허가 열반하기 전 찾아와 물었다.

"언제쯤 큰 재앙이 올 것 같습니까?"

그때 탄허는 이렇게 대답했다.

"사람의 몸도 큰 병이 나려면 전조증상이 있기 마련이오. 그것은 자연도 마찬가지지. 인간 또한 자연의 일부이니 지혜로운 이들은 그런 전조를 보고 앞날을 내다볼 수 있지요. 일본열도 아래에는 강력하고 폭발적인 에너지를 머금고 있는 마그마 저장소가 있소이다. 지금도 그 에너지는 끓고 있고 점점 지표 가까이 확장되고 있소. 그 여파로 여러 가지 양상의 천재지변을 보이고 있는 것이외다."

탄허의 말에 동조하듯 동경대학 지진연구소의 지진예지정보센터장인 아베 가츠유키(阿部勝征) 교수도 앞으로 일본에 M5 이상의 대형지진이 일어날 확률이 70퍼센트 이상이라고 발표했다.

한 학생이 지질학계의 권위자인 동경대 다찌바다 교수에게 물었다.

"교수님, 머지않아 일본열도가 큰 재앙에 직면할 것이라고 하는데 교수님은 어떻게 보십니까?"

다찌바다 교수는 심각하게 머리를 내저었다.

"이제 일본열도의 마지막이 오고 있다."

질문한 학생은 어안이 벙벙해 입을 다물지 못했다.

"일본열도는 몇 개의 활화산으로 이루어져 있는가?"

다찌바다 교수가 물었다.

"제가 알기로는 팔십여 개의 활화산이 열도의 척추 부위에 늘어서 있다고 알고 있습니다."

"그렇다. 예를 들어 후지산이 폭발한다고 하자. 그러면 어떻게 되겠는가? 막대한 용암과 지하수가 분출할 것이다. 그러면 인근 화산의 마그마를 식히는 지하수가 빠져나갈 테지. 그 라디에이터 효과로 화산의 연쇄 폭발이 일어나게 될 것이야."

"곳곳의 마그마 저장소를 동요시킨다는 말씀입니까?"

"그렇지."

"그럼 어떻게 되는 것입니까?"

"입을 열기조차 무섭구나. 그 여파로 일본열도는 홋가이도 일부 지역을 빼고는 침몰할 게 분명해. 일본열도가 화산 활동기로 접어들었기 때문이지."

일본 공중파 민영 방송인 아사히 티브이는 그 사실을 심각하게 받아들였다. 아사히 티브이는 황금시간대 두 시간을 할애해 전문가들의 의견을 듣는 시간을 마련했다. 그러나 결론은 회의적이었다. 그들은 특히 간토 지역을 주목했다. 간토 지역은 1200만 명이 살고 있는 수도 도쿄를 포함한 도쿄만 일대다. 그들은 결론은 자명하다고 입을 모았다. 전 도쿄대 지진연구소의 우다 신이치(宇田進一)는 언제쯤 큰 지진이 일어나리라고 예상하느냐는 질문에 이렇게 대답했다고 한다.

"늦어도 여섯 달 이내에 거대 지진이 일어날 것입니다."

"그 여파가 어느 정도 되겠습니까?"

"한신 대지진에 필적할 정도의 피해를 줄 가능성이 있습니다."

한신 대지진은 1995년 1월 17일 일본 간사이지방 효고현 남부 고베시 일대에서 일어난 진도 7.2 규모의 대지진이다. 그때 5249명이 목숨을 잃었다.

물론 우다 신이치 씨의 예측은 빗나갔다. 그러나 아사히 티브이는 지진 관련 프로그램을 자주 편성해서 내보냈다. 왜냐하면 대지진의 전조로 알려진 이상현상들이 이어지고 있었기 때문이다. 그중 하나가 심해어의 출현이었다. 일본열도에 큰 지진이 닥치기 전에 심해어가 모습을 드러내곤 했다. 그래서 심해어가 나타나면 큰 지진이 닥친다는 속설이 생겨났는데, 2005년 들어 미에현, 요코스카항, 사가미만 앞바다에서 심해상어인 '메가마우스' 등이 연속 발견됐다.

일본 지질학계의 권위자인 도호쿠대학 이마무라 후미히코(今村文彦) 교수는 방송에서 이렇게 말했다.

"심해어가 떠오른 것은 해저 지반의 미묘한 변동 때문입니다. 2005년 4월 23일 사가미만에서 일어난 지진의 영향으로 볼 수 있어요."

"그래요?"

그가 되물었다.

"그 지진은 그렇게 심각할 정도는 아니었습니다. 진도가 3.4였으니까요. 하지만 일본 역사상 가장 큰 피해를 입힌 지진의 진원지가 사가미만임을 감안한다면 간과할 수 없는 현상입니다. 바로 1923년 간토 대지진이 그것이지요. 더 거슬러 올라가면 1703년에도 겐로쿠 대지진이 일어났죠."

"그러니까 그 진원지가 바로 사가미만이라는 말이군요?"

"그렇습니다."

"그렇다고 대지진이 일어나리라는 예측은 성급한 것이 아닐까요?"

교수는 머리를 흔들었다.

"물론입니다. 하지만 간과할 수는 없지요. 최근 사가미만의 해수 온도가 점점 올라가고 있으니까요. 또 2005년 6월 1일 도쿄 일대에서 관측 사상 최초로 발생한 연속 지진도 예사롭지 않습니다. 무려 여섯 시간 동안 다섯 차례나 일어났으니까요."

"만약에 사가미만을 진원지로 대지진이 간토지역을 강타한다고 한다면 이후에 이어질 쓰나미의 강도를 어느 정도 추측할 수 있겠군요?"

"네."

교수는 대답을 마친 뒤 이렇게 물었다.

"켄로쿠 대지진 당시 도쿄 동부 보소반도에 들이닥친 쓰나미 높이가 얼마인지 아십니까?"

"글쎄요."

"무려 10.5미터였습니다. 도쿄만에 닥친 쓰나미는 그 높이가 2미터죠. 그렇다면 도쿄에는 기준수면(해발 0미터) 지역에서 사는 주민들이 상당수니 그 피해는 말할 필요도 없겠지요."

"그렇다면 주로 해발이 낮은 지역이 그 대상이 되겠군요?"

"그렇지요."

"예를 들면요?"

"예를 들면 시타마치 전 지역이 되겠지요. 시타마치 지역은 지대가 낮지만 90년대부터 고급 맨션주택이 집중 개발된 임해부도심을 포괄하는 곳이니까요. 그렇다고 지진에 비교적 안전하다는 높은 해발의 지역이 빠진 것은 아닙니다. 이른바 야마노테 지역도 상당 부분 포함되어 있으니까요."

일본열도 침몰을 예언한 이는 이 밖에도 많았다. 그중 한 사람으로 에드가 케이시(1877-1945)를 들 수 있다. 케이시는 잠자는 예언가로 잘 알려진 사람이다. 그가 잠을 자면서 한 예언은 무려 1만 4천 건에 달한다고 한다. 지금도 그의 예언록이 미국의 연구계몽협회 도서관에 보관되어 있다고 한다. 그는 일본의 대부분은 반드시 바다 속으로 침몰한다(The greater portion of Japan must go into the sea)고 했다.

일본의 기다노 대승정도 그런 말을 한 적이 있다. 기다노 대승정은 일본에서 존경받는 도인이다. 일설에 의하면 1975년 7월 22일 밤 선통사라는 절에서 잠을 자고 있는데 외계인들이 찾아왔다고 한다. 그들은 자신들은 신이 아니고 그렇다고 부처도 아니며 그리스도도 아니고 천인도 아니지만, 같은 우주인으로서 가까운 미래에 인류는 대재앙을 면치 못할 것이라고 했다. 지각이 신축(伸縮)되므로 해저였던 곳이 해면 위에 돌출하기도 하고, 드러나 있던 섬이 물 속으로 침몰되어 없어지기도 하여 지금의 세계지도는 완전히 달라진다고 했다는 것이다. 그렇게 되면 일본의 경우 약 20만 명이 살아남을 것이며 우방인 한국은 영광스럽게도 세계에서 가장 많은 숫자인 약 425만 명이 구원받을 것이라고 했다는 것이다.

말세는 있어도 멸망은 없다

화산 폭발을 연구하는 과학자들에 따르면 지구는 구조적으로 200만 년 동안 세 번의 대폭발을 하게 되어 있다고 한다. 60만 년에 한 번씩 대폭발을 하게 되어 있다는 것이다. 벌써 두 번의 폭발이 있었다고 한다. 그런데 세 번째 폭발은 이미 그 시간이 지났다는 것이다. 이 말을 바꾸어보면 대폭발의 시기가 가깝다는 말도 된다. 우리가 설마 하는 사이에 지하에서는 마그마 저장소들이 터질 날을 기다리고 있는 것이다.

사실이 그렇다면 무서운 일이 아닐 수 없다. 이미 일본이 그 저장소 위에 떠 있는 형국이라고 했지만 서구에도 그런 곳이 있다. 미국의 지질학자들은 오이오밍 주 북서쪽에 있는 엘로스톤 밑에 가장 큰 마그마 저장소가 있다고 보고 있다. 엘로스톤 일대는 1년에 천에서 3천 번의 지진이 일어난다고 한다. 경미한 지진들이지만 때로는 진도 3.4 정도의 규모도 있다고 한다. 지반 아래엔 초대형 마그마가 238도로 끓고 있는 것이다. 이 불가마로 인해 간헐천엔 수증기가 가득하고, 만약 이 마그마 저장소가 터진다면 그것은 다른 마그마의 저장소마저 동요시켜 인류의 대재앙으로 이어질 가능성이 크다는 것이다.

탄허는 지구 온난화로 세계는 말세의 길을 걸을 것이라고 예언했다. 그는 일본뿐 아니라 세계의 몰락도 함께 예언했다. 그는 지구 인구 80퍼센트가 사라지고 나서야 새로운 세계가 열릴 것이라고 했다.

하루는 따지기 좋아하는 도반이 탄허를 찾아 물고 늘어졌다. 그때까지도 의문이 풀리지 않았던 것이다.

"탄허당 그대의 말을 들어보면 말세가 오고 있다는 말인데, 이미 기독교에서는 이천년 전부터 있어온 얘기가 아니오? 하지만 지구는 아직 멀쩡하고 우리는 이렇게 살아 있소. 그런데 말세라니!"

"맞소이다. 미래에 대한 예견은 서양종교에서 그 기원을 찾을 수 있는 것이 사실이외다."

탄허가 인정을 하자 도반은 기고만장한 표정을 지었다.

"그럼 그대는 지금 그 예언들을 앵무새처럼 따라하고 있는 것이 아닌가?"

도반의 말에 탄허가 웃었다.

"하나는 알고 둘은 모르시는구만."

무슨 말이냐는 표정을 지으며 도반이 눈을 부라렸다.

"동양에서도 역학원리에 따라 서구의 종말론이 대두되고 있었다는 말이외다. 이미 육천 년 전에 복희팔괘(伏羲八卦)로 '천(天)의 이치'를 밝혔고 삼천 년 전에 문왕팔괘(文王八卦)로 지상 생활에서 인간절의(人間節義)의 이치를 밝혀 오늘에 이르고 있기 때문이외다."

"그래서요?"

"내 말은 이것이 팔십 년 전에 정역으로 이어져 후천의 자연계와 인간의 앞날을 자세히 예견해 주고 있고, 이는 서양종교에서 말하는 인류 종말이나 주의 재림이 아니라, 후천세계의 자연계가 어떻게 운행될 것인가 하는 점에 초점을 맞추고 있다 그 말이외다."

탄허는 지구는 새로운 성숙기를 맞이하게 되며 이는 곧 사춘기의 처녀가 초조(初潮)를 맞이하는 것과 같다고 보았다. 정역의 원리로 봐도 그것이 증명된다고 했다. 간도수(艮度水)가 이미 와 있기 때문에 후천도수는 곧 시작이 된다고 기록되어 있기 때문이다. 그러므로 윤달과 윤날이 없어지고, 지구가 거듭나게 될 것이라는 것이었다. 지축의 정립은 병든 자연환경과 관련이 있다고 했다. 우주의 본체가 그 본질적 흐름을 잃게 되면 극서가 진행되어 온난화

현상을 일으키게 되고, 그로 인해 지구 속의 불기운이 북극의 얼음을 녹이는 현상으로 나타나게 된다는 것이다. 따라서 전 세계 인구의 60, 70퍼센트가 소멸하는 비극적인 현상을 맞게 될 것이지만 말세는 있어도 멸망은 없다고 했다. 말세론은 기독교의 전유물처럼 인식되고 있으나 불교 유교에도 말세론은 있다고 했다.

불교의 시대구분을 살펴보면 분명 이 시대가 말세임은 분명해 보인다. 이런 예언이 금강경에 있다.

여래멸후 후오백세(如來滅後 後五百世)

이게 무슨 말이냐 하면 여래가 입멸한 후 다섯 번의 500년이 존재한다는 말이다. 대방경이나 대집경에도 이에 대한 설명이 자세하다. 첫 번째 500년은 해탈(解脫)시대, 두 번째 500년은 선정(禪定)시대, 세 번째 500년은 다문(多聞)시대. 네 번째 500년은 탑사(塔寺)시대, 다섯 번째 500년은 투쟁(鬪爭)시대, 이 투쟁시대를 말세라 보는 것이다. 지금이 불기 2000년이 지났고 보면 현시대가 말법시대인 것이다.

우리는 여기서 시대의 흐름을 눈치챌 수 있다. 해탈이 견고한 시대에서 선정이 견고한 시대를 거쳐 다문이 견고한 시대로 그리하여 탑사가 견고한 시대로 투쟁이 견고한 시대로 이어짐으로써 인간들이 점점 속되어 지고 타락해 왔다는 것을 알 수 있기 때문이다. 천년의 정법시대(正法時代)를 거쳐 다시 천년의 상법시대(像法

時代)를 지나 미로소 말업시대에 이르렀다는 것을 알 수가 있다.

하지만 탄허는 말세가 종말은 아니라고 했다. 심판이 있다면 그것은 성숙이요 종말이 아니라 결실이라고 했다. 세상을 구할 존재가 오기 전에 기상이변으로 인한 폐해와 대지진, 괴질, 전염병 등 말세적 현상이 나타나겠지만 그것은 종말이 아니라 성숙이요 결실로 이어질 것이라고 한 것이다. 이는 기독교의 종말론에 대한 반박이기도 했다. 종말이 아니라 지구의 수명은 이제 겨우 반에 도달했으며 여름을 지나 가을로 넘어가고 있다고 했다(夏秋交易期).

한국의 미래 정치 상황에 대한 예언

어느 날 기자가 탄허가 있는 곳으로 몰래 숨어들어 이런 질문을 했다.

"스님, 한국의 정치 상황은 어떻게 변해갈 것 같습니까?"

그는 이렇게 말했다.

"앞으로 왕도정치(王道政治)가 설 것이야."

그 말에 기자는 고개를 갸웃했다. 그럴 만도 했다. 왕도정치라니!

그는 몇 마디 말을 더 나누고 나서야 오해를 풀었다. 탄허는 일인 독재의 통치는 선천사일 뿐, 앞으로 올 후천시대는 만민의 의사가 주체가 되어 통치자는 이 의사를 반영시키는 데 불과한 존재가 될 시대가 오리라고 보았다. 강태공이 말한 '천하는 천하인(天下人)의 천하요, 일인(一人)의 천하가 아니다'가 이와 통한다고 했다.

기자는 머리를 긁적이며 다시 물었다.

"그럼 스님, 앞으로 어떤 이들이 왕도를 실현하겠습니까?"

"서해인반조(西海人半朝)일세."

탄허는 한마디로 대답했다.

이 말은 곧 '서해 사람들이 조정의 절반을 차지한다'는 뜻이었다.

"스님, 말씀의 본의는 알겠는데 좀더 상세히 말해주시지요."

"생각해보시게. 북한이나 남한이나 가릴 것 없이 광복 이후 지금까지 동해 사람들이 주도권을 쥐고 있지 않았는가. 하지만 앞으로는 정반대로 바뀌게 될 것일세."

"저도 들은 말입니다만 풍수학적으로는 모산인 백두에서 시작된 맥이 지리로 이어져 그 혈이 맺히는 곳이 동해 쪽 아래라 그렇다고 하더군요."

"이 사람아, 땅의 지기(地氣)는 변하는 것일세. 그러니까 우리의 조상들은 그 운기를 따라 도읍을 정하고 삶터를 옮기기도 했던 게 아닌가. 두고 보시게. 그런 날이 올 테니."

"그렇다면 세상이 변한다는 말 아닙니까?"

"당연하지. 예컨대 북한의 경우 김일성을 비롯해 함경도 출신의 갑산파들이 정권을 주름잡았지만 앞으로는 평안도나 황해도 같은 해서(海西) 지역 인물들이 주력으로 부상할 걸세. 남한 또한 예외가 아니지. 지금까지 주로 경상도 사람들이 정권을 잡아왔지만 앞으로는 호남인이나 충청도, 경기도 인맥들이 조정의 절반을 차지하게 될 게야."

통일에 대한 예언

어느 날 경향신문 기자가 물었다.

"스님, 통일이 되겠습니까?"

"통일은 돼."

탄허는 서슴없이 대답했다.

"스님, 조선시대에는 일부 김항 같은 이들이 예언에 밝았고 현대에 이르러 그래도 예언에 밝았던 이들을 꼽으라면 두암 한동석(1911-1968) 선생이나 제산 박재현(1935-2000) 선생, 스님(탄허)을 하나같이 꼽고들 있는데, 여기에 한 분을 덧붙인다면 봉우 권태훈(1900-1994) 선생을 빼놓을 수 없다는 생각이 듭니다. 그분은 세계의 중심이 우리 민족인 백두산족으로 옮겨갈 거라고 했는데 스님도 그렇게 보시는지요?"

두암 한동석은 한의학에 몸을 담고 있으면서 미래를 내다보는 탁월한 예언자였다. 반면에 제산은 하늘이 내린 인물이라 할 정도로 명리학의 대가였다. 유불선에 통달하여 앞날을 내다보는 탄허는 말할 것도 없고, 봉우 김태훈은 한국 전통 선도(仙道) 사상의 선인으로 알려진 이였다. 기자는 지금 그의 예언에 대하여 묻고 있었다.

탄허는 이렇게 대답했다.

"우리 민족의 미래를 '황백전환기(黃白轉換期)'라는 독특한 이론으로 풀이한 것이야. 한마디로 말해 백인들이 주축이 되어 온 서구 문명은 이제 한 세대, 즉 삼십 년 안에 끝난다는 말이지. 그들이 끝나면 황인종 세상이 온다 그 말이야. 특히 한국, 인도, 중국 사람을 중심으로 한 새로운 문명권이 열린다는 말이지. 21세기 과학 기술 문명의 핵은 황인종에게서 나오게 될 게야. 하기야 그의 말대로 그 조짐이 어디에나 드러나고는 있지. 천문, 역학, 추수(推數), 원상(原象)……. 그 황백전환기가 바로 백산대운(白山大運), 곧 백두산족의 대운으로 이어진다는 말 아닌가?"

"그렇습니다. 앞으로 삼천 년간은 백산대운의 복을 우리가 누리게 된다며 친필 일기에는 청마년(靑馬年, 2014년)에 된다고 해 놓았다고 하거든요."

"냉전 때문에 통일이 멀 거 같지만 우주를 지배하는 변화의 원리에 따라 냉전 체제가 무너질 것이야. 그럼 통일의 길이 열리게 돼 있어."

"스님, 왜 하나같이 통일 문제만 나오면 대답을 피하는지 모르겠습니다. 지금 미소 양국 체제를 보면 남북의 통일은 요원한 것처럼 보이는, 하지만..."

"우주나 인간사는 인간이 예기치 못하는 일들이 많이 준비되어 있어. 누가 중국 진시황이 십 년 안에 망할 줄 알았겠는가. 어느 시기 어느 강토이든 비결이 없을 수 없지. 우주 자연을 지배하는 변화의 원리가 있게 마련인 게야. 인간이 생각지도 않은 변수가 나타날 수가 있으니까. 그렇기에 우리는 이 시대를 더 슬기롭게 살아야 해."

"그러면 통일은 언제까지 되겠습니까?"

"2000년부터 선천시대가 끝나고 후천이 시작되니, 2002년부터 남북통일의 길이 본격적으로 열리게 되겠지."

"주한 미군은 철수하게 될까요?"

"너무 조급하게 생각하지 말아. 지금은 결실의 시대야. 꽃잎이 져야 열매를 맺을 게 아닌가. 열매를 맺으려면 금풍(서양 바람)이 불어와야 해. 미국은 우리를 돕게 되어 있고 우리는 역사의 열매를 맺고 세계사의 종말을 한반도에서 출발시킬 날이 올 것이야. 천기가 그렇게 돌아가고 있어. 두고 봐. 우주가 여름에서 가을로 철이 바뀔 때 천지개벽이 돼. 즉 6·6, 7·7에 해방되고 3·3, 4·4에 통일이 돼."

"그게 무슨 말씀입니까?"

"실제로 6·6 36년 만인 1945년, 음력으로 칠석날(양력 8월 15일)에 해방되었지. 문제는 남북통일에 관한 3·3, 4·4인데 지금은 말할 수 없어. 나중에 그걸 풀어내는 사람이 내 제자 중에 나올 것이야."

왜 그는 통일 문제를 제자에게 미뤘을까, 하는 생각을 하며 기자는 물러났다.

훗날 장화수 교수라는 이가 나타났다. 그는 탄허의 속가 제자였다. 그는 이렇게 조심스레 예측했다.

"3·3은 목(木)을 상징하는 수이고, 4·4는 금(金)을 상징하는 수이기 때문에 목과 금이 들어 있는 해인 갑신년(甲申年, 2004년)이나 을유년(乙酉年, 2005년)에 남북통일이 되는 것을 의미하는 게 아닐까요?"

올해가 2023년이고 보면 그의 예측도 헛말이 되어버렸다. 앞으로 다가올 목과 금이 들어 있는 갑신년과 을유년이 다시 오려면 41-42년 후이니 그때 통일이 이루어질까? 내후년2025 을사년(乙巳年)에도 을목이고 사 안에 경금이 있으니 그럼 그 해에 통일이 이루어질까?

예언에 있어 남북통일 시점은 한 나라만의 운수가 아니라 세계사의 운명과 그 맥을 같이하므로 천기누설을 운운한다면 그것은 예언이 아닐 것이다.

그러나 하나같이 정확하게 그 해를 짚은 사람은 없었다. 자신이 죽을 해와 달과 날, 여기다 시까지 짚은 사람이 그 문제를 짚지 않은 까닭은 남북통일이 우리가 원한다고 해서 그냥 되는 게 아니기 때문일 것이다. 국제 정세에 따라 이웃 나라의 눈치도 살펴야 한다. 나라의 장래를 위해 천기를 누설할 수 없기에 그 정확한 답을 뒤로 미루었다면 탄허의 행장 안에 그 해답이 있을지 모른다.

그의 행장을 더 깊숙이 들여다보면 이북 김정은의 등장을 예언하고 있음을 알 수가 있다.

김정은의 등장을 예언하다

탄허는 어느 날 드닷없이 평화통일은 안 된다고 못 박았다. 이북에 나이 젊은 사람(長)이 우두머리가 되어 평화를 방해하기 때문이라는 것이다. 성냥을 가지고 놀다가 성냥통에 불이 옮겨붙는 형국이어서 통일이 되려면 비상사태가 석달 열흘(100일)동안 공포의 날들이 있을 것이라고 했다. 그렇다고 전쟁은 아닌데 후천개벽의 한반도 통일을 어떻게 함부로 지껄일 수 있겠느냐고 했다.

그는 그때 이런 말을 했다. '2019-2025년간 캄캄한 비상사태를 거치고 나면 한반도 남북 통일 시기로 주목해 볼 수 있는데 그럴까?' 그럼 이런 계산이 나온다. 6.6은 일제해방. 7.7은 해방이 되는 날짜. 음력 7월 7일(양력 8월 15일). 한국전쟁 1950-1953년. 휴전협정 체결 이후 72년(3.3은 12×3+12×3=72년). 72년 후면 2025년이 된다. 3×3=9 4×4=16 해서 2025년 9월 16일이 통일이 된다는 계산이 나온다. 그럴까? 한반도의 통일이 그때 그렇게 이루어질까? 숫자놀이는 아닐까?

박근혜 전대통령의 등장을 예언하다

탄허는 월악산 덕주사에서 월악산 영봉 위로 달이 뜨고 큰 물에 비치면 30년 후에 여자 임금이 나타난다고 했다. 당시 월악산에는 큰 물이 없었다.

충주댐이 완정된 것은 1985년이다. 댐에 물이 차 월악산 영봉 위로 떠오른 달이 물에 비치게 되었다. 충주댐이 완성된 1985년에 30년을 더하면 2015년. 박근혜의 통치기간이라는 걸 알 수가 있다. 2013년-2017년.

우리나라가 세계의 중심이 된다는 예언

우리나라는 주역 상으로 보면 방위상으로는 동북방에 들고, 오행으로는 목(木)이다. 사람으로 치면 소남(小男)에 해당한다. 간(艮)은 갓난아기를 가리킨다. 그러니 결실을 뜻하는 것이다.

탄허는 그 결실을 우리가 거두게 된다고 예언했다. 그는 자신의 예언이 국수주의적이라는 비난에 조목조목 반박하며 분명히 세계의 기둥이 될 수 있다고 예언했다. 그나마 우리의 선조들이 적선해온 여음(餘蔭)의 공덕이 크니 필경 복된 나라가 될 거라고 했다. 우주의 변화가 오는 것을 막을 이가 한국인 외에 없는 이상 세계적인 신도(神都), 다시 말해 정신 수도의 근거지가 될 것이라 했다.

"인류사의 열매가 바로 이 땅에서 맺어질 것이다. 한국 문제의 해결은 곧 세계 문제의 해결과 직결돼. 우리나라를 중심으로 시작과 끝이 나와. 우리나라의 분단과 통일 문제가 전 인류 차원에서 보면 아주 작은 문제 같지만, 오늘날 국제정치의 가장 큰 쟁점으로 나타나고 있는 것은 사실이지. 앞으로 북한의 핵문제는 미국을 비롯해 세계 지도국들의 주목을 받게 될 것이야. 북한 정권의 행보에 우려를 나타내기도 하겠지. 그러니 세계 구원의 방안이 한국 땅에서 준비될 것이야.

이 세계가 멸망이냐 심판이냐 하는 무서운 화탕(火湯) 속에서 인류를 구출해낼 수 있는 방안이 강구될 나라도 한국 외에 다시없어. 오래지 않아 우리나라에는 위대한 인물들이 나와 조국을 통일하고 평화적인 국가를 건설할 것이며, 모든 국내 문제를 해결하고 우리의 국위를 선양할 것이야. 어떤 지도자가 새로 등장하면 민중은 무슨 생각을 하는지 아는가. 우선 그 지도자가 우리를 이롭게 할 것인가, 그 다음에는 우리를 편하게 해 줄 것인가, 마지막으로 우리를 올바로 이끌 것인가 하고 기대를 하지. 그 해답은 모두 동양사상에 들어 있어.

공산주의는 평등을 구실로 인권을 희생시키는 모순을 저질러 몰락을 자초할 것이야. 자본주의 또한 그 체제의 맹점인 빈부 격차로 몰락의 길을 걷게 되겠지. 방법은 하나야. 그 해결 방안을 동양사상에서 찾아야 해. 통일을 할 수 있느냐 없느냐, 하는 문제의 실마리는 우리 스스로 찾아야 한다는 말이야. 통일이 되려면 우선 그 문제부터 풀어가야 한다는 걸 잊어서는 안 돼. 그것만 잊지 않는다면 세계의 중심이 될 것이야."

그가 예언할 당시 우리나라는 일제강점기와 한국전쟁을 거치면서 세계최빈국이었다. 그러나 그는 우리나라가 세계의 중심이 된다고 예언했고 이제 대한민국은 세계10위 경제대국이 됐다.

자신의 종명일을 예언하다

　오대산의 방산굴에서 한 스님이 자신의 종명일을 예언했다. 바로 탄허였다. 6년 전에 자신의 종명일을 예언한 이는 없었다. 그것도 자신이 갈 해와 갈 달, 갈 날, 갈 시를 예언한 이는 없었다. 한국 소화기계의 명의들이 3개월을 넘기지 못한다고 했으나 그는 자신의 갈 날을 정확하게 알고 있었다.

　그는 자신이 예언한 그날 그 시에 적멸에 들었다. 일흔하나가 되는 1983년 계해년 음력 4월 24일 유시에 적멸에 든 것이다. 다음은 그의 열반을 다룬 기사들 중 당시의 상황을 소상히 기록한 기사가 있어 인용 발췌한다.

1)자신 입적날 맞춘 탄허스님

　...이런 예언을 남겼던 탄허스님은 자신이 죽을 날짜와 시간까지도 예언했는데 그 시간이 정확하게 적중되었다. 1983년 6월 5일 유시(酉時)인 오후 6시 15분에 "김탄허 대선사"는 '오대산 월정사 방산굴' 그의 처소에서 그가 입적했다. 그 자신이 예언했던 죽음의 시간에 열반한 것이다.

　입산한 때부터 열반할 때까지의 법랍은 49년째였다. 이 시각에 그는 월정사의 모든 승려들을 그가 거처하던 '방산굴)'로 모이게 했다. 이때 사부대중들은 막 저녁을 들려고 밥상 앞에 모인 시각이었다.

"이제 간다."

그러자 옆에 있던 제자가 물었다.

"큰스님 여여(如如) 하십니까."

원래 선상(禪床)에 앉아서 입적하겠다고 했으나 몹시 고통스러워서 눕겠다고 말한 뒤였다.

그러나 환한 미소를 지우면서

"그럼 여여하지. 멍청이"

가쁜 숨을 한번 몰아 쉬고, 두 눈을 부릅뜨고, 주위를 둘러보더니 편안히 눈을 감고 갔다.

2005/10/10 [08:51] ©Break News 장화수 박사 [탄허스님] 인류 대재앙 예언 맞아떨어졌다에서 발췌 인용.

2)

탄허스님이 65세 되던 해 위암진단을 받았다. 당시 스님에게 3개월 시한부 진단을 내렸던 박경남 오인혁 박사를 대원암으로 초대했다.

"병이 어떻게 사람을 잡아가느냐, 복진즉사라 복이 다하면 죽는 거지. 내가 3개월 안에 죽으면 그대들이 명의인 거다. 하지만 나는 1983년 4월24일 유시에 갈 거다."

스님은 이날의 말씀 그대로 1983년 음력 4월24일 유시에 입적하셨다.

그날 그 시간에 전국에서 50~60명이 모여 스님의 입적을 지켰다.

유시가 다되어 상좌가

"스님 여여하십니까"

하고 물으니

"그럼 여여하지, 몽롱하냐"

하고 답하셨다.

마지막 말씀을 남겨달라는 말에 "

일체무언이다"

하고 고개를 들기에 서 대표(서우담 교림 대표)가 옆에 있다가 오른팔을 머리에 베어 드리니, 서 대표를 바라보며 유시에 입적하신 것이다.

출처: 불교저널(http://www.buddhismjournal.com) 강지연 기자 기사 인용

이 찬란한 빛 속에서

　본고를 내야겠다고 다짐하면서 먼저 생각한 것은 탄허스님의 예언이었다. 그 분의 인품에 해가 되는 게 아닐까 했으나 꼭 그렇게만 생각할 문제가 아니었다. 그가 한 예언들이 이 세상을 위한 것이고 보면 굳이 부정하거나 누락할 이유가 없었다. 그 속에 그 분의 뜻이 담겨 있고 사상이 담겨 있다면 굳이 누락할 이유가 없다고 생각한 것이다. 영통하지 않고서야 앞날을 내다볼 수 없었을 터이고 그 경지에 가 있지 않고서 중생의 안일을 위해 천금 같은 예언을 할 수 없었을 것이다. 그리고 보면 그 분의 예언 자체가 그 분일 것이다. 여기 그 증명이 있다.

　'미래를 아는 것이 도인줄 알지만 술가의 사상이야. 술객이 하는 짓거리지. 도 자리는 아는 것이 도가 아니야.'

　탄허스님은 자신의 예언이 술객의 짓거리가 아님을 이로써 증명하고 있다.

도가 깊어지면 예지가 깨어난다는 그 분의 말씀 그대로가 그의 예언에 있었음을 왜 이제야 깨닫게 되었는지!

이 이야기를 쓰기 전부터 나는 늘 내 존재이유에 대한 의혹으로부터 자유롭지 못했었다. 나는 어디서 와 어디로 갈 것인가 하는 뭐 그런 상투적인 의문이기 전에 내가 이 세상에 왔다면 어떻게 사는 것이 참된 것일까 하는 생각을 하고 있었다는 게 옳은 표현일 것이다. 그렇기에 글도 그런 쪽으로 쓰기 마련이었고 또 언제나 그런 글을 쓸 수 있기를 희망하고 있었다.

그러다가 문득 탄허라는 사람을 만났다. 유가 가풍에 젖었던 한 인간이 근본적인 의혹을 풀기 위해 몸부림치는 모습과 딱 마주친 것이다. 그의 만행과 정진을 통해 깨침에 이르는 과정이 나를 사로잡았다. 그리고 지난한 수행의 과정을 통해 얻게 되는 예지력에 빠져들지 않을 수 없었다. 더욱이 석달 밖에 살지 못한다는 불치의 병에 걸렸으면서도 6년 후 몇 날 며칠 무슨 시에 가리라는 자신의 종명일까지 내다보았고 정확히 그 해 그 날 그 시에 돌아가셨다는 사실을 알고는 나는 할 말을 잃고 말았다. 마음을 닦아 천지 만물의 이치를 알게 되면 영통(靈通)해진다는 말은 들어보았지만 승으로서 얼마나 그 수행이 깊었으면 자신의 종명일까지 내다볼 수 있는지 범부인 나로서는 가늠할 수가 없었다. 나는 막연한 밑그림을 작품화하기 위해 자료를 찾기 시작했다. 절망이었다. 자료가 될만한 것이 없었기 때문이었다. 기가 한풀 꺾이던 참이었는데 다시 굳은 결심을 하게 된 것은 해인사 말사인 지족암에 계시는 일타 큰스님을 만나려 갈 일이 있어 동행한 이로부터 자신이 탄허 스님의 마지막 상좌였다는 사실을 알게 되었다. 출판업을 하시는 분인데 이름만 대면 알만한 분이다. 그 분과 지족암에 며칠 머물면서 틈틈이 탄허 스님의 말을 들었다. 나는 오대산을 다시 찾기 시작했고 이른 새벽 어둠을 헤치고 적멸보궁으로 올라 그 분이 수행하던 방으로 들어가 그의 채취를 맡으려 했다. 그 분이 남긴 금석문을 살펴보기도 하고 그 분이 번역한 책들을 읽어보기도 했다. 자료가 될 것이 있으면 조금씩 모아 나갔다. 그 분과 연을 맺었던 사람들의 증언들이나 글들…… 하지만 언제나 목이 말랐다. 역시 자료가 충분하지 않았기 때문이다. 학승이요 선승인데다 무문자설(無問者說)이라는 말을 자주 하던 분이어서인지는 모르겠으나 그 흔한 출가송이나 오도송, 심지어 열반송도 남기시지 않았으니 당연히 찾을 수가 없을 수밖에. 생전에 번역한 원고 장수가 10만 장을 넘겼어도 사적인 글은 몇 줄 남기지 않으셨을 정도라면 말 다한 일이었다. 다언(多言)은 사자(士子)의 병이 되고 번문(煩文)은 도가(道家)의 해(害)가 된다고 말하던 분이었다. 도를 밝힌 말이라도 다언과 번문은 해가 되고 병이 된다고 한 분이었으니 그 분 말대로 하물며 도를 밝히지 못한 산설(散屑)의 잡화(雜話)야 말해 무엇하겠는가. 그분이 남긴 것은 금석문 정도로 제대로 기대어 볼 만한 데가 없었다. 여기서 한 줄 저기서 한 줄, 그렇게 탁발하듯 자료를 구해야 했다. 어쩌다 소중한 자료를 만나면 단 몇 줄이든 그것이 그렇게 소중할 수 없었다.

탄허 스님과의 접신이 없었다면 완성될 수 없었던 글이지만 그분에 관한 신문기사가 큰 도움이 되었음이 사실이다. 몇 줄 되지 않는 자료들이었으나 그때그때 그분의 행적을 짐작케 했고 더러 영감을 불러일으키기도 했다. 일일이 밝힐 수 없어 유감이다. 그러나 그 자료들을 확인함에 있어 기사를 쓴 분들과 대화의 시간을 가질 수 있었고 그로 인해 자신감을 얻었던 것도 사실이다.

탄허스님을 모시던 서우담 거사께 감사드린다. 그분으로부터 사실 관계 확인에 많은 도움을 받았다. 스님의 연보를 제공하고 본문에서 착오가 있는 부분을 바로잡아주었다. 이극종 선생이 탄허 스님의 장인이 아니라 한산 이씨 16대 손인 이용구라는 분이 장인이었으며, 돌아가시기 사흘 전에 갑자일 계시를 못 미칠 것 같다는 기사나 양력 6월 5일이 아닌 6일에 갈 것이라고 번복하고 돌아가셨다는 기사가 잘못된 것임을 확인한 것은 큰 수확이었다. 그분으로 부터 탄허스님은 분명 자신의 예언대로 그날 그 시에 입적했음을 확인할 수 있었다. 서우담 거사는 탄허스님의 부친이 독립운동을 했다는 사실을 최초로 세상에 알린 이로, 탄허스님이 입적하던 순간을 여러 스님들과 대중들, 전창열 변호사, 국민대학 김문환 총장 등과 함께 지켜본 분이었다. 그는 지금도 탄허스님의 뜻을 받들어 도서출판 교림을 이끌며 스님이 남긴 경전들을 세상에 내놓고 있다.

아무튼 내게 자료를 준 분들께 심심한 감사를 드린다. 또 선우휘 선생의 인터뷰 내용이나 장화수 교수의 인터뷰, 《법륜》 부처님 오신 날 특집 대담도 큰 도움이 되었다. 특히 탄허문화재단에서 간행된 큰스님의 법어 1집 《부처님이 계신다면》과 《주역선해》는 많은 도움을 주었다. 그분의 일대기이고 보니 그분 말씀을 육화할 수밖에 없었고 참고하지 않을 수 없었다. 그 밖에도 오대산 월정사에서 간행한 방산굴 법어, 인터넷에서 검색한 자료들과 윤창화 선생이 해석한 한암 선사의 《**일생패궐**》 또한 도움이 되었음을 밝혀둔다.

나름대로 해석해 응용했는데 누가 되지 않았으면 좋겠다. 이 글로 상처받는 분이 없었으면 하지만 혹여 계시다면 너그럽게 용서해주기 바란다. 특히 본고를 위해 애써주신 피플워치 식구들께 감사드린다.

등불이 되어주신 모든 분들께 머리 숙여 기도하오니 만복 받으시옵소서.

탄허 큰스님 이야기

천하의 지식인이여, 내게 와서 물으라

1판1쇄 펴냄 2023년 11월 21일

글 : 백금남

발행처 : 도서출판 피플워치
발행인 : 박종순
편집인 : 김원우
총 괄 : 박종미
디자인 : 최정근 김수빈

isbn   979-11-984047-1-8

서울시 종로구 관훈동 177번지 대형빌딩 2층
TEL. 02) 352-3861